JN157496

若手なのにプロ教師！
新学習指導要領をプラスオン

小学6年生

新・授業づくり＆学級経営

365日サポートBOOK

監修：谷 和樹（玉川大学教職大学院教授）

・教室の365日が、輝く学習の場になるように！
・教室の子どもの姿が頼もしく眩しい存在となるように！
——向山洋一（日本教育技術学会会長／TOSS代表）

学芸みらい社
GAKUGEI MIRAISHA

まんがで読む！
6学年担任のスクールライフ
（井手本美紀）
小学校低学年の時
食が細くて
給食を完食
できなかった
高学年になって
やっと
一人前に食べられるように
なったのに
おかわりは
いつも
食べることが早い男子に
とられてしまっていた
自分のクラスの
子たちには
そんな思いを
させない！
おかわりしたい
子たちには
前もって
希望を聞くようにしたし

食が細い子には無理させなかったし
おかわりが楽しくなるようにちょっとしたゲームをしたこともあった
どちらかに大きなミカンがはいっています
じゃんけんで勝ったらどっちか選んでね
え〜っ
どっち!?
おかげでうちのクラスは給食の時間が大好き
気がついたら毎日完食できるようになっていた
好き嫌いなくよく食べて
よく育つ子ども達・・・・
おれ先生の身長ぬかしたー!
ホント大きくなったねー。
先生ちーさーいかわいー

プロとしての資質・能力が身につく「教師のための教科書」／谷　和樹（玉川大学教職大学院教授）

「教師の仕事はテクニックやスキルではない」
「子供との信頼関係が大切だ」
これはもちろん正しい考え方です。しかし、だからと言って、テクニックやスキルを学ばないのでは、いい授業はできません。楽しい学級経営もできません。心構えは大切ですが、それだけでは子供たちは動かない、それが教員時代の私の実感でした。

子どもをひきつける授業、魅力的な学級経営をするためには、やはり「プロとしての勉強」が必要です。あらゆるプロは、一人でプロになることはできません。必ずその道の「教科書」があり「指導者」があって、基礎から仕事を学んでいくのです。

教師の世界も同じです。そういった上達の道筋には「具体的なコツ」があります。

①子供と出会う前までのチェックリストをどうつくるの？
②1時間の授業の組み立て方にはどんな種類があるの？
③子供や保護者に響く通知表の所見の書き方に原則はあるの？
④トラブルが対応したときの対応の基本手順は？
⑤毎日の教科の授業で子供を惹きつける発問をするには？

右のような一つ一つに、これまでの先人が培った洗練された方法が存在します。それらをまず学び、教室で実際にやってみて、良さや問題点を実感し、修正していく……そうした作業こそが、まず必要です。

このシリーズでは、先生方にとって大切な内容を、座右に置く辞典のように学年別に網羅し、分かりやすく解説しました。

全国の学校で、若い先生が増えています。首都圏などでは20代教員が2割を超えました。一方、50代教員の大量退職は今後も続きます。子どもの変化、保護者の変化、情報の多様化、多忙な職場……ベテラン・中堅が若手にコツを伝授する機会も減っているといいます。新採の先生が1年もたずに退職する例も数多く報告されています。そもそも、ベテランでさえ、安定したクラスを1年間継続するのは難しい時代です。

本シリーズは、全国の若い先生方の上達のお手伝いになればと願って刊行されました。

若手なのにプロ教師！　新学習指導要領をプラスオン

新・授業づくり&学級経営　365日サポートBOOK　6年生

目次

Ⅷ 教科別・月別・学期別
対話でつくる学期別学習指導のポイント

本書の使い方ナビ

活用緊急度別カスタマイズ案内／村野聡・千葉雄二・久野歩

本書は、お読みいただくというより、〈実践の場にすぐ活用出来る〉を目指して刊行されました。活用のポイントは、先生の「現在の立ち位置がどこなのか」で、大きく変わると思っているからです。

そこで、新採か教職経験何年目かという状況別に、「どの章から入ると活用緊急度に応じたヒント記事に出会えるか」、BOOKナビ提案をしてみました。

学級経営ナビ

●新採の先生方へのメッセージ

Q．通学路で子どもに「おはよう」と声をかけたのに、返事がない。その時、どう対応しましたか？

・「先生から声をかけられたら返事をしなくちゃ」――と短く注意する。

・「今日はまだ眠いんだね」――とフォローする。

➡BOOKナビ＝「時と場に応じて対応が異なる」という意見が出そうですが、正解は？　まずはⅡ章4からご活用いただけると「なるほどな～」となるのではないかと思います。

●教職経験が2～3年目の先生方へのメッセージ

Q．子どもの帰ったあと、教室の机を見て……

・今日、どんな発言をしたのか？　どうしても思い出せない子が5人以上いる。

・どんな姿だったか、イメージが湧かない子が2人以上いる。

➡BOOKナビ＝Ⅰ・Ⅱ章からご活用いただければと思います。

●教職経験が5年以上の先生方へのメッセージ

Q．保護者対応――個人面談の臨機応変

・教室では、琴線に触れるようなことまでは踏み込まない。

・廊下や挨拶場面など、さりげない時に大事な事をいう。

➡BOOKナビ＝Ⅶ章からご活用いただければと思います。

新指導要領の授業づくりナビ

●新採の先生方へのメッセージ

Q．「主体的・対話的で深い学び」授業への疑問・不安を感じる……

・基礎基本が出来てないのに対話の時間などとれない？

・知識がない状態で思考など無理？

➡BOOKナビ＝Ⅳ章からご活用いただければと思います。

●教職経験が2～3年目の先生方へのメッセージ

Q　道徳の教科化で何が変わるか？

・道徳授業で教室のモラルは良くなる気がしない。

・教科書を活用する腹案がある。

➡BOOKナビ＝Ⅷ・Ⅺ章をご活用いただければと思います。

●教職経験が5年以上の先生方へのメッセージ

Q．英語の教科化で何をしなければならないのでしょうか？

・移行期にしておかなければならない対策とは

・教師の英語力―どう考えればいいのか

➡BOOKナビ＝Ⅷ章（1年生からの指導ポイントあり）・Ⅺ章をご活用ください。

教育研究のディープラーニング

Q．特別支援

・今、最も重視しなければならない点はどこか

・特別支援計画づくりで最も大事なことは？

・授業のユニバーサル化って？

➡BOOKナビ＝Ⅴ章からご活用ください。

Q．プログラミング教育って？

・思考力の育成ということだと言われているので、まだ準備しなくていい？

・民間では、プログラミング教材の開発が盛んになりつつあるようだけど授業と関係あるの？

➡BOOKナビ＝附章が面白いです。

6年生の身体 心 行動 Data File

（畦田真介）

学習の遅れに要注意 「9歳の壁」って

◎女子

①乳房が発達する。
②肩幅は狭く、腰幅が広い体型になる。
③乳房やおしりに脂肪がつき丸みを帯びた体になる。
④性毛、腋毛が生えてくる。
⑤声が少し低くなる。
⑥月経が始まる。

◎男子

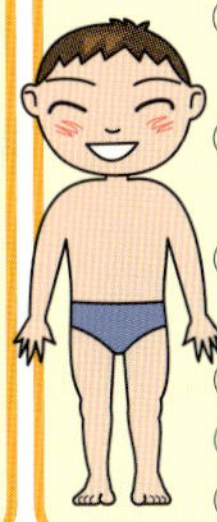

①ひげが生えてきて、体毛が濃くなる。
②肩幅が広くなり、筋肉が発達する。
③ニキビなどが出来やすくなる。
④声変わりをする。
⑤性毛、腋毛が生えてくる。
⑥初めての射精がある。

体は大人に近づきますが、心はまだ子どものままで不安定な時期です！

6年生のハート 思春期

相談相手は友達が一番に

人間関係の比重が親から友達へとどんどん移っていきます。

感情の起伏があり、不安定な時期

体の変化を心が受け止め切れずに感情的に不安定になったりします。

6年生の行動

容姿やスタイルが気になります！

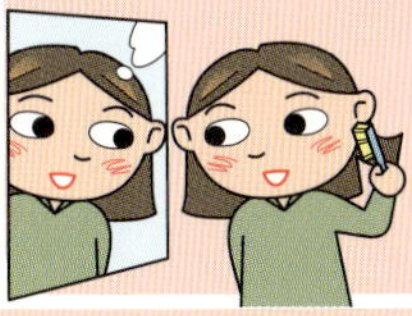

自意識過剰なぐらい自分が気になり、友達や異性の目を気にして、容姿やヘアスタイルに気をつかうことが多くなります。

親や教師に反抗的な態度も！

思春期に入り、自分とは何かを問う時期です。進路の選択など、人生の重要な決定を迫られる時期でもあります。

身体はこう成長する！

4月初め	男子	145.1cm	36.7kg
	女子	146.8cm	36.3kg
↓			
3月終わり	男子	152.6cm	43.8kg
	女子	150.8cm	43.0kg

6年生のトリセツ

異性への目覚め

6年生では、異性に目覚め、男女を意識するようになります。「好きな人をばらされた」などのトラブルがよく起こるのもこの時期です。早い時期の指導が大切です！

「親友」を求めるように

「親友」を求め始めるのもこの時期です。しかし、一方で、仲間はずしをしたり、羽目を外して秘密を共有しようとする行動も生まれます。子ども同士の人間関係に注意が必要です。

「親」から「友だち」中心に

反抗的な態度を取ることもありますが、頭ごなしに叱るのはNGです。

何かトラブルがあったときは、しっかりと話を聞いて、子どもたちにどうすれば良いのかを考えさせることが大切です。

教室での遊び道具として、将棋だけでなく、動物将棋を置いている（左写真）。

動物将棋は将棋と同じようにとても知的なゲームである。また、ルールがとても簡単で、１試合が平均３～４分なので、休み時間に何回もでき、様々な人と交流することができる。

トランプは８セットほど置いている。休み時間だけでなく、給食が早めに終わった後に、班で交流する際にとても役に立つ（右写真）。

教室には本だけでなく、四字熟語の漫画や作文をうまく書くための漫画を置いている（左写真）。

また、以前受け持っていた児童が書いた小説や漫画、算数のノートも置いている（右写真）。それらを見本にしている児童もいる。

白チョークや黄色チョークを 20 本近く、教室に保管している（左写真）。名簿や感想用紙、体育の振り返り用紙も教室に置いている（右写真）。前もって大量に準備しておけば毎回印刷する必要がなく、時間短縮につながる。名簿はレク係がチーム分けやチェックなどによく使うので、50 枚印刷している。

（関口浩司）

教室レイアウト・環境づくり

基本とニューバージョン

机の整理整頓のため、床に線を書いている。線は机の奥ではなく自分の手前に書く。

手前に書くことで、子どもが自分で机の位置を調整ができる。

そのため、教師の一指示で、教室中の机を揃えることができる。

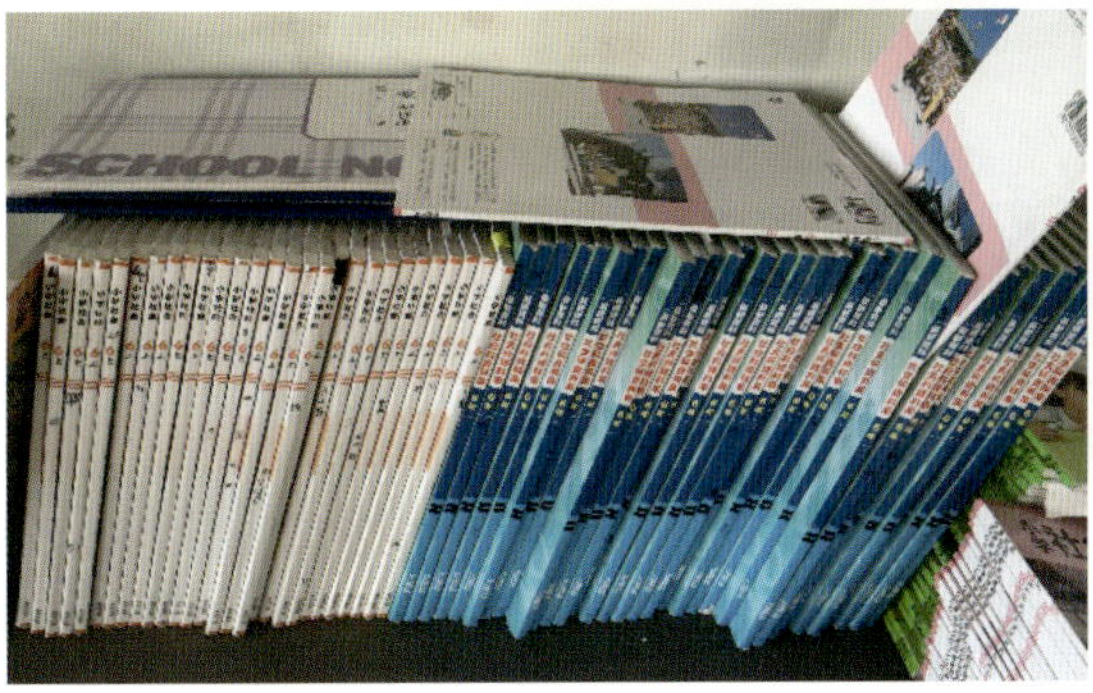

筆者の勤務校では、高学年は多くの専科があり、教科書などの忘れ物は専科の先生に多大な迷惑がかかる。そのため、専科の授業で使用する教科書やファイルは教室で預かっている。預かる際、教科書を立てるとブックスタンドが必要になり、数が多いと横にひろがって場所をとってしまう。また片付ける際、教科書を立てるのをめんどうくさがり、適当に上に置いてしまう児童もいる（左写真）。積み上げて預かることで、それらの問題が解消される（右写真）。

授業の始まる時には、学習当番や配り当番が配付している。また、クラスで整理当番を置いているので、比較的、毎日整理されている状態になっている

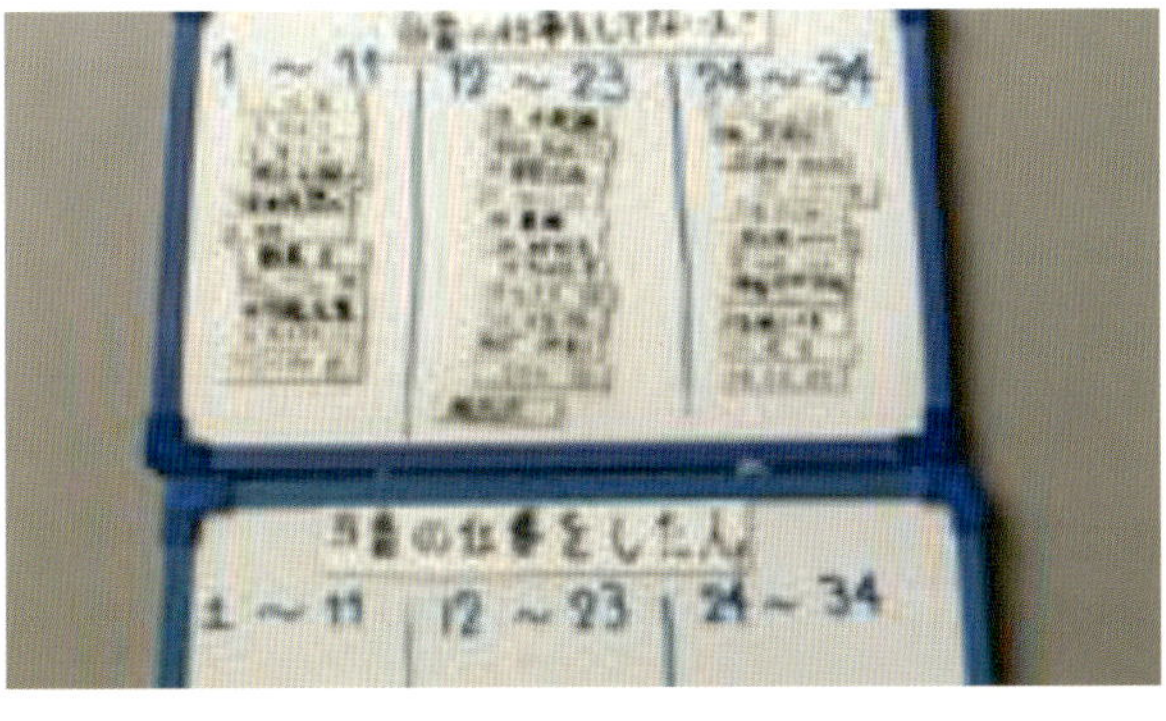

私のクラスでは、1人1つ、当番を受け持っている。

当番が終わったら、名前の書かれた磁石を、「まだ終わっていない」のホワイトボードから「終わった」のボードに移動するようにしている。

仕事確認の当番が、給食中や帰りに声をかけているので、比較的みんな忘れずに当番を行うことができている。

1学期 信頼関係を築く

（石坂陽）

規律の定着のポイント

口で伝えるだけでなく、実際にやらせてみることがポイントです。体育における運動技能と似ています。靴を揃えること1つとっても、口で伝えるだけと、やらせるのとでは、大きな差が生じます。

家庭訪問までに・・・

5月は家庭訪問をする学校が多いです。できれば、家庭訪問までに全ての子どもに、頑張りを賞賛する一筆箋等を渡しておきたいところです。保護者に好意をもって受け入れられます。

当たり前のことを当たり前に

4月 出会い 学級開き

- 1学期始業式
- 組織づくり（係・当番）
- 実態調査（前年度の漢字50問・計算25問）
- 学習、生活のルールづくり
- 授業参観、学級懇談会
- 委員会組織会
- 遠足
- 国語 物語文『カレーライス』
- 算数 対称な図形
- 社会 縄文のむらから古墳のくにへ

5月 遠足 家庭訪問

- 遠足
- 家庭訪問
- 国語 説明文『時計の時間と心の時間』
- 算数 円の面積
- 社会 天皇中心の国づくり

6月 プール開き 体力テスト

- プール開き
- 体力テスト
- 国語 紀行文『森へ』
- 算数 分数のかけ算・わり算
- 社会 武士の世の中へ

7月 夏休みの指導 暑中見舞い

- 1学期の漢字50問
- 暑中見舞いの書き方指導
- 通知表わたし
- 夏休みの生活指導
- 夏休みの宿題配付
- 読書感想文の書き方指導
- 学期末お楽しみ会
- 国語 ようこそ、私たちの町へ
- 算数 角柱や円柱の体積
- 社会 3人の武将と天下統一

8月 登校日

- 水泳教室
- 学習教室
- 登校日
- 宿題回収

2学期へ！

個人懇談を成功させるワザ

ポイントは保護者から言いたいことを引き出すことと、良さを告げること。

①保護者から意見を聞く。「1学期、お子様を見てきて、頑張っていたことや伸びたと思うことはありますか。あったら教えてください」。

②子どもの学校での頑張りを複数伝える。

③改善点を1つ程度告げる（無ければ特に言わなくてもよい）。

④保護者から意見を聞く。「その他、気になっていることがあれば教えてください」。

⑤終える。「私が褒めていたことを、お子様にお伝えください」。

通知表所見のコツ

悪いことを書くと記録として残り、それを見るたびに子どもも保護者も不快な思いをする。良さをたくさん書くことに尽きます。

子どもを満たせたか？

1学期を通して、学級の子ども達全員を満たすことができたか、点検すると良いでしょう。例えば、ノートへのコメントや口頭での褒めに、極端な偏りはなかったか？　全く褒められていない子はいないか？このような観点をもって、2学期に備えていくとよいです。

生活習慣・学習習慣づくりの見通し

学期ごとの学習の栞

2学期 個人を鍛える

12月 冬休み 年賀状
・卒業文集制作
・年賀状の書き方指導
・通知表わたし
・冬休みの生活指導
・冬休みの宿題配付
・学期末お楽しみ会
・国語 伝えられてきたもの
・算数 並べ方と組み合わせ方
・社会 子育て支援の願いを実現する政治

120%の力を
学期末で気が抜ける子どもには「最後の最後まで気を抜かず120点満点の頑張りをしていきましょう」と伝える。もちろん教師自身、120%の力を出す気概が大切です。

運動会係活動へ向けて
運動会で、最高学年として行動する姿が期待されます。「何をすべきか」をしっかりと伝え、どのように行動することが良いのかイメージを持たせる必要があります。そして、できたことを評価し、意欲を高めていきます。

11月 学校公開
・学校公開
・学習発表会
・国語 説明文『鳥獣戯画』を読む
・算数 比例と反比例
・社会 長く続いた戦争と人々のくらし

最高学年として、行事で活躍

3学期へ!

進学先について
地域の実態にもよりますが、受験を考えている子どももいるかもしれません。アンテナを高くしておくとよいでしょう。

10月 マラソン大会
・マラソン大会
・社会見学
・国語 物語文『やまなし』
・算数 速さ
・社会 明治の国づくりを進めた人々

9月 運動会
・夏休み作品展、発表会
・運動会
・学習のルール確認
・生活のルール確認
・国語 未来がよりよくあるために
・算数 比と比の値
・社会 町人の文化と新しい学問

卒業文集製作のポイント
卒業文集には個人の作文のページと学級のページがあるはずです。

【個人のページのポイント:成長や今後の夢などを書かせる】「この1年で成長したこと」や「将来の夢」。1〜6年の思い出を書くのは内容が薄くなる可能性があり、望ましくありません。

【学級のページのポイント:全員の名前が掲載されるようにする】「この学校での思い出」「将来の夢」のように全員の名前、情報が掲載されるものが望ましい。一部の子どもの名前しか掲載されない文集だと保護者が不信感にを持ちます。

魔の10月、11月攻略のポイント
「魔の10月、11月」は子ども達の落ち着きがなくなることも。行事が続き日常と異なることが増えるためです。特に最高学年の6年生は行事に忙殺されかねません。

①授業を淡々と進めること。　②朝の会等で褒めること。

授業をしっかりと進めることで教室が安定。朝の会で子どもの頑張りを褒め続け、意欲を持続させることも大切です。

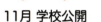

3学期 中学校へつなぐ

3月 卒業式
・学級解散パーティー
・通知表わたし
・卒業式
・国語 今、私は、ぼくは
・算数 6年生の復習
・社会 世界の未来と日本の役割

卒業式練習

厳かな雰囲気で行われる卒業式の練習でも、できていることは褒めていく。

卒業式では「呼びかけ」がありますが、指導の基本線は「個別評定」。通しの練習のあと、「1番、3番、7番。声が小さいです。もっと息を吸って大きく声を出しなさい。2番、4番、9番、10番。早口です。もう少しゆっくりと言いなさい。5番、6番、9番。あなた達は合格です。素晴らしいです」。誰が良くて誰がまだまだなのかを告げてレベルアップを。

学級解散へ向けて……

大切なのは「学級をたたむ」ということ。教師の仕事は思い出を作ることではありません。「来年は今年以上に頑張ってください」と告げ、今後へ向けて気持ち良く送り出してあげましょう。

「涙の解散」「涙の卒業式」にするのではなく、次のようなことを告げます。「卒業して中学校に行ったらこの1年を忘れ去るぐらいの素晴らしい中学校生活を過ごしてください。間違っても前の方が良かっただなんて言わないでください。人間は少しでも良くなるように全力を尽くし続けるのです」。

中学生へ！

最高学年としての卒業式へ

2月 6年生を送る会
・6年生を送る会
・中学校入学説明会
・国語 物語文『海の命』
・算数 量の単位のしくみ
・社会 日本とつながりの深い国を探し、調べよう

1月 書き初め大会
・3学期始業式
・書初め大会
・学習のルール確認
・生活のルール確認
・なわとび週間
・国語 説明文『自然に学ぶ暮らし』
・算数 資料の調べ方
・社会 わたしたちのくらしと日本国憲法

卒業式へ向けて……

あと2か月で卒業です。「あなた達は、後輩が心から『卒業おめでとうございます』と言ってくれる6年生の行動をしていますか」と問いかけても良いでしょう。最高学年、卒業生としての姿を、より意識させます。

テスト勉強の仕方の指導

中学校への進学に向けて次のような「テスト勉強の仕方」を指導。中学校に行って「テスト勉強をしなさい」と言われても具体的なやり方がイメージできない子どももいます。
【国語】該当範囲の漢字の練習をする
【算数】教科書の問題をもう一度ノートに解く　【社会・理科】題集の問題を解く

インフルエンザ防止へ向けて

インフルエンザ等、集団風邪が流行しやすい時期です。
①休み時間ごとのうがい・手洗い、②休み時間ごとの換気、を指導・確認。しっかり予防していることを褒めましょう。

机や下足箱をきれいに……

使用していた机や下足箱を子ども達にきれいにさせます。ネームのシールなどは美しくはがさせ、下足箱は水ぶき雑巾できれいにして、次年度の子ども達が使用しやすい状態にしてあげることも大切です。

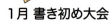

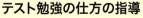

６学年の学期別年間計画

新指導要領の発想でつくる　スクールプラン入り

４月

黄金の３日間の計画
学習技能の提示と指導
規律ある生活習慣

・入学式準備
入学式を行うための会場設営や配布物の点検、などを行い、最高学年としての意識を持たせる。対話を通して、入学生にとってよりよい環境整備や準備ができるようにする。

・入学式・新任式・始業式
新たな学年として、小学校生活最後の１年間を俯瞰し、リーダーとしての動機付けを行う。最上級生として、下級生の見本となるような態度で式に臨む。

・委員会活動
学校生活を向上させるために、学校生活に関する諸問題を話し合い、１人１人が自発的・自治的に解決しようとする態度を養う。

５月

学級ルール・システムの再確認
学習意欲の向上

・児童総会
学校生活の充実と向上のため、その諸課題に気づき、話し合い、協力して解決を図っていく活動を自発的、自治的に行うことを通し、児童の自主性や社会性を養う。

・縦割り活動
異年齢集団による活動を通して、よりよい人間関係を築いていくことができる能力を養うことができるようにする。

・クラブ活動
クラブ活動を通して、望ましい人間関係を形成し、個性の伸長を図り、集団の一員として協力してよりよいクラブづくりに参画しようとする自主的、実践的な態度を育てる。

６月

集団づくり
生活習慣の見直し
自己学習の指導
国語科における語彙の確実な習得と活用

・修学旅行
自然の中での集団宿泊活動などの平素と異なる生活環境にあって、見聞を広め、自然や文化などに親しむ。

人間関係などの集団生活の在り方や公衆道徳などについての望ましい体験を積むことができるような活動を行う。

・球技会
スポーツを通した団体活動により、仲間との交友を深める。

他の学校の児童との交流を通して、同じ中学校区に進む仲間の存在を知るとともに、交流を深める。

7・8月

学級経営の反省と見直し、修正
評価
夏休みの準備
自己学習力の習慣化
地域社会に根づいた様々な文化や伝統を体験し親しむ

・防犯教室
日常生活の中に潜む様々な危険を予測し、危険を回避し安全な行動をとることができるようにする。現在及び将来に直面する防犯上の課題に対して、的確な思考・判断に基づく適切な意志決定や行動選択ができるようにする。

・PTA親子奉仕清掃
親子でグラウンドの除草や溝掃除等を行い、社会に奉仕する喜びを知り、公共のために役立つことを行う態度を養う。

9月

シルバーの3日間の計画
集団への寄与
生活習慣のリズムの再確認
各教科等における言語活動（討論など）の充実

・学校開放日
来校される方々が気持ちよく校内で参観できるよう、学校内外の清掃や美化に努める。学校の最高学年として、来校された方々に大きな声で挨拶をしたり、会釈をしたりすることができるようにする。

・運動会
安全な行動や規律ある集団行動の体得、運動に親しむ態度を育成する。リーダーとしての責任感や同じ色組に所属する仲間との連帯感の涵養、体力の向上などに資するような活動を行う。

10月

集団活動の確立
意見と根拠、具体と抽象を適切に表現する力の育成

・陸上記録会
児童1人1が自分の競技種目を選択し、自分の目標（記録）を設定し、その実現に向けて取り組んだ成果を発表する機会とする。みんなが「自分の記録への挑戦」という意識で取り組むことで、全体のムードを盛り上げ、それぞれの立場で目標達成に向けて、全力を尽くす。学校の代表として、ふさわしい姿勢や態度で競技・式に臨む意識を育成する。

・福祉講話
障がいのある人や高齢者の方たちの現状を知ったり、話を聞いたりする活動を通して、人との関わりやつながりの大切さを知る。

11月

集団としてのまとまりの強化
学習システムの確認と見直し
コンピュータ等を活用した学習活動の充実

・音楽会
平素の学習活動の成果を発表し、その向上の意欲を一層高めたり、文化や芸術に親しんだりする。合唱や合奏の練習をとおして、自分の成長を振り返り、さらに自分を伸ばしていこうという意欲を高める。協力することで、美しいもの、よりよいものをつくり出す。

・児童会選挙
1年間児童会活動を引っ張ってきたリーダーとして、よりよい学校にしていくための手立てや方策を下級生に引き継ぎ、自分たちの経験してきたことをアドバイスする。

12月

1年間の反省と目当ての修正・評価
自己学習の習慣化
コンピュータでの文字入力等の習得、プログラミング的思考の育成

・児童会集会

児童会活動を通して、望ましい人間関係を形成し、集団の一員としてよりよい学校生活づくりに参画し、自主的、実践的な態度を育てる。

全校児童が楽しめるように、活動を計画したり、運営したりする。

縦割り班を活用した異年齢集団による交流を行い、上下のつながりを強くしていく。

準備や活動を通して、リーダーが下級生の面倒を見たり、声を掛け合ったりすることで、児童間の絆を深める。

1月

学級・学年としての集団への寄与
学習規律の見直し
多面的・多角的に深く考えたり、議論したりする道徳教育の充実と実施

・卒業文集・アルバムの取組

卒業文集・アルバム実行委員会を立ち上げ、方針・内容・締め切りなど、具体的な運営について話し合いを行う。

大枠が決まったところで、文集の個人ページで書く内容をクラス単位で割り振る。これにより内容の偏りを防ぐ。

学年・クラスページに必要なアンケートの作成・集約を行う。

アルバムに使う写真の枚数・大きさに配慮するとともに、児童の露出数が多かったり少なかったりしないように、バランスよく配置する。

2月

行事への参画
学習の集大成
オリンピック・パラリンピックに関連したスポーツの意義の理解

・最後の授業参観

今までお世話になった保護者に感謝の気持ちや成長を実感できる内容を考える。

授業の最後にありがとうの気持ちを伝える作文やスピーチなどの場面を設定する。

・中学校説明会

中学校の学習や行事、生徒会活動・部活動などについての話を聞き、入学までに何をしていけばよいかの意識をもつ。

中学校側の説明に対して、耳を傾けて聴く態度や姿勢で臨む。

校内で会った先生や生徒に、大きな声で返事や挨拶ができるようにする。

3月

卒業に向けて
学校段階間の円滑な接続や教科等横断的な学習の重視

・6年生を送る会

卒業生が小学校生活を振り返り、誇りと感謝の気持ちを持って巣立っていけるようにする。

在校生は送る会を作り上げることにより、卒業生への感謝の気持ちを育てるとともに、伝統を受け継いでいこうとする気持ちを育てる。

・卒業式

学校生活に有意義な変化や折り目を付け、厳粛で清新な気分を味わい、新しい生活の展開への動機付けとなるような活動を行う。

卒業式が小学校生活最後の授業であるという意識を持ち、呼びかけ・歌などの練習に取り組んだり、卒業式に臨んだりする。

（青木英明）

月別プラン・ドゥ・シー〈1〉

新学期前日までの担任実務チェックリスト

チェック **事務関係**

□名簿作成（通常名簿、男子・女子別、罫線）
□名簿印刷（教室と職員室）
□氏名印を出席番号順に並び替え
□指導要録の確認
□健康カードの確認
□保健関係の書類の確認
□校外学習の計画
□宿泊行事の計画
□時間割の作成
□資料を閉じるファイルの準備
□出席簿の作成をする
□周案を作成する
□教科書の数を確認
□氏名印を押して、名前シール作成

チェック **学級経営関係**

□子どもの名前を覚える
□子どもの住所の確認
□家族や兄弟の確認
□学級通信作成
□学年だより作成
□掃除の分担場所を確認
□給食当番の役割
□係
□学校、学年のルール確認
□日直の仕事
□朝の動き
□掃除のルール
□道具袋の中身
□子どもに持たせる物
□机の配置
□教室に置く物
□学級目標
□宿題について
□教科ごとのルール
□クラブや委員会の割り振り

チェック **教室環境・備品**

□机、椅子の数を確認する
□机、椅子の高さを確認する
□照明を調べる
□ロッカー、靴箱を確認する
□掃除用具を確認する
□教室内に壊れた場所がないかを確認する
□備品が使えるかを確認する（テレビ、DVD、CDラジカセ、配膳台、ゴミ箱、電子ピアノ、黒板消しクリーナー、チョーク、黒板消し等）
□子どもへの貸し出し用具を準備する（鉛筆、赤鉛筆、定規、分度器、コンパス、三角定規、のり、はさみ、セロテープ、ネームペン、マジック、習字セット、絵の具セット、裁縫道具等）
□教室にあると便利な物（カッター、朱肉、ビニール袋、新聞紙、画用紙等）

チェック **授業関係**

□教科ごとのノート作成
□教材採択
□年間計画作成
□教科書に目を通す
□授業開きの詳細案
□最初の単元の教材研究
□TOSSランドでやってみたい授業をプリントアウトする
□出会いで話す内容
□各教科のルール
□5年の漢字テスト
□5年の計算テスト
□自己紹介カード準備
□1年間の目標カード準備
□特別教室の割り当て確認

（河野健一）

月別プラン・ドゥ・シー〈２〉

新学期担任実務 チェックリスト【一週間】

【１日目】出会いの日

１　始業前
①教室はきれいか
②教室の窓は開いているか
③誰がどこの席に座るのかが明記されているか
④教室に危険箇所はないか
⑤机や椅子の数は十分か
⑥机や椅子はきれいか
⑦ロッカーや靴箱に名前シールは貼ってあるか
⑧配付物の確認はしたか（教科書、手紙）
⑨貸し出し文房具は準備してあるか
⑩黒板に子どもへのメッセージを書いたか

２　着任式・始業式
①（着任者の場合）短く挨拶をしたか
②担任発表で大きな声で返事をしたか
③良い姿勢の子を見つけたか
④校歌をよく歌っている子を見つけたか
⑤引継ぎがあった子の様子を見たか

３　学活、その他
①子どもの名前を呼んだか
②子どもの名前を呼び、褒めたか
③転入生のお世話をする子を決めたか
④机、椅子の高さが合っているかを確認したか
⑤始業式で見つけた良い点を褒めたか
⑥１年間の抱負を簡潔に伝えたか
⑦６年生としての心構えを簡潔に伝えたか
⑧教師が叱る場面について簡潔に伝えたか
⑨生活上のルールを伝えたか
⑩全員を教師の方を向かせて話したか
⑪聞いていない子を見逃していないか
⑫教科書を全員に配付したか
⑬手紙を全員に配付したか
⑭教科書に名前を書かせたか
⑮筆箱の中身や道具袋の中身について伝えたか
⑯翌日の連絡をしたか
⑰翌日の持ち物を伝えたか
⑱提出物をどのように処理するかを伝えたか
⑲係を決めたか
⑳（持ち上がりでない場合）担任の自己紹介をしたか
㉑全員に何かを短く発表させたか
㉒日直の仕事を伝えたか
㉓明日の日直を伝えたか
㉔子どもの良い点を一筆箋に書いて渡したか

４　子どもが帰った後
①教室の様子を確認したか
②靴箱の様子を確認したか
③欠席した子へ連絡をしたか
④誰を褒めたか、確認したか

月別プラン・ドゥ・シー〈2〉

新学期担任実務
チェックリスト【一週間】

【2日目】学級の仕組みとルールを創る

1　子どもが来る前
①窓を開けたか
②教室はきれいになっているか
③提出物を出させる準備をしたか
④教室は清潔になっているか
⑤貸し出し文房具は用意されているか

2　子どもがいる間（学級の仕組みやルール）
①提出物を忘れた子を確認したか
②大きな声で挨拶をして教室に入ったか
③名前を呼んだか
④1人1人の顔を見て出欠確認をしたか
⑤元気よく返事ができた子を褒めたか
⑥靴の入れ方がよかった子を褒めたか
⑦掃除当番を決めたか
⑧給食当番を決めたか
⑨給食のルールを示したか
⑩提出物を忘れた子の連絡帳に提出物を記載したか
⑪連絡帳を全員が書いたことを確認したか
⑫日直だった子を褒めたか
⑬休み時間には一緒に遊んだか
⑭係活動を決めたか
⑮係のポスターを作ったか
⑯係のポスターや自己紹介カード等、提出締め切りを示したか
⑰手紙配付等の仕事を進んでやっていた子を褒めたか
⑱よい行動を一筆箋に書き、保護者に渡してもらうように伝えたか
⑲入学式の準備分担をしたか
⑳入学式準備のがんばりをねぎらったか
㉑掃除の動きが良かった子を褒めたか
㉒給食準備や後片付けの動きが良かった子を褒めたか
㉓給食準備や後片付けで、子どもと共に動いたか
㉔掃除では、子どもよりもたくさん動いたか

3　子どもがいる間（授業）
①学習用具を忘れたときにどうするか説明したか
②教科書を使って授業をしたか
③教科書に折り目をつけさせたか
④ノート・教科書等に名前が書かれているか確認したか
⑤実態調査テストを行ったか（国語は漢字・算数は計算）
⑥ノートの書き方について指導したか
⑦授業をして全員の子どものノートに1回は○をつけたか

4　子どもが帰った後
①机を整頓したか
②教室の様子を確認したか
③子どもの顔や座席位置を思い出したか
④欠席した子どもの家へ連絡をしたか
⑤誰を褒めたか、確認したか

月別プラン・ドゥ・シー〈2〉

新学期担任実務 チェックリスト【一週間】

【3日目】入学式で活躍させる

1　子どもが来る前
①窓を開けたか
②教室はきれいになっているか
③提出物を出させる準備をしたか
④教室は清潔になっているか
⑤貸し出し文房具は用意されているか

2　子どもがいる間（学級の仕組みやルール）
①提出物を忘れた子を確認したか
②大きな声で挨拶をして教室に入ったか
③名前を呼んだか
④1人1人の顔を見て出欠確認をしたか
⑤元気よく返事ができた子を褒めたか
⑥靴の入れ方がよかった子を褒めたか
⑦提出物を忘れた子の連絡帳に提出物を記載したか
⑧連絡帳を全員が書いたことを確認したか
⑨入学式の心構えを話したか
⑩入学式の役割を確認したか
⑪決められた係の仕事を自分からやっていた子を褒めたか
⑫よい行動を一筆箋に書き、保護者に渡してもらうように伝えたか
⑬入学式のがんばりをねぎらったか
⑭翌日から始まる1年生のお世話について子どもたちに伝えたか
⑮1年生のお世話の分担をしたか

3　子どもが帰った後
①机を整頓したか
②教室の様子を確認したか
③子どもの顔や座席位置を思い出したか
④欠席した子どもの家へ連絡をしたか
⑤誰を褒めたか、確認したか
⑥1年生の担任と今後の6年生の動きについて確認したか

入学式当日及び前日の入学式準備は、6年生にとって最初の活躍の場である。

新年度が始まったばかりでやる気に満ちあふれている子どもたちを活躍させ、褒める場面がたくさん見られる。

そのために、次の2点が重要だ。

①分担を明確にしておく。
②「仕事がない時、わからない時は周りの先生に何かやることがないかを聞きなさい」と伝えておく。

この2点に留意して準備及び当日を迎えると、子どもたちがよく動く。いろいろな先生に褒められるだろう。

尚、千葉県の小学校では、新年度が始まってから3日目に入学式を行う学校が多い。

そのため、本チェックリストはその日程に準ずる形で作成してある。

地域によっては違っていることもあるだろう。

その場合は、4日目以降のチェックリストを参考にしていただけると幸いである。

月別プラン・ドゥ・シー〈2〉

新学期担任実務 チェックリスト【一週間】

【4日目以降】軌道に乗せる

1　子どもが来る前

①教室はきれいになっているか
②提出物を出させる準備をしたか
③教室は清潔になっているか
④貸し出し文房具は用意されているか

2　子どもがいる間

①提出物を忘れた子を確認したか
②大きな声で挨拶をして教室に入ったか
③名前を呼んだか
④1人1人の顔を見て出欠確認をしたか
⑤元気よく返事ができた子を褒めたか
⑥靴の入れ方がよかった子を褒めたか
⑦連絡帳を全員が書いたことを確認したか
⑧係の仕事を自分からやった子を褒めたか
⑨休み時間には一緒に遊んだか
⑩全員と話したか
⑪日直を自分からやった子を褒めたか
⑫よい行動を一筆箋に書き、保護者に渡してもらうように伝えたか
⑬1年生のお世話の分担をしたか
⑭1年生のお世話に行った子をねぎらったか
⑮給食準備ですぐに動いた子を褒めたか
⑯給食準備で進んで動いた子を褒めたか
⑰給食の後片付けですぐに動いた子を褒めたか
⑱掃除開始時刻に始めていた子を確認したか
⑲掃除のやり方を教えて褒めたか
⑳掃除後、ゴミがなくなっているかどうかを確認したか
㉑掃除でがんばっていた子を褒めたか
㉒教科書を使って授業をしたか
㉓実態調査テストを行ったか（国語は漢字・算数は計算）
㉔ノートの書き方について指導したか
㉕教えたとおりにノートに書いていたかどうかを確認したか
㉖全員の子どものノートに1回は○をつけたか
㉗笑顔で授業したか
㉘全員に発言させたか
㉙給食準備や後片付けでは一緒に動いたか
㉚掃除では子どもよりたくさん動いたか

3　子どもが帰った後

①机を整頓したか
②教室の様子を確認したか
③子どもの顔や座席位置を思い出したか
④欠席した子どもの家へ連絡をしたか
⑤まだ褒めていない子をピックアップしたか

（河野健一）

月別プラン・ドゥ・シー〈３〉

特別活動の仕組みづくり【係・当番】

係の仕事、掃除当番、給食当番といった仕事、６年生だから、子どもたちが自ら動くように仕向けたい。

いずれも子どもが自分から動くためには、次の３点が必要である。

①なぜ、その仕事をやるのかを伝える
②仕事分担を明確にする
③評価をする

なぜ、その仕事をやるのかを伝える

人間は、「なぜ、やるのか」を理解すると行動が安定する。何も考えずにやっている状態は望ましい状態ではない。

それぞれの活動の仕事に取り組む理由を考え、伝えるようにするとよい。

では、係や当番の仕事を行うのはなぜか。

◆クラス全員が快適に過ごすため。
◆下級生の手本になるため。

このようなことでもよい。

私は、６年生を担任している時は、子どもたちに「今やっていることが、将来、どのように役立つのか」という観点で話すようにしている。

> 係の仕事を自分からやる人は、周りから信頼されるようになります。周りから信頼される人は、将来、社会に出てから、いろいろな人に頼られます。そして、大切なことを任されるようになります。
> 反対に、簡単なことでも任されたことをすぐに忘れる人、さぼる人は信頼されません。会社でそのように思われると、クビになることもあります。
> そのような人間になるために、学校では係の仕事や給食当番、掃除当番があります。
> まずは、決められたことを決められた通りにやれるようにしましょう。

将来の自分にどのようなプラスがあるのか。そのような観点での趣意説明が、６年生の心には響きやすい。

仕事分担を明確にする

（１）１人1役を基本に

１人1役を基本にする。これは、係や掃除、いずれも同じである。その方が、何をするのかがわかりやすいからである。

複数人に割り振ると、仕事内容が不明確になり、トラブルの原因になりやすい。

６年生であるから、自分達で仕事の分担を決め、行えるのが理想の状態である。

しかし、4月はやることを明確にし、「仕事に責任をもって取り組む」姿勢を身に付けさせる方がよい。

持ち上がりで、教師の意図を子どもたちが理解しているのでなければ、教師が決める方がよい。

（２）誰が、いつ、何をやるか

この３つを具体的に決める。

掃除を例に挙げる。「教室掃除、Aさん」というのは、具体的ではない。

「教室掃除　掃き担当　Aさん」のように決めるのが具体的といえる。クラスの実態によっては、更に細分化することもある。「教室掃除　掃き担当　教室の右半分　Aさん」のように、場所まで明確にするのだ。

（３）休みがいた場合にどうするか決めておく

月別プラン・ドゥ・シー〈3〉

特別活動の仕組みづくり【係・当番】

理想は、「気付いた子がフォローする」だ。

だが、まずは休んだ子がいた場合はどうするか。それをはっきりさせておくとよい。

やることが細分化され、明確になっている利点は次の3つである。

評価をする

仕事をしているかどうかの評価が必要である。評価があるから、子どもは取り組む。

評価の基本は褒めることである。

さぼっている子、やっていない子を叱る前に、まずは褒めるようにする。

全体に伝えてを褒めてもよいが、個別に褒めてあげると喜ぶ。

給食だったら、「いただきます」をする前に、1人か2人を取り上げて手短に褒める。掃除中だったら、傍に行って努力を認めてあげるとよい。

6年生にもなると、特に女子は全体で褒められることを嫌がる子もいる。そのような子は、個別に褒めるとよい。褒められることで、「やって良かった」と思い、自分から取り組むようになる。

叱られると、その場ではやるかもしれないが、教師がいない場ではやらなくなることが多い。

係一覧

36人学級で、次のような係を設けていた。

> 窓開け、電気つけ、保健、朝の会司会、朝の歌、手紙A(朝、手紙を持って来る)、宿題チェック（2人）、黒板1、黒板2、黒板3、黒板4、黒板56、給食、配膳台給食前（3人）、配膳台給食後（3人）、歯磨き、手紙B(給食後に手紙を持って来る)、連絡帳、配り（3人）、学習、理科、音楽、家庭科、図工、掲示、帰りの会、電気消し、窓閉め、朝学習

仕事は1つの係につき1つ。例えば、「窓開け」は、朝に窓を開けることが仕事という感じだ。

やることが明確だから、取り組みやすい。

（1）仕事が行われていない時

それでも、係の仕事がなされていない時にはどうなるのか。

それをあらかじめ決めておく必要がある。次のような決まりがあった。

①休んだ場合は隣の席の子がやる

1人1役だから、休みがいたら、仕事が滞る。休みがいた場合に誰がやるか。これを決めておくことが重要だ。

②仕事が行われているかどうかは日直がチェックをする

日直に、係の仕事が行われているかどうかをチェックさせる。仕事が行われていなかったら、日直が代行するか、声をかけて係の子にやってもらうというシステムである。

また、日直はすべての仕事が終わったことを確認して、教師に「終わりました」と報告をして帰る。

この2つを怠った場合、翌日も日直を行うようになっている。

（2）仕事がない日は、ゴミを拾う

仕事がない日は、ゴミを3個拾うことにしていた。

「仕事がないのは不公平です。でも、

月別プラン・ドゥ・シー〈3〉

特別活動の仕組みづくり【係・当番】

さぼったわけではありません。だから、ゴミを3個拾って教室をきれいにしましょう」このように言えば、子どもたちは納得する。

給食時の動き

給食時は次のような動きにしていた。誰が何をやるのかを明確にしておくとよい。

（1）給食当番
◆1週間交代、出席番号順

（2）係
◆配膳台係はすぐに配膳台を拭く。
◆連絡帳係は連絡帳を書く。
◆手紙係は手紙を見に行く。
◆給食係は号令をかける。

（3）その他の子
食缶等を配膳台に運ぶ。
机を給食の形にする。
給食を運ぶ（全員分終わるまでは座らない）。

給食当番が欠席の場合は、隣の子がやる。このように全員の動きを明確にしておき、「みんなで準備をする」と

その他の留意点

六　その他の留意点

（1）できるだけ早く

新年度スタート当初、子どもたちはやる気に満ちあふれている。だから、やることがわかるとよく働く子が多い。つまり、褒めるチャンスがたくさんあるといえる。

そのためにも、できるだけ早く、係を立ち上げ、始めるとよい。

理想は初日である。特に、持ち上がりの場合は、短時間でできるはずだ。

（2）ジャンケンで決める場合は、負けたことに文句を言わせない

希望をとる前に、「ジャンケンで負けても文句を言わないのですよ。ジャンケンは運だから」ということを伝えておく。それだけでもずいぶん違ってくる。無用なトラブルを防ぐために、前もって伝えておくとよい。

（3）教師が動く

「6年生だから、子どもたちだけでやらせるのが大事だ」と言って、教師は高みの見物という場面をよく見る。

しかし、4月や5月は教師が率先して動き、範を示したい。また、教師が動くことで、子どもたちは教師に対して尊敬の念をもつ。

高学年ほど、言動不一致の教師を信用しなくなる。6年生だからこそ、教師が率先して動く姿を見せたい。

それが、学校のために動く場面の子どもたちの動きに反映する。

6年生とはいえ、まずはいつ、誰が何をやるのかを明確にし、教師が確認をし、評価する。そして、教師が率先して動く。仕事をしている子を褒める。

4月。このようにして誰もが言われたことをきちんと行うようにしておくのだ。すると、次第に、プラスアルファの動きをする子が出てくる。それを見逃さずに褒める。その繰り返しで、自分たちで考え、動く子どもたちになっていく。

6年生だからといって、最初から「自分で考えなさい」ではないのだ。

（河野健一）

月別プラン・ドゥ・シー〈4〉

4月の学級経営のポイント【1学期】

6年生としての心構えを伝える

6年生は学校のリーダーであり、顔である。そのような心構えを子どもたちにもたせたい。

初日に次のように伝える。

> 6年生になったので、5年生までとは違うことがあります。
> 6年生は学校の顔であり、司令塔です。6年生がいい学校は、全部いい。そういう役目があります。
> そのために、2つのことを言います。
> 6年生は仕事があります。それらを優先してやります。クラスでイベントをやっていても、体育館の椅子並べをお願いされたとします。その時は、すぐに体育館に行かなければいけません。自分のこと、クラスのことを後回しにして、学校のことをやります。
> 2つ目。6年生は学校の見本です。1年生から5年生までは、「6年生を見習いなさい」ということになります。そんな時、6年生が廊下で騒いだりしていては、小さい子たちは「6年生だって騒いでるじゃん！」となります。6年生は見本にならなくてはならないのです。
> ですから、これらのことについては、これまでよりも厳しく言わざるをえません。

6年生は、これまでとは違う。そのようなことを子どもたちに思わせる必要がある。

特に、持ち上がりの場合はよくも悪くも子どもたちに慣れがある。

これは、時に惰性となりうる。

そのようなものを断ち切るために、初日に心構えを明確に伝えるのである。

尚、この語りの内容は、谷和樹氏の追試である。

役割分担を明確に

「高学年だから、自分たちで考えて動くことが大切だ」という教師がいる。

その通りである。しかし、だからといって、係や掃除当番、給食当番を子どもたちにすべて委ねてはいけない。

まずは、係や当番の組織を確立する。

入学式で活躍させる

入学式は、6年生の最初の活躍の場である。

1年生の教室のお世話。教室までの案内。受付。入学式の誘導。そして、式への参加。

たくさんの仕事が割り振られる。ここで活躍させ、褒められることで、子どもたちの意欲を高めたい。また、6年生が立派に役割を果たすことで、周りの先生からも認められる。

入学式本番はもちろん、前日の準備で活躍できるように仕組む。

ポイントは、趣意説明と明確な役割分担である。

6年生の大事な活躍の場であるとともに、1年生にとっては学校の印象が決まる大事な日であることを告げる。

準備では、誰が何をするか。終わったらどうするか。そのあたりまで伝える。それが、子どもたちの意欲的な動きにつながるはずだ。

（河野健一）

6−2　4. 6.（Wed）

SHINING！3

出会いはドラマチックに・・・2

始業式の後は入学式練習です。

入学式は、６年生にとって、最初の活躍の場です。こんな役割があります。

◇１年生の入場に合わせて歌を歌う。

◇呼びかけと校歌を歌う。

◇１年生の退場に合わせてリコーダーを吹く。

久し振りの歌。

まだ覚えきっていないということもあり、戸惑っている子も見られましたが、前の方に並んでいたＡ君やＢ君、Ｃ君といった子たちが大きく口を開いて歌っていました。

練習が終わって、教室に入ります。

私は、「教科書持って来て。」「手紙持って来て。」とだけ、何人かの子どもたちに言いました。

昨年と違い、勝手がわかっているので、それだけで子どもたちはすいすい動いてくれました。

必要なことを先に済ませました。

教科書の配付と記名。そして確認。

大量の手紙の配付。

あわただしく時は過ぎていきますが、こちらも子どもたちがどんどん動いてくれました。

５分間程の休憩をとり、学級活動再開。

４０分間残っています。

６年生の目的について話しました。

勉強も楽しさも仲の良さもすべてで昨年を上回ります。

毎年、私はこれまで出会ったクラスを上回るクラスにすることを目標としています。

そして、言いました。

６年生になったので、５年生までとは違うことがあります。

６年生は学校の顔であり、司令塔であります。６年生がいい学校は、全部いい。そういう役目があります。

そのために、２つのことを言います。

６年生は仕事があります。それらを優先してやります。クラスでイベントをやっていても、体育館の椅子並べをお願いされたとします。その時は、すぐに体育館に行かなければいけません。自分のこと、クラスのことを後回しにして、学校のことをやります。

２つ目。６年生は学校の見本です。１年生から５年生までは、「６年生を見習いなさい。」ということになります。そんな時、６年生が廊下で騒いだりしていては、小さい子たちは「６年生だって騒いでるじゃん！」となります。６年生は見本にならなくてはならないのです。

ですから、これらのことについては、これまでよりも厳しく言わざるをえません。

いきなり少し厳しいことを言いました。

でも、子どもたちはぴーんとした姿勢で聞いていました。

その後、こんな時に厳しく怒るということを言いました。５年生の時と同じです。

◇うそをついたり手をぬいたりしたとき

◇いじめや差別をしたとき

◇命にかかわる危険なことをしたとき

続いて言いました。

「今から言う４つのことをできるようにしなさい。これも５年生のときと同じです。」

◇あいさつ

◇返事

◇椅子を入れる

◇時間を守る

この後は荷物の運搬と教室の掃除。

自ら動いている子がたくさんいました。

良いスタートが切れたのでは？と思っています。

☆連絡☆

提出物がたくさんあります。

児童調査票、けんこうカードは、昨年度の物から変更がある箇所のみ、赤ペン等で訂正をして提出してください。

それ以外のものは、必要事項を記入し、提出してください。

よろしくお願い致します。

月別プラン・ドゥ・シー〈4〉

5月の学級経営のポイント【1学期】

最後の運動会に向けて

5月は運動会が行われる。

学級開きをしたばかりであるが、6年生には応援団や係の仕事等が次々と割り当てられ、それぞれの場でリーダーとなることが求められる。

それだけでなく、自分たちの種目の練習も行われる。

充実した日にするためには、運動会の意義を伝える必要がある。私はこのようなことを伝えることが多い。

> 運動会でも、お手本になります。そのためには、運動会では得点にならないことに全力で取り組むのです。
>
> 係の仕事があります。これらは得点にはなりません。でも、やらないと、運動会が進みません。
>
> 開会式。得点には関係ありません。だから、おしゃべりをしていたり、校歌をいい加減に歌ったりしてよいのですか？（大抵、「ダメです」と返ってくるだろう）

このようなことを、運動会の一連の活動が始まる前に話す。

話したら、その行動を実際に行っている子をその都度取り上げ、褒めるようにする。

「足が速い子が偉い」「勝てばよい」というような考えを払拭していく。

時間の意識をもたせる

運動会の練習が始まると、慌ただしくなる。

練習時間が増えて時間割が変更になったり、休み時間が削られたりしていく。

その結果、時間がルーズになりがちだ。

しかし、そのままにしておくと、運動会後も乱れたままになる。

そこで、次の点は特に大事になる。

> 時間を守る

授業の開始時刻を守る。給食や掃除の開始時刻や終了時刻を意識させる。

例えば、1時間目に練習があると、2時間目が遅れがちだ。教師も、「まあ、いいか」となりがちだ。

でも、時間を意識させ、守らせる。

それが、メリハリのある生活につながる。

そのためには、まずは教師が時間の意識をもつことが必要である。

また、休み時間に選抜リレーの練習や各係の準備や打ち合わせが行われることもある。

そのような子たちが、「練習が延びました」等の理由で、平気でのんびり帰ってくることもある。

それらも原則としては認めない。時間が延長されたのであれば、急いで帰って来る。そのようなことを話す。

このようなことが、運動会後の崩れを防ぐことにつながる。

このような意識をもって運動会期間を過ごすと、自然と練習への取り組みも良くなる。

それが、本番の成功につながり、小学校生活最後の運動会を成功体験で終えることにつながる。

（河野健一）

6−2　5. 11 (Wed)

SHINING !35

運動会モードまっしぐら！！！

運動会が迫ってきています。

今年の種目は３つ。

障害走、組体操、騎馬戦（５年生と合同）です。

練習のメインは組体操。

昨日の練習で入場、退場を含め、一通りが終わりました。

残る日々で、それぞれの技の精度を高めることになります。

やはりというか、一番の難関が最後の３段タワーです。

１０以上のタワーがありますが、昨日の通し練習時にできていたのは４つ程度。

「こないだはできたのに〜。」と言う声もちらほら。

“確実にできる”には、まだ少し遠そうです。

昨日の練習後、次のことを話しました。

> １回でもいいから、自主練習をした人？

８割の子の手が挙がったでしょうか？

それらの子たちを褒め、更に次のことを話しました。

> ２年前のことです。
>
> その年の組体操でも３段タワーをやりました。
>
> 運動会本番前、１回も成功していなかったグループが３つありました。
>
> その３つのグループのうち、２つのグループは自主練習に励んでいました。運動会前日も残って練習をしていました。できませんでした。
>
> でも、本番。
>
> 努力は報われるものです。
>
> 自主練習をがんばっていたグループは、本番で初めて、３段タワーを成功させました。

すると、業間休みにはあちこちで自主練習に励む姿が見られました。

３段タワーは危険を伴うので、練習時には必ず誰か先生についてもらうように話しています。

あちこちから、「先生、見てください。」という声がかかりました。

自主練習は、“自ら”行う練習ですから、脳のスイッチがＯＮになっています。

普通の練習よりも成果が上がるといわれています。

こんな自主練習の様子も日記に書かれていました。

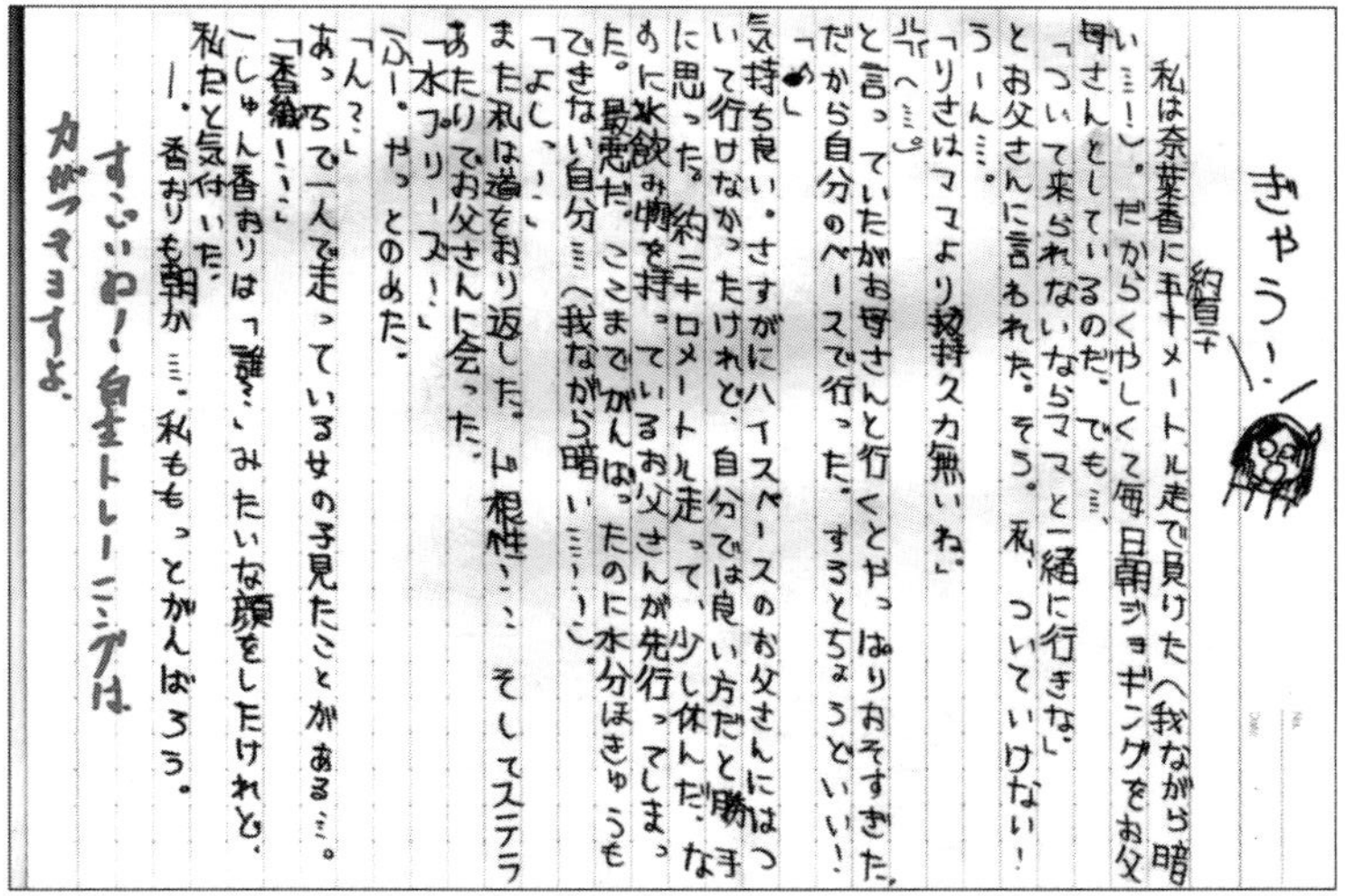

すごいですね。本番では練習の成果が出ることでしょう

実行係や応援団、リレーの準備・練習も始まっていて、まさに運動会モード。目の前に迫ることに全力を尽くす。これはこれで、大変重要です。

でも、こんなことも子どもたちに話しました。

> 運動会練習中ですが、当たり前のことをきちんと行うことはもっと大切です。運動会練習をがんばっていても、時間に遅れたり、授業を手抜きしたりしているのでは、何の意味もありません。

昨日の練習は２時間目。

業間休みに多くの子が自主練習。

着替えやら何やらで、３時間目の授業が遅れてしまう・・・ということも考えられます。

しかし、昨日の３時間目開始時刻。

全員が席に着いて、授業の準備をしていました。

このように“当たり前のことをいかなる時もきちんとやる”ということができていた子どもたちでした。

月別プラン・ドゥ・シー〈4〉

6月の学級経営のポイント【1学期】

縦割り活動を成功させるポイント

運動会が終わり、授業がスムーズに進む時期である。

学校によっては、この時期から縦割り活動が始まる。

6年生がリーダーとなって、下級生を引っ張る活動だ。

リーダーとして活動し、下級生をまとめるのはなかなか難しい。

事前の準備が必要である。

（1）全員で活動する
（2）詳細な計画を立てる
（3）リハーサルを行う

（1）全員で活動する

リーダーになった子が孤軍奮闘し、他の子は立っているだけ……。よく見た光景である。リーダーが前で話す回数が多くなるのは良い。では、その時に他の子たちは何をしているのか。

下級生を集める。話を聞いていない子に「聞くんだよ」と声をかける。その日の予定を板書する。たまには、リーダー以外の子が前で進める。

このように、やることはたくさんある。子どもたちにも「リーダー1人ががんばっているのではいけません。6年生、みんなが動くのです」ということを話しておく。

（2）詳細な計画を立てる

可能であれば、話す言葉まで考えさせたい。そして、覚えさせる。

「紙を見ながら前で進めてはいけません」と言っておく。

遊びも、どのように誰が伝えるか。できれば、やって見せるとわかりやすい。集めたら、座らせて話す。そのようなスキルを子どもたちにも教える。

係と同じで、誰が、何をするのか。詳細に考えさせる。グループごとに話し合う時間をとるようにする。

（3）リハーサルを行う

可能であれば、リハーサルをしておきたい。ある1グループを前に出す。そして、縦割り活動を進めさせる。他の子たちは下級生役である。

やらせながら、例えば、次のようなことを指導する。

◆笑顔で話す。
◆間を3秒以上空けない。
◆大きくはきはきと話す。
◆前で突っ立っていない。

教室で前もってやっておくことで、「本番が楽だった」と言う子も出てくる。

このように、事前に準備しておき、本番がスムーズに進められるようにしておく。

小さな崩れに注意

運動会が終わり、目標を見失いがちになる。また、6年生になり2ケ月がたち、慣れも生じてくる。このような時に、持ち物や服装、課題の提出等が乱れやすい。

4月に指導したことができているか。改めて確認をする必要がある。叱らなくてよい。時折確認を入れることで、「先生は見ている」ということを子どもたちがわかれば良い。

（河野健一）

6－3　6月22日

Evolution 53

【ふれあい活動に向けて】

7月3日、第1回目のふれあい活動があります。

1年生から6年生までが集まり、活動することで、普段とは違う配慮等が必要です。

決めることもいろいろあります。

5年生の時から何度も話しています。

良いグループは、全員で動いているグループ。悪いのは、リーダーだけが頑張っていて、他の人が何もしていないグループです。

でも、実はこの辺のことは、あまり心配していません。みんななら、今の段階でもそれなりにできるだろうと思っています。

「全員で動いている」ことについて、もう少し詳しく説明します。

全員で動くというのは、前で説明するのを交代して全員がやるように、仕事を平等に分けるということではありません。（もちろん、そのようにしても良いですよ。）

リーダーが前で話す場面が多くなるのは、当然ともいえます。

では、リーダーが前で話すことが多いのなら、他の人はどんな場面で動くのか。

そこを考えてほしいのです。

リーダー任せ、人任せではなく、やることを見つけ、自分から動いてほしいのです。

その第一歩が、昨日の話し合いです。

いつものことですが、「意見をたくさん出すこと」を求めました。

たった1つの意見で決めた1つのアイディアと、100の意見の中から選ばれた1つのアイディアだったら、当然、100から選ばれた方が良いものです。

だから、たくさんの意見が出た方が良いのです。

その点では、昨日のグループごとの話し合いは良かったと思います。

リーダーに話し合いの感想を発表してもらいました。

意見がよく出されたことがわかりますね。

【3班】

班のめあてが決まりました。ペア作りをしています。なかなか決まらず、理由がなかなか出ないので、もう少し話し合いたいと思います。

【9班】

みんなが意見を1つずつ出してくれたので、進めやすかったです。

【15班】

班のめあてが決まりました。いろいろな人の意見が出たけど、まとめられたので良かったです。

【21班】

そのために何をするかを決め、みんなが1人1人積極的に意見を言ってくれたので、素早く決められて良かったです。

【26班】

めあてとグループ決めが終わりました。もめずに決められたので、良かったです。

【30班】

班のめあてが決まりました。まだ終わっていないこともあるので、スムーズにやっていきたいです。

月別プラン・ドゥ・シー〈4〉

7月の学級経営のポイント【1学期】

水泳学習で達成感を

泳げない子にとって、6年生の水泳は泳げるようになる最後のチャンスである。

中学校以降の水泳の時間は少ないことが多い。

つまり、人生で最後の泳げるチャンスといえる。

すべての子に25メートルを泳げたという達成感をもたせられるようにしたい。

指導は、学年で行うことが多いだろう。指導方針や分担を明確に決めておくことが必要だ。

子どもたちにも「最後のチャンスである」ことを告げ、特に忘れ物には細心の注意を払うようにさせる。

忘れ物をして入れないというのは、もったいない。

さて、25メートルが泳げない子たちへの指導である。

何と言っても大事なことは、子どもたちが泳ぐ時間をたくさん確保することだ。

教師が話す時間を限りなく少なくして、子どもたちが泳ぐ時間をできるだけ多くする。

教師の話を聞いていても、子どもたちが泳げるようにはならないのだ。

後は、つまずきに応じて指導にあたる。

特に、息継ぎができない子たちに息継ぎができるようにさせることがポイントである。

記録を残す

夏休み中や夏休み前に保護者との面談が行われる。

そのために、子どもたちの記録があるとよい。

・1学期を振り返った作文
・各テストの結果
・各教科ノート
・書き溜めた作文
・行事や日常生活の写真

このような物を残しておき、面談で伝える。写真を見せると、とても喜ばれる。

また、写真を使って、スライドショーを作成し、子どもたちにも見せると良い。

楽しそうに活動している様子の写真をたくさん見せると、「楽しかったな」と子どもたちに思わせることができる。

パソコンを使って、簡単に作成することができる。

お薦めである。

1学期終了パーティー

恐らく、あっという間に過ぎていった1学期だったはずだ。

そんな駆け足で過ぎていった1学期を終えたことを祝うパーティーを、夏休み前に行いたい。

企画や運営に慣れている子たちならば、子どもたちに任せても良い。

慣れていない子たちならば、教師が提案し、教師が話し合いを仕切り、教師が進めていく。

そのようにして、楽しい思いをさせると、「また、やりたい」と子どもたちが思うようになる。

（河野健一）

6−3　7月7日

Evolution 61

【水泳が上達している人たち】

水泳の学習、たくさんの人が目覚ましい上達をしています。

「２５mを平泳ぎで泳ぐ！」

「クロールで５０mを泳ぐ！」

このように、目標を明確にして取り組んでいる人が多く、そこが上達の秘訣の１つと思います。

目標を明確にすることの大切さを感じる日々です。

【Aさん】

今日はプール！！

昼休み遊んで暑かったけど、プールの中に入ったら意外と寒くて、すぐくちびるがむらさき色になってしまいました。グループに分かれて練習したとき、最後の泳ぎでクロール２５m泳げました。すごくうれしかったです。

次回は平泳ぎの２５mを泳ぎたいです。平泳ぎはけっこう苦手なので、できるかどうかわからないけど、２５m泳ぎたいです。

クロール２５mという１つの目標を達成した後、すぐに次の目標をもっているのが良いですね。平泳ぎ２５mもまもなく達成できそうです。

【Bさん】

今日の水泳の出来事です。

私は上のグループにあがり、まず５０mを泳ぎました。クロールをやりました。最後の方はつかれてしまったけれど、なんとか５０m泳げました。うれしかったです。

かいでもなかなか進めず悩んでいたら、先生がアドバイスをしてくださいました。手をかくときは手を開かないようにして、息つぎは水のすぐ近く、顔を上げすぎないというのを教えてくださいました。

３０秒で２５mいけるかをやりました。すると、ギリギリいけました。きっと先生が教えてくださったからだと思います。

教わったことをすぐに生かせるのは、すごい能力です。教わったことをすぐにやってみるという素直な人は伸びます。

このように感謝の思いを表せるのも素敵ですね。これも伸びる要素です。

【Cさん】

今日は水泳のことを書きます。今日はヘルパーの四角のスポンジ１つでいきました。そうしたら、見事、２５mいき、もどるときも泳ぎ、５０mいけました。

ヘルパーが１個だとできるので、次こそはできれば（ヘルパー）なしで２５m泳ぎたいと思いました。

ちなみにぼくはクロールで２５mだけど、平泳ぎでも２５m泳ぎたいなと思いました。（できれば背泳ぎとバラフライも泳ぎたいです。）一番上のクラスにいけるようにがんばってやる！

目標を高く設定しているところが良いですね。

目標は、少し高いぐらいがちょうど良いという話を聞いたことがあります。チャレンジ精神が高く、感心です。

【Dさん】

今日、五、六時間目に水泳がありました。

私は、今日の五、六時間目が終わるまで二十五メートルを泳げませんでした。二つの泳ぎ方でもできませんでした。でも、ヘルパーを使ってクロールができました。次はヘルパーなしでクロールをしました。すると、二十五メートル泳げました。

あと、二十五メートル泳げないのは、平泳ぎだけでした。けのび、進んで息つぎ。足もちゃんと動かすと、二十五メートル泳げました。二つの泳ぎ方で二十五メートルを泳げるようになったので、次は、二つの泳ぎ方で五十メートルを目指したいです。

一気に上達しています。ここまでの積み重ねが花開いたのでしょう。

Dさんの練習の様子を見ると、真摯に地道に取り組んでいます。このような取り組みは、いつか花開きます。

月別プラン・ドゥ・シー〈4〉

8月の学級経営のポイント【夏休み】

夏休みの課題

夏休みの課題を出すだろう。

基本的には、課題は少ない方が良い。

普段はできないことに挑戦してもらうために、学校からの課題は少ない方が良い。

また、受験を控える子たちは、夏期講習等でかなりの勉強をすることになる。

そのようなことも考え、少なめにすることが大事である。

答えは必ず配付

国語や算数のプリント、夏のドリル等を出す場合、大事なことはこれだ。

答えを配付しておく

これには利点が2つある。

1つ目は、すぐに答え合わせができることだ。問題を解き、合っているかどうかはすぐにわかった方が良い。

夏休み中に取り組んだのに、答えがない場合は、夏休み明けまで正答がわからないことになる。学習効果が著しく下がる。

もう1つの利点は、わからない場合に写せることだ。

中には、学習内容を忘れている子もいるだろう。

答えがないと、何もできない。

しかし、答えがあれば写すことができる。何もやらないよりはずっと良い。

だから、プリントやドリルを宿題に出す場合は、必ず答え合わせまで行わせる。

コンクールに取り組ませる

学校に、作文や習字、ポスター等のコンクールの案内が届く。

せっかくなので、それらに取り組ませたい。

私は、「コンクールに何か1つ、応募しましょう」という課題を設けることが多い。

「エコポスター」や「交通安全ポスター」「夢作文」等、考えさせたいテーマが多い。

子どもたちも、「1つなら……」とあまり負担を感じないで取り組める。

暑中見舞い、残暑見舞い

各学校に、郵便体験事業の案内が届くはずだ。

これを申し込むと、人数分の手紙の書き方テキストとかもめーるが届く。

夏休み前にテキストを使って授業をする。

そして、課題に「かもめーるを誰かに出す」というものを入れる。

出す相手は担任に指定してもよいし、自由にしてもよい（自由にすると、本当に出したかどうかの確認ができない）。

手紙文化が廃れていく昨今。このような取り組みをすることで、手紙の良さに触れさせることができる。

教師宛に出させれば、休み中の子どもたちの様子を知ることもできて良い。

尚、教師に届いたら、なるべく返事を出すようにしたい。

（河野健一）

6−2　8・30（Tue）

SHINING！126

夏休み終了！前期の後半がスタートです！！

夏休みの個人面談で話題になった事柄をいくつかお知らせ致します。

生活について

「楽しく学校に行っています。」という声が多く、とりあえずは安心しています。やはり、「学校は楽しいのが一番！」です。私が最優先しているのが「楽しさ」です。もちろん、中にはそう感じていない子もいるかもしれません。

また、何人かのお母様から「男女の仲が良い。」「クラス皆の仲が良いですね。」と言っていただきました。一言で「良いクラス」と言ってもいろいろな状態が考えられます。考えられますが、私の中で良いクラスといえるかどうかのバロメーターの１つに「男女の仲が良い」というのがあると考えています。

その証明の１つが、男女一緒に遊ぶことです。５年生の終盤から今まで、結構良い感じだったとは思っていますが、７月のドッジボール大会を機に、更に良くなったように感じています。

学習について

「テストはまあまあの点数がとれているようです。」「ノートをがんばって書いています。」という声が多かったですが、「前に習ったことを忘れているようです。」という声もちらほらありました。

７月までの学習については、概ね理解できている考えています。テストを行うと、どの教科、どの単元でも平均点９０点を上回っています。ですから、その時その時では、とりあえず身についているといえそうです。

忘れてしまっているという声を耳にしましたが、忘れるのは人間の脳の仕組みから考えると自然なことです。忘れてしまったら、再度やり直すしかありません。そのための復習をうまく行っていけるようにしていきます。

また、記憶に残るようにするための手立ての一つに、快感を伴わせるということがあります。達成感をもったり、楽しいと思って取り組んだりすると、記憶の定着が違うようです。私も授業の仕方を再度見直してみます。

ノートの使用量が多くなっています。（今年に始まったことではありませんが。）算数は大体の子が５～７冊、社会もほぼ全員が２冊目に突入しています。国語もまもなく１冊目が終わるかと思います。

書く量が多いこともありますが、余白をきちんととっていること、テスト前に行っているプレテストや作文等をすべてノートに貼っていることが、ノート使用量が増える理由だと思います。

友達関係

少し、心配な面があるというお話を数件、聞きました。私も教室での目配り、気配りを欠かさないようにしていきます。ご家庭でのちょっとした変化や子どもの話等、気になることがありましたら、遠慮なくご連絡ください。

行事について

夏休み明けは陸上大会、学習発表会、球技大会等への取り組みがスタートします。特に、本校が会場予定の球技大会への期待が大きいようです。

クラス全員が選手になるのは難しいでしょうし、受験と重なることもあるので全員参加も難しいかもしれません。

が、日常生活だけでは得られないものを得るチャンスでもあります。選手になることがすべてではありません。多くの子が積極的に関わってほしいと考えています。

☆持ち物の再確認をお願いします！☆

学習用具は学習の充実を左右します。子どもたちが自分で準備をすると思いますが、お声かけや確認をしていただけると有難いです。

鉛筆	Ｂより濃い物、５本程度お願いします。
赤鉛筆	２本あると便利です。
定規	筆箱に入る大きさで・・・。
ネームペン	インクが出るかどうか点検願います。
下敷き	
のり、はさみ	

習字道具、絵の具も点検していただけると有難いです。

月別プラン・ドゥ・シー〈4〉

9月の学級経営のポイント【2学期】

夏休み明けはすぐに授業を

夏休み明けの子どもたちは、春休み明けとは違う。

春休み明け、つまり新年度は、子どもたちはやる気に満ちあふれている。

しかし、夏休み明けの子どもたちは、学校モードになっていない。夏休みを引きずっていることがほとんどだ。

それに引きずられ、だらだらと話をしたり、なかなか授業を行わなかったりすると、子どもたちのダラダラモードが教室を包むようになる。

ポイントは、一刻も早く授業を行うことだ。理想は初日である。簡単に行えるものとしては、1学期の漢字復習50問テストがよい。

いきなりテストを行うことで、教室は心地よい緊張感に包まれるはずだ。

各活動のスピード感

1学期中に給食や掃除が短時間に集中してできるようになっていただろう。

それらのスピードを早く取り戻せるようにしたい。

> 今日は、2学期最初の給食です。
> 1学期は、給食準備が七分でできていました。
> それに近づけるようにしましょう。

このように話して準備を始めれば、子どもたちは速く終えようと動く。

スピードを取り戻す。

これも夏休み明けのポイントである。

夏の課題処理はその場主義で

夏休み中の課題を子どもたちが持ってくる。

放課後の時間を費やして処理をするのではなく、その場で行うようにする。

これは、向山洋一氏の実践の追試である。

作品を手に持ってスピーチをさせる。工夫したこと、頑張ったこと、苦労したこと等を発表させる。

教師は、子どもが発表したことを基に子どもにコメントを書く。

今聞いたことを基に書くので、具体的な内容を書くことができる。

全員のスピーチが終了した時点で、課題の処理も終わっている。お薦めの方法である。

子どもの様子を観察する

6年生は夏休み明けに変化するという話をよく聞く。

思春期に突入する子どもたちは、大人への反発心をもったり、憧れをもったりして、これまでにはなかった行動を見せることがある。

また、受験を控えている子たちは、夏休み中に詰め込んで勉強をしていたり、ストレスをためたりして、落ち着かない様子を見せることがある。

そのような子たちに対して、頭ごなしに叱るのは厳禁である。

それとなく声掛けをしたり、事情を聞いたりする。必要に応じて、保護者と連絡をとる。

気にかけて見守るというスタンスで接するとよい。

（河野健一）

6−3

Evolution 65　9月5日

【時間を意識して】

夏休み明けは、40日を超えるブランクとの闘いです。

どうしても、動きが重たくなりがちです。

そのため、7月までにやっていたことのスピードが落ちやすくなる時期です。

特に、給食や掃除のような活動に顕著です。

だから、昨日、給食の一連の動きについて再確認をしました。

まずは、準備です。

4時間目が終わり、「いただきます！」をするまでの目標時間を何分にするかを考えました。

夏休み前は、4時間目終了後、大体13分間前後で準備を終えていました。

4時間目が終わり、当番が手を洗って白衣に着替え、給食室まで給食を取りに行きます。

5分間近くはかかります。

その後、配膳をするので、それぐらいの時間がかかるのはやむを得ないといえます。

それらも踏まえ、目標準備時間は12分間になりました。

続いて片付け。

給食終了時刻は12時50分です。

でも、50分前に「ごちそうさま！」を終えられた日はあまりありませんでした。

○給食当番の動き出しが遅い時がある
○そもそも、食べ終わっていない人がいると、片付けが進まない

こんな理由で、「ごちそうさま！」を時間内に済ませられない日が多かったのです。

ですが、みんなが出した目標は「12時48分に『ごちそうさま！』をする」でした。

また、目標時間を定めたこと以外にも、次のことを話しました。

○給食時間中に仕事がある係の人は、時間を決めて行う。
○人に指図しなくて良い。自分が動けば良い。

そんな目標を立てて臨んだ昨日の給食。

どちらも目標達成でした。（子どもたちは、終わりが時間オーバーだったと言っていましたが、私としてはクリアでした）

初日。

どちらの目標もクリアできたことは、拍手を贈りたいと思います。

最初に述べましたが、このような動きが遅くなるのが長い休み明けです。

それに打ち勝ったわけですから、これは誇ってよいことです。

今後は、これを継続すること。

1回や2回達成するのは簡単です。

しかし、継続することは、何倍も難しいのです。

さて、時間の意識という点でいうと、昨日は良かった点がいくつも見られました。

◆朝読書が8時10分には始まっていたこと
◆3時間目の図工は、余裕をもって移動を始めていたこと
◆「業間まで！」と言われていた国語ドリルの漢字練習をきちんと終えていたこと
◆「昼まで！」になっている英語の学習の振り返り用紙を班ごとにきちんと提出していたこと
◆掃除を時間前に始めていたこと
◆体育の時間、余裕をもって校庭に出ていたこと

いずれも、私が口うるさく促したことではありませんが、この時期特有（？）の怠け心を打ち払って行動している人が多く、感心させられた1日でした。

さすがです！！

月別プラン・ドゥ・シー〈4〉

10月の学級経営のポイント【2学期】

宿泊行事を成功へ

宿泊行事は6年生のメインイベントである。

一生の思い出に残る行事にしたい。

宿泊行事となると、細かい規則を設けたり、詰め込まれたスケジュールを組んだりすることがある。

すると、子どもたちは余計な疲労を感じることになりかねない。

地域によっては、自然教室や農山村留学のような形をとる所もあるだろう。

詰め込んだスケジュールを組むよりも、ゆとりのあるスケジュールを組むことをお薦めする。

また、多少羽目をはずすことは大目に見られるようなゆとりを教師側ももつようにしたい。

そして、可能な範囲で子どもたちの考えや希望を反映させられるようにしたい。

子どもたちが「自分たちが創り上げた」と思えるようにしたい。

そのようにすることにより、子どもたちにとって、楽しく思い出に残るイベントになるだろう。

陸上大会

秋には陸上大会が行われる地域が多いだろう。

朝や放課後の時間を使って練習に取り組むこともある。

好記録が望める子がいると、教師としてもその子に期待するようになる。

しかし、小学校という義務教育の中で行われる行事である。

一部の記録が良い子のために行ってはいけない。

参加する全員が満足のいくように練習を行うようにしたい。

また、このような練習を通して、次のようなことを指導したい。

（1）挨拶や返事をしっかり行う。
（2）時間を大切にする。
（3）誰とでも練習に励む。
（4）簡単な練習に真剣に取り組む。

陸上大会が終わった後も、日常生活に生かされるようなことを子どもたちに身に付けさせたい。

そして、記録が良い子だけが称賛を浴びるのではなく、日常生活の充実につなげられた子が称賛されるようにしていくことが大事である。

学級の乱れを防ぐ

行事が数多く組まれる時期である。また、教師も子どもも慣れが生じている時期でもある。

このような時期だから、日常生活に小さなほころびが生じやすい。そして、そのほころびを「まあ、いいか」と見逃しやすい。

小さなほころびが、気が付くと大きな穴になってしまう。

また、特に持ち上がりのクラスの場合、惰性で過ごすことができる時期でもあり、マンネリ感につながりやすい。

今一度、学級のルールがきちんと守られているかを確認し、引き締める時期といえる。

また、マンネリ感が生じないよう、教師も新しい取り組みや授業の充実を図るようにしたい。

（河野健一）

6−2　10.20(Thu)

SHINING !189

陸上大会の選手が決定しました！

陸上大会の選手が決まりました。

昨日の練習後、各種目で発表がありました。

２組からは次の子たちが選手に選ばれました。

１００ｍ

１０００ｍ

６０ｍハードル

走り高跳び

走り幅跳び

リレー

「補欠」と言われている子も、選手扱いにしています。当日、出場する可能性がありますから。

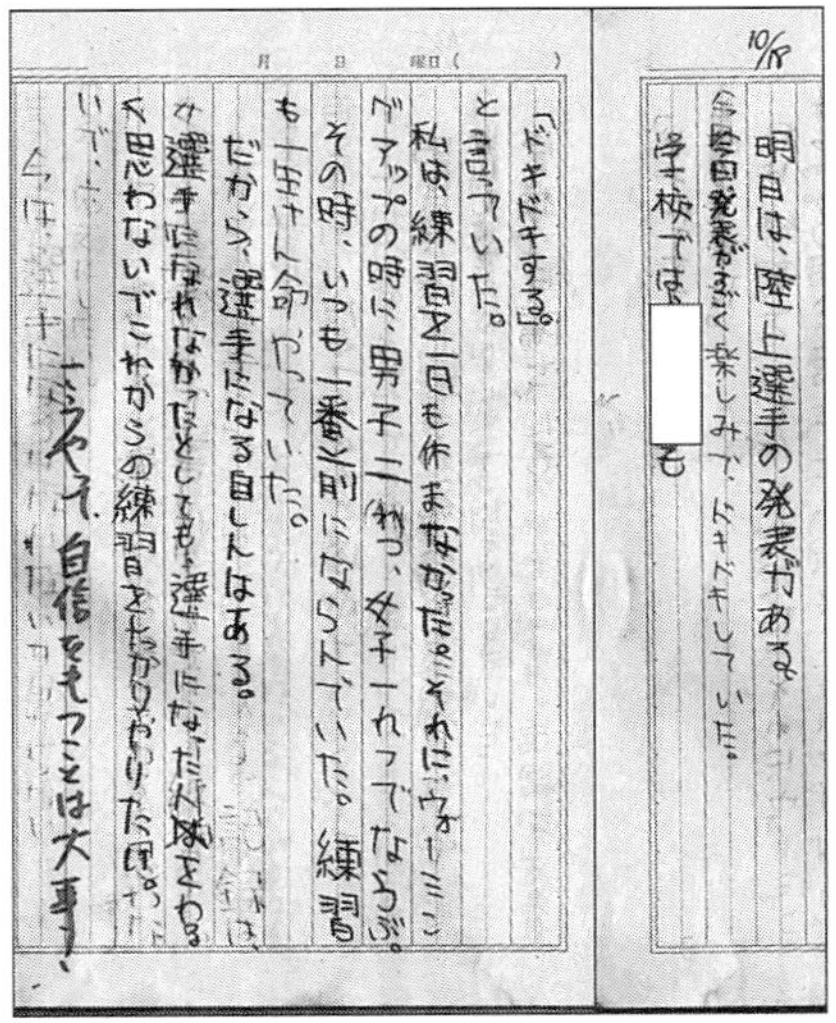

10/18

明日は、陸上選手の発表がある。

学校では　も

「ドキドキする。」と言っていた。

私は、練習を一日も休まなかった。それにウォーミングアップの時に、男子二れつ、女子一れつでならぶ。その時、いつも一番前にならんでいた。練習も一生けん命やっていた。

だから、選手になる自しんはある。

自信をもつことは大事。

昨日、選手発表があるということは、子どもたちに予告済でした。

そのため、次のような日記もありました。

Ａさんの日記です。

強い自信をもっていたようですね。

記録ではなく、練習への取り組み方で自信をもっていることに感心します。

このように日記に書いていなくても、緊張して昨日を迎えた子が多かったようです。

「今日発表だよね？」と聞いてくる子が結構いましたから。

各種目で選手に選ばれた子たちは、一層練習に励み、どうせなら本番で自己記録を更新してほしいと思います。

さて、その一方で、選手に選ばれなかった子たちもいます。

私は、一貫して「選手に選ばれることがすべてではない。」「選手になることが目的ではない。」と言い続けてきました。

その思いは今でも同じです。

でも、子どもたちにとって“選手に選ばれる・選ばれない”ということが一大事であることも理解できます。

ですから、Ａさんの日記にもあるように「選手になりたい！」ということが目標の１つに掲げられていることは悪いことではありません。

選手選考というのは、避けて通れない重大イベントです。

昨日は、選ばれなかった悔しさで頭がいっぱいだった子もいるかもしれません。

人知れず涙を流した子もいるかもしれません。

そういう思いは、大変貴重なものです。

少なくても、選手に選ばれた子たちはできない体験です。

このような思いや体験があるから、次の何かへの取り組み方が大きく変わってきます。

私から見て、練習への参加や取り組みの仕方が悪いという子は見当たりません。

日常生活の向上に結び付けた子も結構多いです。

それだけでも、陸上の練習に参加した意義はあったといえます。陸上の練習に参加したことで、いろいろなものを得ることができています。

そんなことに加え、“選ばれない体験”という貴重な体験をすることができました。

そのように考えて、この体験をプラスにとらえてほしいと思います。

そして、選手として大会に参加する子たちは、このような涙があってこそ成り立っているということを覚えておいてほしい。

そんなことを切に思います。

☆連絡☆

選手にはユニフォームを配付しました。

洗濯される場合は、来週の火曜日、陸上大会壮行会で使いますので、その日に忘れずに持たせてください。

よろしくお願い致します。

月別プラン・ドゥ・シー〈4〉

11月の学級経営のポイント【２学期】

学習発表会

総合的な学習の発表会が秋に行われる。発表の仕方はいろいろあるが、発表用資料を作成し、それを基に話すというものが多いだろう。

練習時間を多くとることは避けたい。効率よく、子どもたちのスキルアップができ、楽しく熱中させる練習を行うには、向山式呼びかけ指導を応用するとよい。

（1）発表をさせる（時間は人数や内容に応じて）
（2）評定を発表する
（3）再挑戦させる

（1）発表させる

まずは、1人ずつ発表させる。時間は人数や内容に応じて変化させる。最初のワンフレーズでもよい。それでも、指導するポイントはたくさんある。

発表させながら、教師は観点に応じて評定をする。私は次の3点を評定することが多い。

①声の大きさ、速さ
②資料の見せ方
③表情、姿勢

もちろん、これもクラスの実態に応じて変化させる。

これらの観点で、できているかどうかを、発表させながらチェックしていく。

（2）評定を発表する

「名前を呼ばれた人は立ちなさい」

名前を呼んでいく。

「あなたたちの声は聴きとりづらいです。もう少し大きな声でゆっくりと言いなさい。わかったら座ります」

このような感じで、評定した内容について個別に知らせる。

この時のポイントは、1人につき1つだけ告げることだ。

声も聞こえないし、資料の見せ方もいまいちだとしても、1点だけを伝えるようにする。

あれもこれも指導されても劇的な変化は期待できないからだ。

そして、3点ともできている子たちだ。名前を呼び、少し間をおいて次のように伝える。

「あなたたちは、1回目は合格です。大変良かったです」

このように伝えられた子たちは、大喜びをする。

（3）再挑戦させる

間髪入れず、「では、もう一度行います」と告げ、2回目を行う。多くの子が劇的に良くなっているはずだ。

全体に対して指導をしても子どもたちの変化は望めない。個別に伝えることで、何をどのように直せばよいのかがはっきりわかるので、子どもたちの向上が見られるのである。

学習進度

6年生の学習内容は、遅くても2月中には終えたい。可能ならば、2月上旬には終わらせたい。

教える内容がいい加減になってはいけないが、無駄な時間を費やしていないか、進度は守られているかをチェックしておきたい。

（河野健一）

6−2　11・15（Tue）

SHINING !224

学習発表会のグループ決定！！

学習発表会はパネルディスカッションを行います。

パネルディスカッションは、以前に国語で１回やっただけ。

各グループの代表者（パネリスト）が意見を発表し、パネリスト同士でやりとりをします。

その後、他の人（フロア）からの質問や意見について討論をしていく方法です。

ですから、まずは意見が同じ人同士でグループを作ることになります。

パネルディスカッションのテーマは、これ。

インターネット社会で正しく生きるにはどうすればよいか？

このテーマに対する考えは、先週のうちにノートに書かせていました。

昨日、それを集約し、大体同じような意見を書いた子同士を同じグループとしてまとめていきました。

その結果、６人グループが４つ、２人〜３人グループが４つ、合計８つのグループができ上がりました。

２人〜３人のグループは前後半に分けると超少人数になってしまうので、そのまま。

６人グループのみ、前後半の２つに分けました。

「仲の良い人同士で分かれちゃだめだ。」

「意見を言うのが得意な人。聞くのが得意な人。そういうのがうまく分かれるようにするんだ。」

こんな注文をつけ、グループ編成をさせました。

グループ編成が終わった後は、そのグループで意見構築を行います。これが最重要作業です。

原稿用紙１枚分、つまり４００字程度は意見を書くように言いました。もちろん、グループ内で相談してＯＫです。

また、パネルディスカッションの場合、意見を発表する際に、イラストや資料を使って発表することもできます。

ですから「何を使って発表するか」も各グループで相談するように言っておきました。

さて、そうすると懸念されるのが時間のなさ。

なにせ、学習発表会は今週末。

毎日大量の時間を学習発表会に費やすわけにもいきません。他にもやらねばならないことは多々あります。

そこで、考えたのが給食時間の活用です。

学習発表会までの給食を、パネルディスカッションのグループで食べることにしたのです。

一応「おしゃべりのグループじゃないんだぞ！」と釘を刺しておきましたから、ノート片手に話しているグループもちらほら。偉い。

その一方、どう見ても雑談に花が咲いているグループが大多数。ま、これはこれでＯＫです。

意見	前半	後半
余計なサイトを見ない		
個人情報を出さない		
悪口を書き込まない		
悪口を書き込まれても気にしない		
インターネットに触れない		
自分自身が良い人になる		
人を信用しない		
自己管理をする		

グループは上の通り。当日の参考にどうぞ。

月別プラン・ドゥ・シー〈4〉

12月の学級経営のポイント【2学期】

卒業アルバムは計画的に

アルバム内に文集がある。個人の作文の他、クラスごとに作るページがあるだろう。早めに取り掛かり、余裕をもって終えられるようにしたい。

締め切りギリギリになると、チェックが甘くなりがちになる。その結果、完成版を見たら、誤字脱字があるなんてことになりかねない。

早めに取り掛かることで、このようなことがないようにしたい。

また、次の点を心がけると、個性的な文集が完成する。

(1) 作文のテーマを教師が指定

テーマを子どもたちに任せると、大体が宿泊行事のことを書くだろう。それでは面白くない。

私は、次のようなテーマを提示し、そこから選ばせている。

運動会、宿泊行事、陸上大会、球技大会、縦割り活動、休み時間の様子、給食の様子、授業、委員会活動、先生について　等。

子どもたちに「他に書きたい内容はある？」と聞いても良い。

そして、これらは人数制限を設け、できるだけバラエティーに富んだ内容が集まった文集になるようにしている。

(2) クラスページは「クラスの様子がわかるように」と言う

クラスページは、子どもたちに任せることが多いだろう。油断すると、アンケートばかりの文集が完成する。

このように話す。「10年後、20年後に卒業アルバムを見た時、『こんなクラスだったなぁ』というのがわかるようなページにしなさい」。

担当の子たちは教師の指示に合ったような内容を必死に考える。

もちろん、事前に「案ができたら、先生に出しなさい。先生が良いと言ったら作り始めなさい」と言っておく。

(3) 過去のアルバムを見せる

子どもたちの参考にさせるためだ。可能であれば、勤務校以外の物も見せたい。いろいろな見本を見せることで、子どもたちのアイディアも多岐にわたるようになるだろう。

冬の服装を確定させる

寒い時期である。

学校に携帯カイロを持ってくる子が出てくる。また、唇の荒れを防ぐため、リップクリームを持ってくる子もいるだろう。

これらについては、担任の独断で許可したり、見て見ぬふりをしたりせず、学校としてどのようになっているのかを確認しておきたい。

体育時や清掃時の服装等も同じである。あるクラスは良くて、あるクラスは禁止になっていると、子どもたちの余計な不満がたまる。

また、下級生が「6年生が使っているから、いい」となってしまうのも良くない。このようなことについては、学校全体で確定させるようにする。

そして、口頭ではなく、学年だより等で保護者に確実に伝えるようにしたい。曖昧になっていることが、一番危険である。

（河野健一）

6−2　12・7(Wed)

SHINING !253

「今の子ども」って？？？

昨日の朝、「今の子どもは・・・」という話をしました。

６－４学級通信「ＳＹＭＰＡＴＨＹ」に載っていたのです。Ａ先生が聞いてきたお話だそうです。

教師が教卓の上に子どもたちのノートを山積みにして、「ここから自分のノートを持っていきなさい」と言ってみたら、今の子どもたちはどうするか。

この後に答えが書いてあるのですが、いったん子どもたちに問いかけてみました。

何人かを指名しました。

「人のも配ります。」

「自分のノートだけだったら配りません。」

という答えでした。

続きを読みました。

正解は、一斉に、われ先にと走ってきて、自分のノートを取るために他の子のノートをバラバラにして、ひどい時には机の下に落として踏んづけても平気で、自分のノートだけとって知らんぷり、というのが、今の子どもたちの様子を端的にあらわす事例の一つだと思います。

いわゆる自己中心的行動です。

子どもたちはこの話を聞いて、「自分は、違うな～。」「ひどい。」という反応を示していました。

でも、この子どもたちの反応はごもっともです。

国語の時間、漢字スキルで漢字練習をしています。

終わった子はノートに練習することになっています。

そのノートが、私の所に提出されていることがしばしばあります。

私は、提出されたノートをチェックした後、閉じて教卓の上に積んでいっています。

まさに、先の話と同じ状況です。

このようにノートが置いてあると、子どもたちは、全員のノートを配ります。

私が何も言わなくても。

以前（５年の最初の頃）は違いました。

自分のノートだけを取って行く子がほとんどでした。他の人のノートをバラバラして。

まさに、“今の子どもたち”だったのです。

そして、今は違うということです。

漢字ノート配りだけではありません。

◇給食当番が着替えている間に、食缶を運ぶ
◇家庭科や書写等、教科書を教室に保管している授業の前、それらを配る
◇係の仕事を忘れていたら、代わりにやってあげる

そして、このような行動は一部の子たちがしていることではありません。

ほぼ全員ができています。

昨日、こんなことがありました。

薬物乱用防止教室を控えた業間休み。

ほとんどの子たちは、外に遊びに行っています。

教室は空っぽに近い状態です。

そこにＡ先生がいらっしゃいました。

体育館が冷えるから、防災ずきんを持たせてください！

でも、子どもたちは既に外。

しかも、時間に遅れずに行くために、教室を経由しないで行こうとしている子がほとんどだったようので、防災ずきんを持って行かせることはできません。

私は「戻ってきた人だけでいいかな～。」と思っていたところ、Ｂさんがこんな一言を。

みんなの分を持って行きます♪

そして、そそくさとみんなの防災ずきんをとり始めました。

“今の子どもたち”だったら、自分の分だけ持って行くという選択をするでしょう。

でも、“今の子どもたち”でないＢさんは、「自分だけ」という行動を選択しませんでした。

そして、Ｂさんに感化されたＣさん、Ｄさん、Ｅさんも手伝い始めました。

こういうＢさんの心遣いは嬉しいとともに、その場にいて行動に移せる３人のことも嬉しく思います。

月別プラン・ドゥ・シー〈4〉

1月の学級経営のポイント【3学期】

卒業までのカウントダウン

卒業まで残り3ヶ月。50日程度となる。

6年生の3学期は、あっという間に過ぎていく。そんな中、6年生担任にはやることがたくさんある。

①卒業文集作り
②卒業アルバムの写真等の確認
③卒業制作品の作成
④卒業証書の作成、確認
⑤子どもたちの進路の確認
⑥通知票作成
⑦6年生を送る会の出し物
⑧卒業生台帳作成

何をするのかを、可能であれば冬休み中に確認しておきたい。その際、それぞれの内容の締め切りを押さえておく。

いずれも余裕をもって取り組み始めるようにする。

教師がバタバタすると、子どもたちも落ち着きがなくなる。

子どもたちにとって、小学校生活最後の3ヶ月。落ち着いて過ごせるようにするために、教師の計画的な準備、運営が必要である。

カウントダウンカレンダー

次のことを載せる。

①日
②卒業式までの日数
③クラスメイトへのメッセージ

このようなことを八つ切り画用紙1枚に書かせる。

35人学級だったら、卒業式まで後35日の日がスタートになる。誰がどの日を作るか決め、スタートの日の数日前には全員分が完成しておくようにする。

卒業式までの日数が減っていくことを見ることにより、残された日を大事に過ごそうという思いをもたせることができるはずだ。

インフルエンザに用心

インフルエンザが流行り始める時期である。最後の3ヶ月。できるだけ多く学校に来てほしい。また、受験を控えている子たちにとっては、健康管理がより大事になってくる。

手洗い・うがいの施行。計画的な換気を行い、できるだけ予防に努めたい。また、体調に異変が見られる子がいたら、無理させないようにしたい。

学校外で感染することもあるから、インフルエンザにかかることはある意味では仕方のないことでもある。しかし、できる対策はやっておくようにしたい。

歌を精一杯歌えるように

卒業式では歌を歌う。卒業式練習の時期になってから、声を出させる練習をするようでは遅い。

日頃の歌をしっかり歌わせる。音読や群読等を取り入れ、声を出す活動を日常的に取り入れる。

人前でも堂々と歌えるように、発表やスピーチを毎時間行う。

このようなことを鍛える最後のチャンスである。卒業式は日々の指導の成果である。練習の時期になってから、慌てて指導しないで済むようにしたい。

（河野健一）

6−2　1・19（Thu）

SHINING！292

球技大会目前！選手としての心構え！

球技練習が佳境に入っています。

２組からは次の子たちが選手に選ばれました。

サッカー
バスケ

そして昨日。球技大会壮行会が行われました。

インフルエンザ等の影響もあり、例年のような体育館での実技披露はなしです。校内テレビを使った放送での壮行会となりました。

選手の出番は、名前を呼ばれたら返事をするということだけ。

下級生にはそこだけが伝わることになりますから、「とにかくしっかり返事を！」と言っておきました。

話がちょこっと変わりますが、他学年の先生方から、最近次のようなことを言われます。

６年生の挨拶が素晴らしい！！！

年間を通して「挨拶や返事を大きな声でしよう！」というものが、生活目標として掲げられています。

１月の上旬に調査をした時、２組は達成率１００％でした。

生活目標として掲げられているだけでなく、球技練習でやるべきことの第一に、挨拶を挙げています。

とにかくしつこく、「挨拶をせよ。」と言い続けていました。

バスケの練習後、子どもたちは体育館から教室に向かいます。

その途中、職員室や事務室といった、先生方がたくさん通る場所を通過します。ですから、そこで先生方と出会います。

どの子も「おはようございます！！」と元気よく挨拶をしています。

申し訳ない程度の声ではありません。誰がどう見ても清々しい声です。

朝だけではありません。

聞いたところによると、日中、すれ違った時にも挨拶をする子が多いようです。

球技の練習だけで身に付けた子だけではないと思います。

が、球技の練習で身に付けた子が多いように思うし、そう感じている子も大勢います。

練習で身に付けたことを日常生活に生かすという最大の目的を果たしつつあり、嬉しく思います。

そんなこともあってか、壮行会での返事、そして姿勢も大変素晴らしく、教頭先生にお褒めの言葉をいただきました。

下級生にも６年生の一生懸命さが伝わったはずです。

さて、陸上大会同様、選手になれなかった子たちがいます。

選手になれなかった子たちの真剣な取り組みは知っています。「出たい！」という強い思いを抱いていた子が大勢いたことも知っています。

本当ならば全員を出してあげたいところですが、ルール上、仕方がありません。

そういう子たちの存在を知り、出られない子たちに恥じない行動・プレーをしてほしいということは、選手には常々話しています。

月別プラン・ドゥ・シー〈4〉

２月の学級経営のポイント【3学期】

自由な楽しい日々を

学習が順調に進んでいれば、２月は比較的自由に過ごせる時期になる。

楽しいイベントや、教科書から離れた授業などを行いたい。ＴＯＳＳランド（http://www.tos-land.net/）や新法則化シリーズ（学芸みらい社）等を参考に、面白そうな授業をピックアップして行いたい。

長縄大会で団結力を

長縄大会が行われる学校も多いだろう。子どもたちが団結して取り組む最後のイベントといえる。

大会本番に最高記録を出せればよいが、記録や順位が低くても、子どもたちが満足できるように取り組みたい。

そのためには「勝負にこだわり、結果にこだわらない」「勝っても、日常生活がいい加減では意味がない。

いい加減な練習をして勝っても価値はない。負けても、全力でいろいろなことに取り組むことが大事だ」というようなことを語っておくことが大事である。

６年生だから、それまでの積み重ねもあり、子どもたちだけで練習を進められるだろう。

それでも、できるだけ教師はその場に駆け付けるようにしたい。「先生が練習に来てくれた」というのは、子どもたちのモチベーション向上につながるからだ。

真剣に取り組んでいても記録が伸びなかったり、ミスしたりする子がいる。そのような場面で、子どもたち同士で中傷するようではいけない。まずは、教師が叱ることなく励ますようにする。教師がそのような姿勢で臨めば、子どもたちも同じような行動をとるようになるはずだ。

最後の学習参観

最後の学習参観、懇談会が行われる。学校によっては、学年合同で発表会のようなものをする所もあるだろう。

そのような場合は、できるだけすべての子が何かしらの活動をできるように仕組みたい。

普通に授業を展開する場合は、子どもたちへメッセージを送るような内容や、教科書の内容を発展させた内容にしたい。

これも、ＴＯＳＳランド（http://www.tos-land.net/）を検索すれば、いろいろな実践が出てくるはずだ。

懇談会では、これまでの学校生活への様々な支援に対してのお礼を必ず述べるようにする。そして、残りの1ヶ月を充実した日々にしていく旨を話しておく。

提出物を早めに

６年生は、通知表の作成が他学年よりも早い。計画的に成績をつけておくようにする。

また、卒業証書に記載する氏名の確認をしておくようにする。氏名の漢字の微細な部分が違っているということがないように、保護者宛の手紙を配付し、正しい字を提出してもらうようにするとよい。無用なトラブルを防ぐことにつながる。

（河野健一）

6−2　2・9（Thu）

SHINING !319

全力で真剣に努力した末につかんだもの・・・長縄大会優勝！

長縄大会が終わりました。

子どもたちから結果を聞いたかと思いますが、見事に優勝を果たすことができました。

1回目が３３９回。好記録です。

しかし、昨年は2回目に大きく記録を落としています。

「更に記録を伸ばす！」の合言葉で取り組んだ2回目に、新記録となる３４９回をマーク。

合計６８８回。目標だった6年生、及び全校の部の1位になりました。

約1ヶ月に渡って**「全力で、真剣に努力して、優勝目指してがんばろう」**のスローガンの基、全員で一致団結して取り組んできました。

最後の１～２週間は、総動員に近い形で練習に励んでいました。

「優勝することは目標の１つだが、目的ではない！」とは話していましたし、常々考えていることではありますが、子どもたちの姿を見ていると、「何としてもいい結果が出てほしい！」と切に願わずにはいられませんでした。

本番に力を発揮するには、日頃が大事ということを、球技や陸上の練習時には何度も話していました。長縄の練習だけではなく、勉強はもちろん、歌や掃除といったことにも手を抜かないことを要求してきました。

そんな私からの要求にも、子どもたちは態度で応えていました。

最近の様子を見ていて、「本番で力を出せないはずがない！」という期待のような確信はありました。2回目に新記録を出したこと、そして優勝の２文字は、このような取り組みへのご褒美かな・・・と思っています。

さて、大会の結果はもちろん嬉しいのですが、もっと嬉しかったことが２つありました。

１つ目は競技後のことです。ベストが出た２回目。その余韻にひたりたいところです。「やったやった！」と喜んでいたい場面です。

しかし、その後の閉会式に向かって、子どもたちは誰からともなく駆け足で整列場所に向かっていました。

次にすることは何か？そこには、自分たち優先ではなく、周りを優先させる姿がありました。

２つ目は閉会式後。私が放送機器を片付けていると、藤田龍斗君が近寄って来て「先生、片付ける物はありますか？」と聞いてきたのです。そして、藤田君に続いて他の子たちも片付けをしようと駆け付けてきました。

普通に考えれば、片付けは体育委員がすべきことです。

賞状片手に喜びに浸りたい閉会式後ですが、自分たちがすべきことではないことに気を向けていた子どもたちの姿に嬉しく思いました。

ドッジボール大会の時に「皆に称えられる勝者になろう！」という話をしていました。この時は、達成できませんでした。

この長縄大会。担任バカ目線かもしれませんが、この日の子どもたちは、**“称えられる勝者”**でした。おめでとう！

月別プラン・ドゥ・シー〈4〉

3月の学級経営のポイント【3学期】

卒業式に向けて

卒業式の主役は子どもたちである。

まずは、このことを念頭におく。

それに加え、次の点に留意しておく。

（1）練習は少なく
（2）服装を保護者に伝える
（3）クラスで話す内容を確定しておく

（1）練習は少なく

少なければ少ないほど良い。言い換えると、この時期にたくさんの練習を重ねなければならないよう状態では、いけないのである。何度も練習をすることで、最初は頑張ろうと思っていた子どもたちも、次第に卒業式に対して嫌気がさしてくる。式本番、冷めた表情の子が多くなってしまう。

少ない時間で練習を終えられるよう、計画を立て、効率よく指導をする。子どもたちがいい加減で良いということではない。少ない時間で最大限の効果を発揮できるようにする。教師の腕の見せ所である。

（2）服装を保護者に伝える

卒業式当日の服装を気にする子、保護者は多い。

地域によって違いがあるだろうが、大まかな傾向があるはずだ。

例年、多い服装については3月の学年だより等で伝えておくと親切である。また、卒業式の開始時刻、終了時刻等も早めに伝えるようにしたい。

保護者にとっては、1回限りの小学校の卒業式なのだ。

（3）クラスで話す内容を確定しておく

式前の学活。式後の学活。子どもたちに話をする。

最後の授業ともいえる場面だ。思い付きのことをダラダラと話すのではなく、準備をしておきたい。

私は、式前は1年間（持ち上がりの場合は2年間）を簡単に振り返り、子どもたちへのねぎらいを話すことが多い。式後は、「親に感謝せよ」という内容を話す。

これらは、学級通信に書いておき、配り、話してもよいだろう。

気を付けたいのは、式後である。恐らく、在校生や教職員の見送りがあるはずだ。長々と話すと、たくさんの時間を待たせることになってしまう。その配慮を忘れないようにしたい。

卒業を祝うパーティーを

クラスで盛大に卒業を祝うパーティーを行いたい。

子どもたちに話し合わせ、楽しい思い出に残る内容にしたい。

卒業を祝う会であるから、最後に子どもたち1人1人へのメッセージを伝えたり、1年間撮りためた写真を使ったスライドショーなどを見せたりするのも良い。

可能であれば、保護者を招待するのもお薦めである。その場合は、早めに連絡をすることと、保護者も楽しめる内容を取り入れ、子どもたちから感謝の言葉や歌を入れるとよい。

（河野健一）

6−2　3. 16 (Fri)

SHINING ! 375

ありがとう6年2組、さようなら6年2組 1

ついにこの日が来ました。

１月の終わり。「残り３４日」からスタートしたカウントダウンカレンダー。

ついに昨日、「残り１日」のカウントダウンカレンダーが役目を終えました。

今日、この日が、みんなが巣立つ日です。

この日を最後に、この３４人が一堂に揃うことはないでしょう。

この日を最後に、このメンバーで遊び、笑い、学ぶこともないでしょう。

このクラスのスタートは２年前の４月。

東館の２階。５年３組に３３人が勢揃いしました。

思えば２年間、実に多くのことがありました。

今だから話します。５年の４月、先生が思っていたことは、「一体、この先どうなるんだろう・・・。」「これは、ダメかもしれない・・・。」というネガティブな思いでした。

挨拶が返ってこない。

発表を促してもなかなかしない。

歌っているのかどうかわからないような歌声。

それどころか、授業中に頻繁に教室からいなくなる人がいました。

何かあるとすぐにその人に襲いかかっていく何名かの男子がいました。

そして、男子の大半は、業間や昼休みの後は、なかなか教室に帰ってこないではありませんか・・・。

その年の３月に卒業させたばかりだった６年生がクリアしていたそのようなことが、何もできていない・・・。

学年が違うから当たり前といえば当たり前ですが、その大きすぎるギャップに、正直苦しんでいた時期でした。

こんな状態で、１２月の移動教室に行けるのか？本気でそう思っていました。

一体、誰が今の姿を予想できたでしょうか。

遊ぶ時は遊ぶ。けれど、やる時はやる。

挨拶は自ら元気よくする。

感想を書く時も、行事に取り組む時も、算数の問題を解く時も、歌う時もいつも全力投球。

業間の後も昼休みの後も、とにかく時間厳守。

仕事をする時は、「自分さえ終わればいい！」のではなく、みんなのために動き続ける。

盛り上がる時は、盛り上げる人が必ずいて、それに皆がついていく。

困っている人がいれば、多くの人が気付いて、手を差し伸べる。

それに、何といっても男女の仲がとてもいい。

はっきり言います。

６年２組はすごく良いクラスです。

６年生になった今年度は、様々な行事を乗り越えていきました。

笑顔で１年生を迎えた入学式。

そして、皆が楽しんで行っていた１年生のお世話。

運動会。砂まみれになりながら、そして自主練習に励みながら行い、本番の大成功を収めた組体操。そして、声を全開にして挑んだ応援合戦。この頃から、皆の団結力は一層強くなりました。

農山村留学。仲良く楽しく作ったカレー。大いに場を盛り上げたマルモリダンス。行きと帰りのバスも大盛り上がりでした。

勝利よりも団結を意識して挑んだドッジボール大会。

優勝は果たせませんでした。しかし、敗れた後、全員で空いたコートでドッジボールをしていました。

その光景に、心を打たれました。

礼儀や後片付け、友達への支援、最後までやり抜くことを学んだ陸上練習や球技練習。

選手はなれなかった人たちの思いを背負い、選手になれなかった人たちは、選手に精一杯の声援を送る。美しい光景でした。

各グループまとまって行動した鎌倉。

明らかにルートでない所なのに突き進んでいったり、昼食を食べ逃したりした人もいましたが、とにかく楽しむことができました。それもこのクラスの良さです。

ぶつけ本番でもあれだけの発表をしたふれあいデー。

５年時のリベンジを、チームワークで果たした長縄大会。少ない練習時間でも果敢に挑んだ送る会の歌とダンス。

そんな皆の姿を毎日見て、本当にすごいなぁと思わされる日々でした。

毎日がドラマの連続でした。

〈1〉学校のホームページづくり

校外活動でもできる、ホームページ作成&アップ法

ホームページに載せられる範囲を確認する

「開かれた学校」ということを意識し、最近では学校ホームページを充実させることが求められるようになってきた。

反面、個人情報保護の問題で、児童の顔が載ることや児童の作品・氏名等を載せて欲しくないという保護者の声も厳しくなってきた。私が勤務する地区では、顔写真と名前が一致するものは校内でも掲示ができなくなった。

学校ホームページ用に写真を撮ったが、その写真に写っている1人1人をチェックし、1人1人に「学校ホームページに載せてもよいですか」と確認をとることは難しい。

保護者様

平成２９年４月○日
○○区立○○小学校
校長　○○○○

平成２９年度　作品展における出品、個人情報掲載について

風薫る朝、保護者の皆様には、ますますご健勝のこととお喜び申し上げます。
さて、お子様の個人情報掲載及び作品出品の可否、また学校ホームページでの写真掲載の可否についてお伺いします。
（例）図画工作科、家庭科、書道、作文、感想文、夏休みの作品、児童の活動の様子など

以下の確認表に出品することと、展示に際してお名前を表示すること、外部からの展覧会取材、学校ホームページへの写真掲載校の可否をご記入いただき、４月○日（○）までに担任にご提出ください。

平成２９年度　作品展における出品、個人情報の掲載について　確認票
どちらかに○を付けてください。

① 作品展に作品を
出品してよい　・　出品しない

② 指名、学校名、学年等の個人情報を
表示してよい　・　表示しない

③ テレビ、ホームページ等のメディアを通じて作品、氏名などの個人情報が
外部に表示されてもよい　・　外部に表示されることに同意しない

④ 学校ホームページへの写真掲載に
同意する　・　同意しない

年　組　お子様の名前

保護者氏名　印

〆切　４月○日（○）

そこで、上の文章を年度当初全校児童に配布する。「学校ホームページに写真が載ること」「名前が載ること」が可能かどうかを確認する。その他にも、「区展覧会などに作品を出品してもよいか」「広報に名前が載ってもよいか」を同時に確認してしまう。この確認用紙を年度当初にもらっておけば、クラスの中でどの子の写真は使えないのかを事前に把握しておくことができる。基本的には保護者から全ての項目で許可をいただけることが多い。しかし、中には逆に全ての項目で不可を出す家庭もある。年度当初にそのような家庭の事情を知っておくことも担任として重要なことだ。

学校ホームページ担当であれば、左の文章を学級担任に渡し、名簿一覧を作成してもらう。この一覧をファイリングしておけば、いざという時に他の教員もチェックをすることができる。

担任の先生方
作品展における出品、個人情報掲載についての名簿作成のお願い

以下のように、それぞれの可否を○、×で書いてください。
① 出品してよい・・・○　出品しない・・・×
② 表示してよい・・・○　表示しない・・・×
③ 外部に表示されてもよい・・・○　外部表示に同意しない・・・×
④ HP同意する・・・○　同意しない・・・×

番号	名前	ふりがな	①	②	③	④	
1			○	○	○	○	
2			○	○	×	×	
3			○	○	○	○	

５月○日までに提出ください。
お忙しい所申し訳ありません。どうぞよろしくお願いします。　担当：○○○○

ホームページ掲載計画をリストアップ

年間指導計画を見て、何月にはどの行事があり、どのようなホームページが作成できそうなのか、4月の段階で考え、学年の先生と相談をしておく。学校ホームページ担当分掌になったのであれば、これを各学年分作成したり、学年の先生に作成してもらったりすればよい。

〈6年生　学校HP記事計画〉
4月　入学式・1年生を迎える会・音楽鑑賞教室
5月　運動会・離任式　……

このように、ホームページにあげられそうな行事や活動をリストアップしておくことで、心の準備をすることができる。

また、リストアップした項目について、1人で行うこともあるが、学年団で輪番制を作り、事前に担当を決めておくと、更に確実なものになる。

保護者から大好評　宿泊先から実況中継

私が勤務する学校では、スマートフォンから簡単に学校ホームページを作成し、アップすることができる。

6年生が宿泊体験教室に参加している様子をスマートフォンで撮影し、そのまま学校ホームページにアップしてしまう。

私は「6年興津（宿泊地名）通信1」としてタイトルをナンバリングしていき、その都度現状を報告していった。

出発式での様子、出発後のバスでの様子、体験活動の様子、宿舎での子供たちの様子、今日のご飯、キャンプファイヤーなどレクの様子、起床・朝会の様子、帰校予定時刻等々。本当にたくさんのものをアップしていった。3泊4日の宿泊体験教室の中で39回ホームページをアップした。

これは、保護者の方々からも大好評だった。「宿泊先での様子がよく分かりました」「子供たちの楽しそうな様子が伝わってきました」「夕食時、家にいるお姉ちゃんがホームページを見ながら宿泊の時の思い出を話してくれました」「帰校時間が分かってよかったです」「帰ってきてから一緒にホームページを見て、盛り上がりました」。保護者からホームページの感想をいただけたことが何よりも嬉しかった。

出発式の時、保護者の方々には、学校ホームページに載せるので見て欲しいということを伝えておく。そして、子供たちには、先生はホームページ用の写真を撮っているから、スマートフォンで写真を撮ることがあるということを伝えておく。もちろん、学校から戻ってきたら、スマートフォン内にある子どもの写真は削除するようにする。

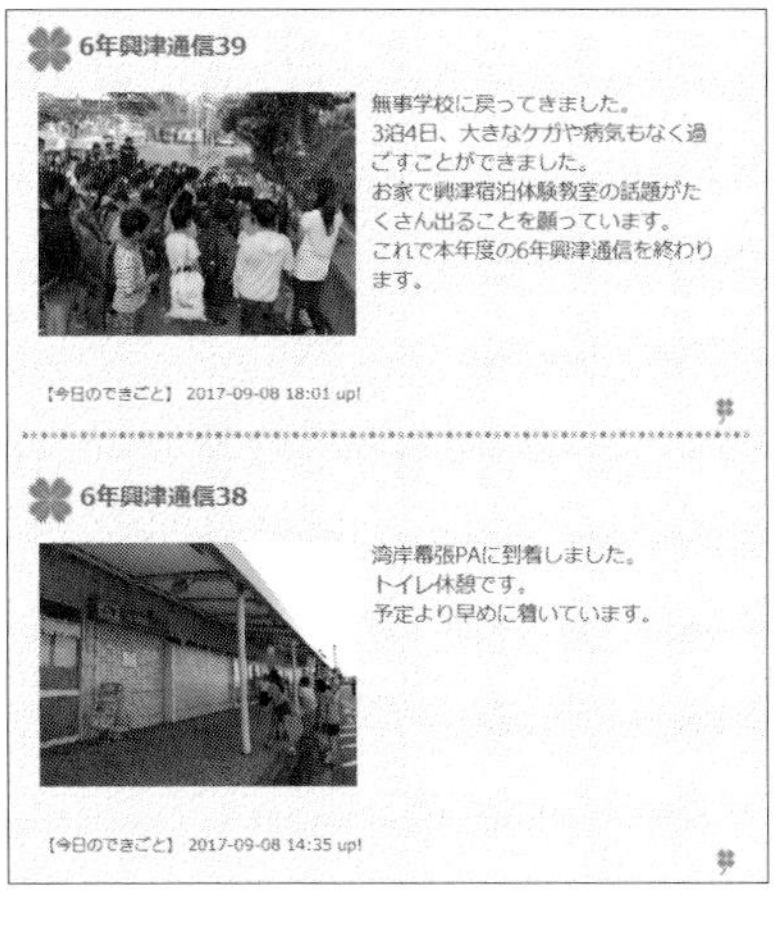

これは、学校のシステムによっても違いがあると思うので、確認してみることをお勧めする。この方法が可能であれば、宿泊教室だけでなく、遠足や社会科見学など様々な校外活動でもその場でホームページ作成&アップをすることができる。

（佐藤泰之）

〈2〉学校でＩＯＴを構想する

自分たちが大人になる近未来を想定させる

第4次産業革命に生きる子供たち

第4次産業革命、インダストリー4.0。

19世紀イギリスで蒸気機関の発明により、作業が人手から機械で行われるようになった。このことによって起こったのが第1次産業革命。

20世紀のアメリカ。電気エネルギーにより、多くのものが一度に生産できるようになった。これが第2次産業革命。

20世紀中盤から後半、コンピューターによって指示通りに機械が自動的に動くようになった。これが第3次産業革命。

そして、次なる産業革命が第4次産業革命。大量の情報を自動解析し、機械が自ら動くようになっていく。

ビッグデータやＩｏＴ(Internet of Things の略)、ＡＩ、ロボットなどの言葉で表すことができる。

激動の時代の中、20年後、すぐ近くのはずの10年後ですら、どのような時代になっているのか予測ができない。

人工知能（ＡＩ）が人類の知能を超える技術的特異点（シンギュラリティ）、２０４５年問題とも言われて恐れられている。

今の小学校6年生が働き盛りの40歳になる頃が２０４５年は、多くの仕事がＡＩに代わるとされている。今ある仕事の半数以上がなくなるのではと言われている。

そのような時代で生きる子供たち。暗いことばかりではなく、そのような時代だからこそ、子供たちに考えさせなければいけないことがある。

ＡＩ、ＩｏＴ、シンギュラリティの授業案

ＡＩやＩｏＴが子供たちにとって身近なものであり、そのことを今後の生活の中でどのように活用していくのかを6年生として考えさせたい（授業で使用する画像等はインターネットから検索可能です）。

(1)ＩｏＴ「インターネット＋○○」

「インターネットとものがつながっているので、"Internet of Things."ＩｏＴと言います」

・「インターネット＋防犯ブザー。ランドセル付けられた防犯ブザーです。どんな時に使いますか」

→不審者に会った時に鳴らす。

怖い思いをしそうになった時に使う。

学校を出た時、お家の人に「今、学校を出ましたよ」ってお知らせが届きます。登下校通過情報を保護者と学校にインターネットを通して配信されます。

・「インターネットとつながっている冷蔵庫があります。どのように使うのでしょう」

→冷蔵庫の中身を把握する。

メニューを考えてくれる。

・「インターネット＋電気ポット。どのようにつかうでしょう」

→使いそうな時を考えて温めてくれる。

自動で電源を入れたり切ったりする。

お年寄りの人が使うことで、離れてくらす家族に安否確認の連絡が入ります。

このように、「インターネット＋○○。どんなものが入るといいですか。モノと使い道、その理由を考えてみましょう」と問いかけ、個人で考えさせてもよいし、2人組や班ごとに考えさせて発表をしても面白い。

子供たちからは、実際に現在商品化されている

もの、企画段階のもの、全く新しい発想などものなど、様々なアイディアが出される。

インターネットとモノがつながることで、これまで不便だった事物が便利になり、助かる人も増えるということに、未来への期待を持たせたい。

(2) A I「人間が主体となってA Iを活用する」
「（ロボット掃除機の映像を見せて）これは何でしょう」

「このロボット掃除機発明の元になったものは何でしょう」

「地雷除去ロボットです」

「AlphaGo です。世界最強の囲碁棋士に勝ちました」

「携帯のアプリ。簡単な質問に答えていくことで、人工知能医師が病気を予測し、病名の説明をしてくれます」

「人工知能（A I）は、飛躍的に発達し、人々の生活をより豊かにしてくれます」

「ロボットを使ってみんなはどんなことをしたいですか」
→勉強を教えてもらう。部屋の片付けをしてもらう。
「もし、ロボットが戦争のために使われたらどうなるでしょう」

「『ターミネーター』や『アイボーグ』など、映画でも人工知能 vs 人類という設定のものが描かれていました」

「逆に、人々を助けるロボットもいますね。寝たきりの方の介護ロボットもそうです。生活のお世話だけでなく、おしゃべりの相手にもなってくれます」

「人工知能は使い方によって、よいことにも悪いことにもなり得ます。みんなが大人になる頃は、身の回りにたくさんのロボットがあるかもしれません。その使い方を開発する人になっているかもしれません。私たち人間が主体となって、A Iを活用し、平和的で健全な世の中を作っていきましょう」

（3）シンギュラリティ「学級討論会」
国語（光村図書）の中に、「学級討論会をしよう」という単元がある。

教科書の例示では、学級文庫に漫画を置いてもよいかということで賛成派・反対派・聞き手・司会に分かれて討論会を行っている。

学習として討論の形を学ぶ場であるから、その討論会の結果が学級に反映されるかというとそうではない。

子供たちからも意見を出してもらい、３つの討論テーマを示した。

その中の１つが、「今後の仕事にA Iは必要か」ということだった。子供たちが考えたテーマだ。意識の高さが伺えた。

クラスを６つの班に分け、３つのテーマそれぞれの賛成派・反対派を決めた。

本単元「学級討論会をしよう」は、互いの立場や意図をはっきりさせながら、疑問点を整理して自分の意見を言ったり、質問をしたりすることをねらいにしている。

初めから自分の意見が賛成派であろうが反対派であろうが関係ない。

担当する班はくじで決めた。最終的に聞き手は、どちらのグループの方が説得力があったのかということで判定をする。

討論会に向けて、子供たちは調べ学習をし、班で作戦を考える。

賛成派も反対派も、調べる段階でメリット・デメリットを明確にして、論を組み立てた。

討論会の中では、シンギュラリティという言葉や、レイ・カーツワイルの名前まで出てきた。

本時は保護者参観の時間だったが、保護者からも大変好評だった。

討論の仕方だけでなく、聞き手も含めて学びの多い時間になった。


（佐藤泰之）

〈3〉学校のICT

五感にうったえるICT機器の活用で子どもと授業が変わる

次期学習指導要領でも求められるICT活用

次期学習指導要領では、総則でICT環境を整備することについて触れている。学習指導要領で、このようにICT環境の整備について触れるのは初めてのことだ。

> （総則）
> 各学校において、コンピュータや情報通信ネットワークなどの情報手段を活用するために必要な環境を整え、これらを適切に活用した学習活動の充実を図ること。また、各種の統計資料や新聞、視聴覚教材や教育機器などの教材・教具の適切な活用を図ること。

OECD生徒の学習到達度調査（PISA2015）「ICT活用調査」において「インターネットにつながった学習者用コンピュータを使用している」と回答した生徒の割合は、OECD平均で55・9％のところ日本は51・5％となっている（イギリス、オーストラリア、フィンランド等は8割近くの生徒が肯定的に回答）。また、「無線LANにつながった学習者用コンピュータを使用している」と回答した生徒の割合はOECD平均で44・0％のところ日本は21・0％と最下位となっている。

このことからも、日本はOECD諸国の中でICT活用できる環境が整っていないということが言える。

ICTのよさ

「学校におけるICT環境整備の在り方に関する有識者会議」が設置した検討チームによると、ICTの特性・強みを以下の3点だとしている。

> ①多様で大量の情報を収集、整理・分析、まとめ表現することなどができ、編集・再利用が容易であること
> ②時間や空間を問わずに、音声・画像・データ等を蓄積・送受信できるという時間的・空間的制約を超えること
> ③距離に関わりなく相互に情報の発信・受信のやりとりができるという、双方向性を有すること

平成18年、文科省からの委託を受けて独立行政法人メディア教育開発センターが行った「教育の情報化の推進に資する研究（ICTを活用した指導の効果の調査）」からは次のことが分かった。

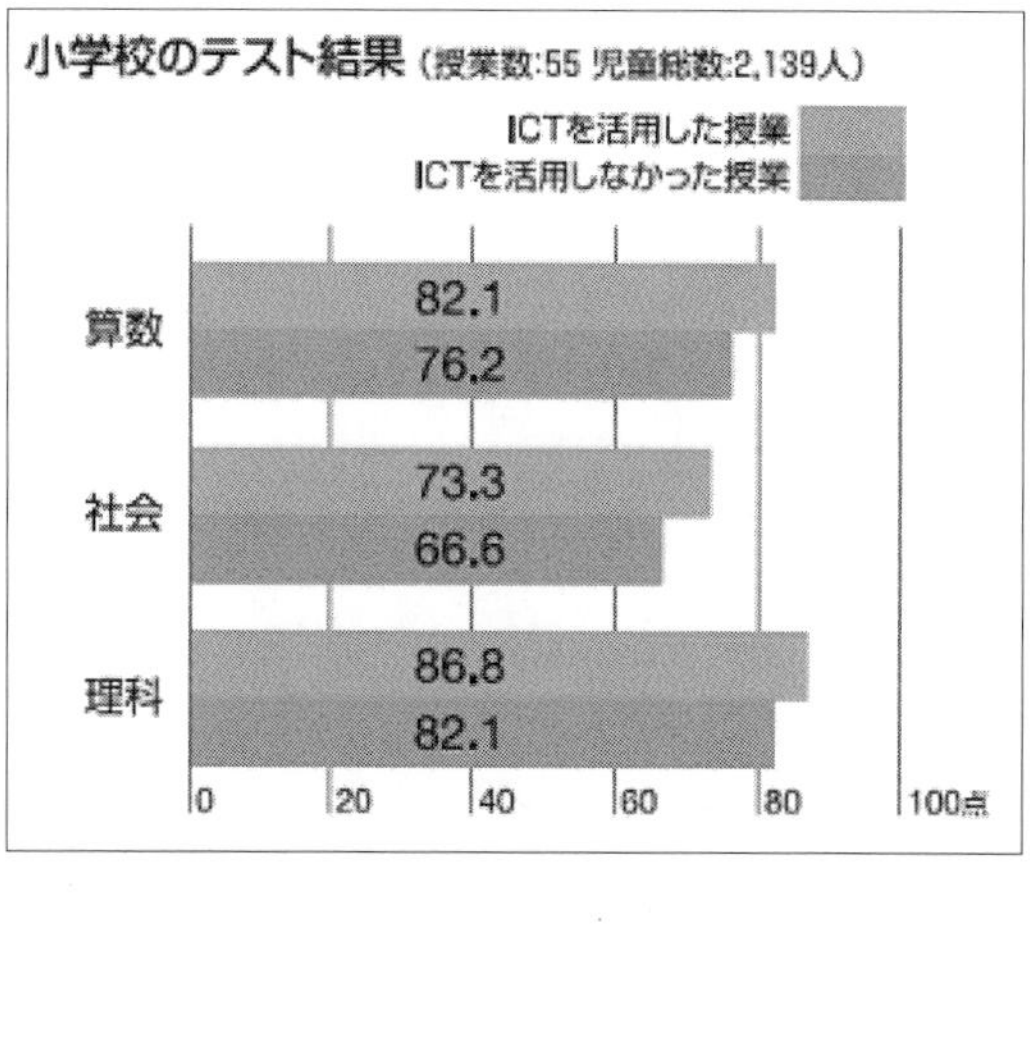

実際に、ICT活用をした授業を行っていると、児童の関心・意欲が他の場面に比べると高い印象をもつ。五感にうったえるICT機器の活用は、子供の食いつき方が違うのだ。初めは電子機器を使うことに慣れていなくて時間もかかっていた子供たちが、あっという間に使い方に慣れ、活用していけるようになる。

いつも使える環境に

様々な教育的効果があることが分かっていても、準備に時間がかかってしまうようでは、「使おう」と思わない。

私は、パソコンと実物投影機、タブレット端末を使う授業が多い。だから、テレビには、パソコン用にHDMIケーブルとVGAケーブルを接続したままにしている。また、実物投影機もテレビにつないだ状態にしている。こうすることで、使いたい時にテレビの電源を入れればすぐ使うことができる環境になる。

下の写真は、HDMIケーブルとスマートフォンを接続している状態。授業中、子供が書いたノートを全体に紹介したい時など、スマートフォンのカメラで撮影してテレビに映し出して全体に紹介することができる。

カメラモードのまま接続すれば、実物投影機のように活用することもできる。

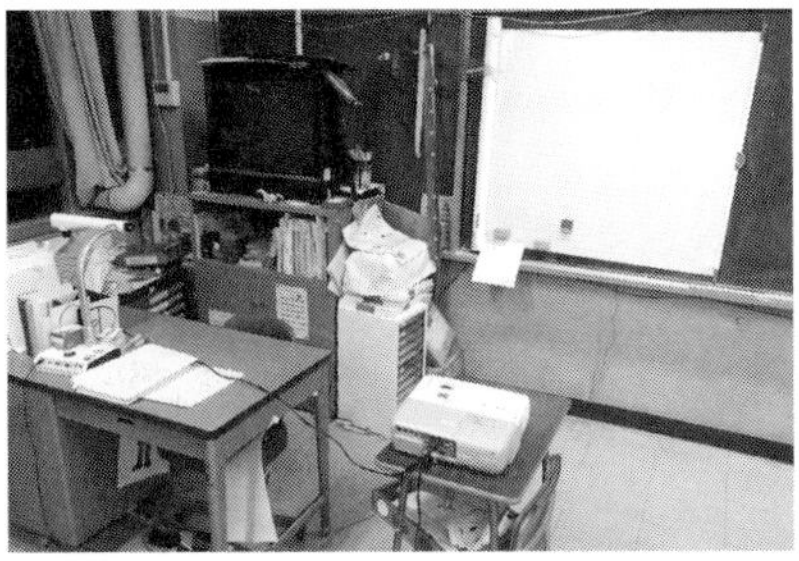

上の写真は、私の勤務校の先生の教室設計。

教科書を実物投影機からプロジェクターで映し出し、マグネット付きのホワイトボードに書き込むことができる。

活用する方法を考え、いつも使える環境にしておくことが大事だ。

活用例

授業でのICT活用例を示す。

①理科　実験・観察

理科の実験観察の場面で、タブレット端末を持たせる。自分たちが行っている実験の様子を写真で撮影させる。実験の結果や考察の場面で、その写真を見ながらもう一度実験を振り返ることができる。

②国語　漢字のなぞり

漢字に苦手意識を持つ子は、机に指書きをしても文字のイメージがもてないことがある。そこで、タブレット端末に筆順アプリを入れておき、それをなぞらせるようにする。机に書くよりもイメージをもち、鉛筆を持つよりも何度も書いて消してを繰り返して練習することができる。

③体育　マット運動

自分の動作中は、どのように動いているのか分からない。友達に見てもらってアドバイスをしてもらうこともできるが、それでも自分の動きは分からないものだ。そこで、動きを撮影してもらい、それをもとに話し合う。自分の動きを客観視できれば、運動は飛躍的に上達する。

（佐藤泰之）

〈4〉スマホゲーム紹介、ネットモラル

楽しく活用し、子どもの主体性を育てる

おすすめスマホゲーム

スマートフォンの学習ゲームアプリをいくつか紹介する。

①『ワオっち!ランド』

たくさんの知育ゲームが集まったアプリ。

この中の「パ・リーグ漢字ストラックアウト」がオススメ。漢字を苦手とする子供でも、このアプリは楽しそうにプレーしていた。出題される問題に対して正解の的を素早くタップすると得点が高くなる。

他にも、「パ・リーグさんすうホームラン」がある。どちらも学年（難易度）を自分で選択して取り組むことができる。

②『常用漢字筆順辞典』

漢字を覚えるために、机に指書きをする。苦手な子は机に指書きをしても覚えられない。漢字の形がイメージできず、いくら練習しても残像が現れないのだ。そこで、このアプリ。

一画ずつ赤くなった部分をなぞることで、指書きがスムーズにできるようになる。

その漢字が何年生で習得するものなのかも記載されているので、教師側としては作文指導の時などに役立つ。

③『むかしばなし絵本』『読み聞かせ古事記』

日本と世界の昔話がデジタルコンテンツとして30話以上収録されている『むかしばなし絵本』。

日本神話を紙芝居形式で楽しめる『読み聞かせ古事記』。

絵本系のアプリは、いつでもどこでも何冊でも手元で読むことができるよさがある。

④『プログラミングゼミ』

学習指導要領改訂で注目されているプログラミング教育。無料で遊べるプログラミングアプリがこれだ。

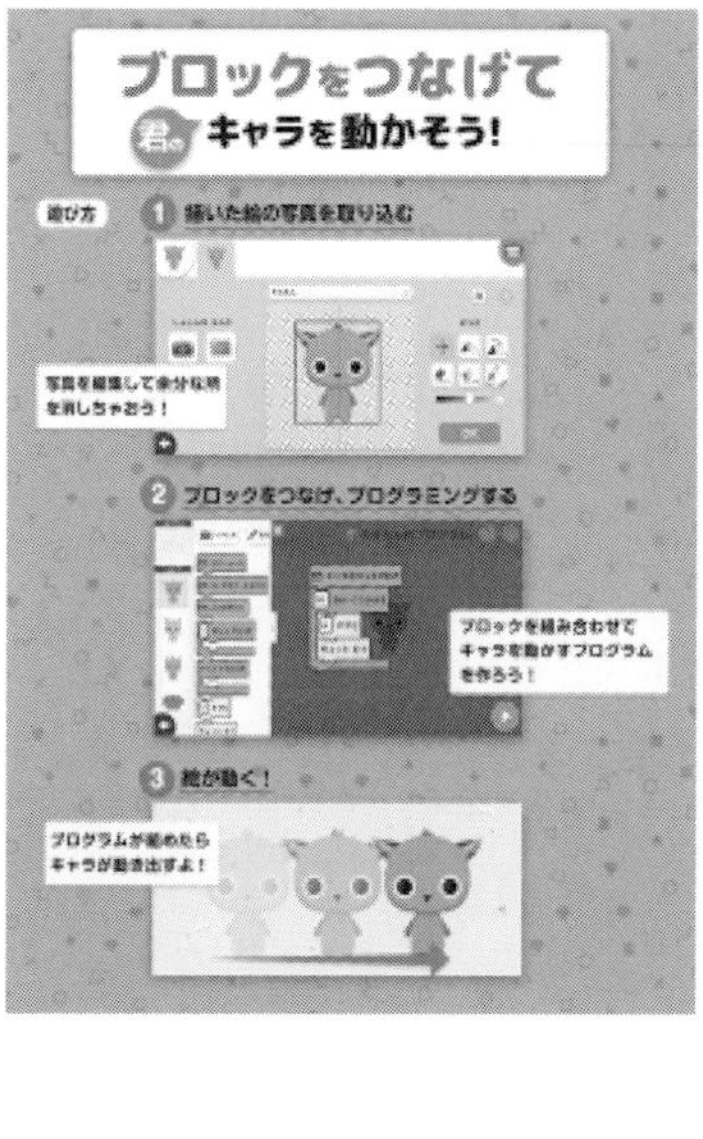

⑤『あそんでまなべる日本地図パズル』

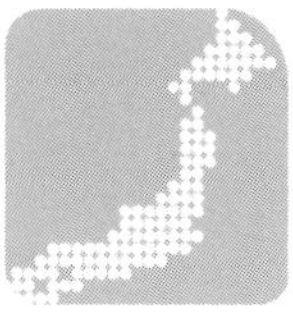

各都道府県のパズルを組み合わせて日本地図を完成させる。

各都道府県の形も覚えること

ができる。

このアプリは、「世界地図」「東京都」「大阪府」「茨城県」「神奈川県」などもシリーズ化されている。

SNSルールづくり

東京都では、児童・生徒がいじめ等のトラブルに巻き込まれないようにするためにという理由で、「SNS東京ルール」（下図）を策定した。

この東京ルールをもとに、各校がSNS学校ルールを作り、各家庭がSNS家庭ルールを作ることになっている。私が勤務する学校では、毎年６年生児童が考えて、SNS学校ルールを決めている。

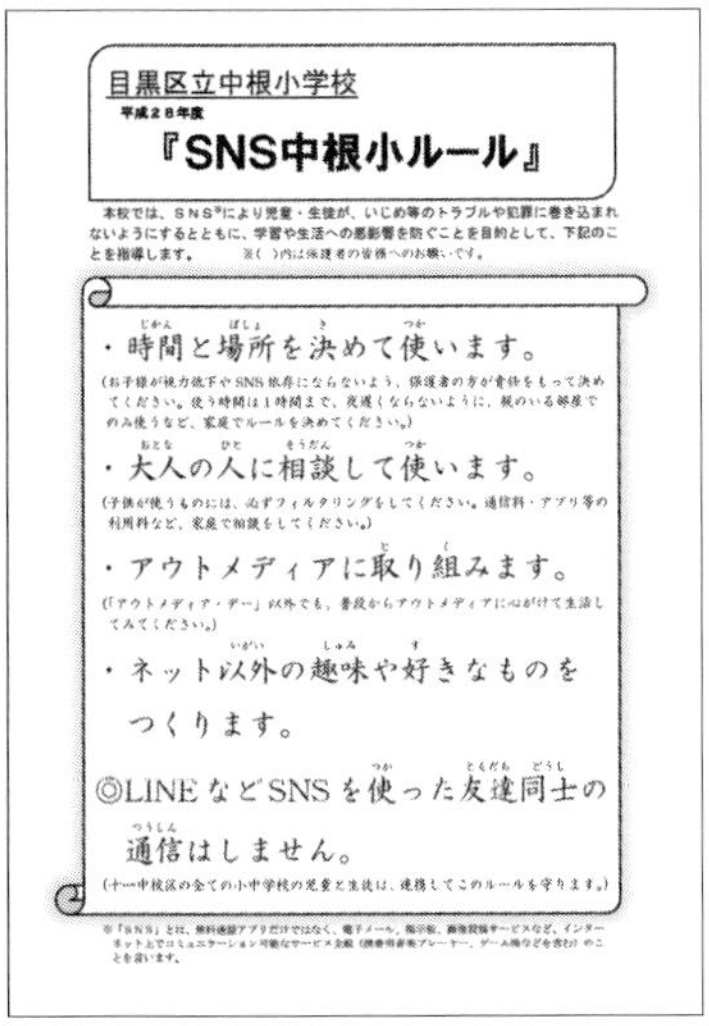
目黒区立中根小学校
平成２８年度
『SNS中根小ルール』

本校では、ＳＮＳ※により児童・生徒が、いじめ等のトラブルや犯罪に巻き込まれないようにするとともに、学習や生活への悪影響を防ぐことを目的として、下記のことを指導します。　※（ ）内は保護者の皆様へのお願いです。

・時間《じかん》と場所《ばしょ》を決《き》めて使《つか》います。

（お子様が視力低下やSNS依存にならないよう、保護者の方が責任をもって決めてください。使う時間は１時間まで、夜遅くならないように、親のいる部屋でのみ使うなど、家庭でルールを決めてください。）

・大人《おとな》の人《ひと》に相談《そうだん》して使《つか》います。

（子供が使うものには、必ずフィルタリングをしてください。通信料・アプリ等の利用料など、家庭で相談をしてください。）

・アウトメディアに取《と》り組《く》みます。

（「アウトメディア・デー」以外でも、普段からアウトメディアに心がけて生活してみてください。）

・ネット以外《いがい》の趣味《しゅみ》や好《す》きなものをつくります。

◎LINEなどSNSを使《つか》った友達同士《ともだちどうし》の通信《つうしん》はしません。

（十一中校区の全ての小中学校の児童と生徒は、連携してこのルールを守ります。）

※「ＳＮＳ」とは、無料通話アプリだけではなく、電子メール、掲示板、動画投稿サービスなど、インターネット上でコミュニケーション可能なサービス全般（携帯音楽プレーヤー、ゲーム機などを含む）のことを言います。

子供たちが考えた内容で、なるほどと感心したのが、「ネット以外の趣味や好きなものをつくります」という項目だ。どうしてもSNSルールとなると、「〇〇はダメ」「〇〇しなければいけない」というマイナス面がクローズアップされる。それよりも、子供たち自身にSNSよりも楽しいものを見付けようと呼びかける項目が素敵だと感じた。

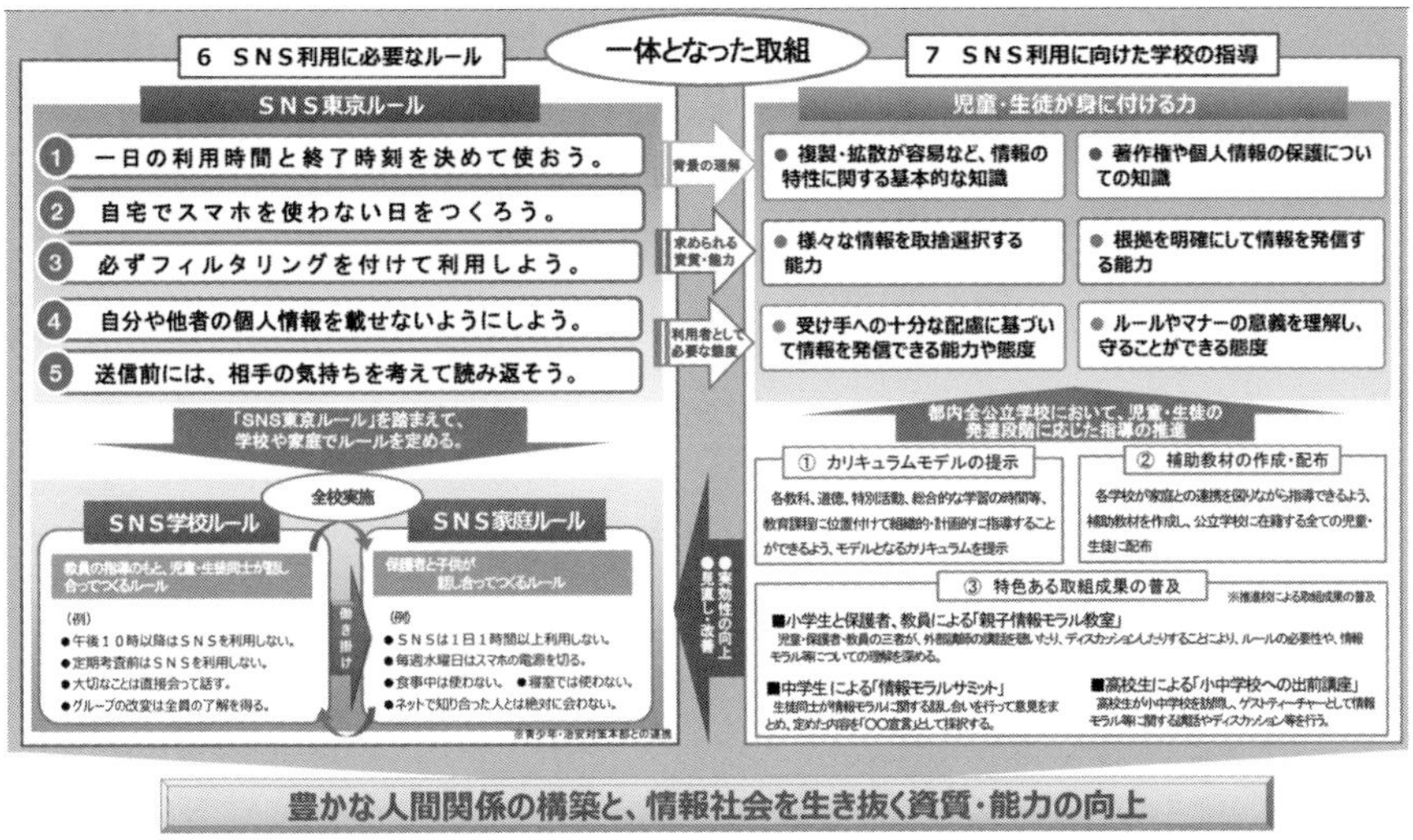

このSNS学校ルールを作るためには、子供たちの主体性がなければ意味がない。学校側からの押し付けだけでは何も改善されない。

そこで、東京都から配布されている『SNS東京ノートⅡ（小学校４年生〜６年生用）』やインターネットサイト『ネット社会の歩き方』などを使って具体的場面を想起させながら授業を行った。

（佐藤泰之）

〈1〉新学習指導要領の方向性――ALを見える化する～歴史授業で～

ALのキーワードを抽出する

「アクティブ・ラーニング」は、「新学習指導要領では、「主体的・対話的で深い学び」という表現に変わった。この言葉1つ1つをどう解釈し、どう授業化するかが大きな課題である。私の場合は、次のキーワードを重点として抜き出した。

①主体的な学び＝「見通し」
②対話的な学び＝「協働」「対話」
③深い学び＝「知識の関連付け」「情報の精査」「問題の発見・解決」

当然、これ以外の抜き出し方もあるだろうが、自分なりに作業してみることで見えてくることがある。

これらのキーワードに合致する実践の1つとして「TOSSメモ歴史授業」を紹介する。

小見出し②

TOSSメモ歴史授業とは、TOSSメモとTOSSノートを活用した歴史のノートまとめの授業である（TOSSメモ、TOSSノートは東京教育技術研究所のHPから購入することができる）。

TOSSメモは、手のひらサイズの付箋型メモである。TOSSノートと同じ罫線が入っており、字を整えて書きやすい。「小さなTOSSノート」と言ってもよいだろう。

TOSSメモには、付箋紙のように何度でも貼ったりはがしたりできる良さもある。

ノートに書いたことは移動させることができないが、TOSSメモなら自由に移動させられる。つまり、思考に合わせて移動させることができる（可視化できる）ということである。

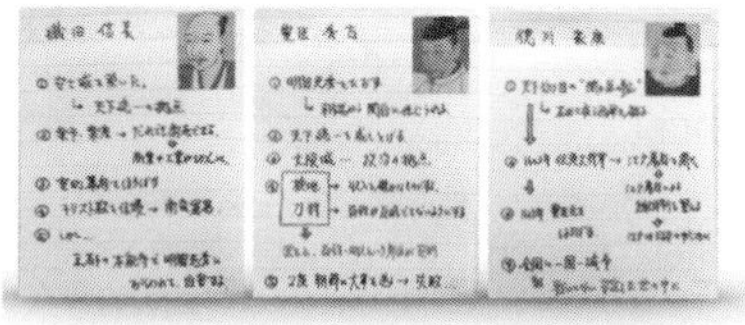

ステップ1　調べる

【TOSSメモ1枚に1人の人物をまとめる】
① 誰を調べますか。
② 大事なエピソードを5つ程度選んで書きましょう。

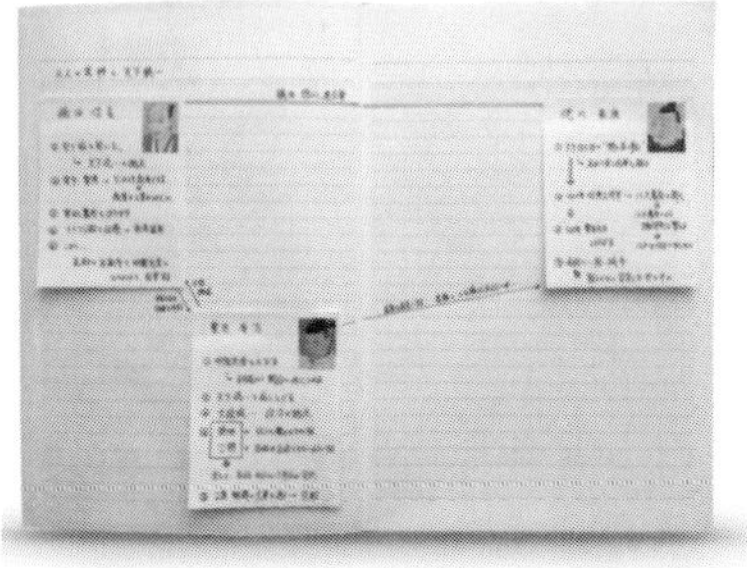

ステップ2　つなげる

【人物と人物のつながりを見つけよう】
① つながりがありそうなのは，誰と誰ですか。
② それはどんなつながりですか。
③ 人物同士の関係も考えながらTOSSメモをはりましょう。
④ 矢印や線でつないで関係を書き込みましょう。

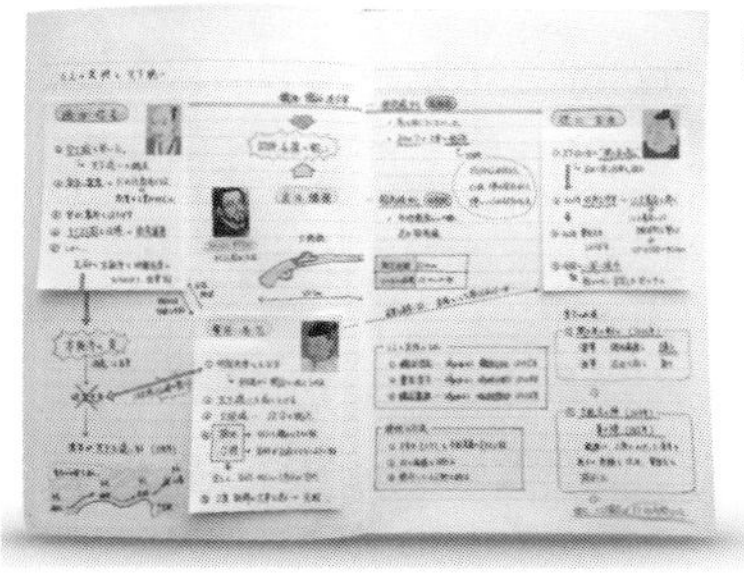

ステップ3　ひろげる

【余白に関連情報をひろげていこう】
① どのエピソードをくわしくしますか。
② 絵や図，年表などもいれてわかりやすくしましょう。

TOSSメモ歴史授業3つのステップ

TOSSメモ歴史授業は「①調べる　②つなげる　③ひろげる」の3つのステップからなる。

まずは、TOSSメモ1枚に1人の歴史人物を「調べる」ところから始める。

例えば、「3人の武将と天下統一」で学習したことをまとめるとする。1枚目は織田信長である。

まずは教科書（資料集）で織田信長について書いてある部分を読む。その中から重要だと思うところを丸で次々と囲ませていく。

「大切だと思うものを５つ選びなさい」

信長の業績はたくさんあるがそれを「５つ」と限定されるから頭の中が活性化する。当然、子供によって選ぶ５つのエピソードは異なるだろう。

だから、ここは個人作業でも良いが、周りの友達と話し合わせても面白い。全員が考えを持った状態だから話合いにもなる。最終的に決めた５つを書かせればよい。

> 自分が最も大切だと思うものを５つ、ＴＯＳＳメモに箇条書きしなさい。

同様に秀吉、家康もＴＯＳＳメモにまとめる。ノートまとめが苦手な子でもＴＯＳＳメモ1枚であればすぐにできる。

> ＴＯＳＳメモの「限定」がやる気につながる。

調べる人物も1人に限定され、書くエリアも小さく限定されている。だから、苦手な子も「これぐらいならできそうだ」とやる気になるのだ。

そして1枚できれば、2枚目、3枚目は簡単だ。同じ作業の繰り返しだからだ。

> 「繰り返し」が学習スキルの定着につながる。

慣れてくると1枚あたり5〜7分程度でまとめられるようになる。発展型として、数や書き方は指定せずに、「信長についてＴＯＳＳメモ1枚にまとめなさい」と言って自由にまとめさせても面白い。

次は**「つなげる」**ステップである。

ここは少しレベルの高い部分である。歴史の大まかな流れも把握していることが要求されるからだ。しかし、人物同士の「関係」を見つけるというのは重要な作業でもある。

> 知識を関連付けることで学びが深まる。

全員にこの「深い学び」を保障するためには、「協働」を取り入れるとよい。

> 信長と秀吉、どんなつながりがありますか。

信長と秀吉なら「主人と家来の関係」「本能寺の変で殺された・敵を討ったというつながり」などが考えられる。

最初は子供たちが見つけたつながりを黒板に書かせていき、一覧できるようにするとよい。

教科書以外の資料から調べてきた子がいれば大いにほめる。自分で調べてくる子が増えるだろう。

慣れてくると次のような方法も可能である。

> つながりがありそうなのは誰と誰ですか。
> それはどんなつながりですか。

人物調べをしたＴＯＳＳメモを2枚選ばせる。

それを見せながら友達に話をさせる。

ここで大切なのは多様な見方・考え方に触れることだ。次々と相手を変えながらいろいろな意見に触れさせていく時間を確保する。

情報交換で頭が活性化した状態で一気にまとめ作業まで進む。人物同士の関係も考えながら、3枚のＴＯＳＳメモをノートに配置する。そして、矢印や線でつないで関係を書き込んでいく。

最後のステップは**「ひろげる」**である。

ＴＯＳＳメモを貼った余白に書き込んでいく。ＴＯＳＳメモに書いたことの中からもっと詳しくしたいことを選び、この余白に書き込んでいくと良い。図や表なども図解するように勧めるとさらにわかりやすくなる。ＴＯＳＳメモ歴史授業の3つのステップを使えば、どの単元でも見通しを持ってノートに考えをまとめ、学びを深めていくことができる。

（太田政男）

〈2〉新学習指導要領の方向性――対話指導の方法

「考えを広げ深める」ための対話

新学習指導要領では、「主体的・対話的な深い学び」の実現に向けた授業改善が求められている。その中の「対話的な学び」とはどのようなものか。新学習指導要領解説・総則編には、授業改善に必要な視点として次のことが示されている。

> 子供同士の協働、教職員や地域の人との対話、先哲の考え方を手掛かりに考えることを通じ、自己の考えを広げ深める「対話的な学び」の実現ができているかという視点。

「対話的な学び」が実現したかどうかは、以下の点で判断される。

> 対話によって、子どもが考えを広げ深めることができているか。

子ども同士、教職員や地域の人、先哲の考え方などとの関わりを通して、「自分の考えを広げ深める」ことができたかが重要だ。逆に言えば、人と関わり、考えを広げ深めることができなければ、どれだけ人や物と関わっても「対話的な学び」が実現したとは言えないのである。

失敗から学ぶ対話指導の前提条件QA

私自身の経験から、「対話的な学び」の実現に向けて陥りやすい失敗を2つ挙げ、QA形式で紹介する。

> Q「対話」はどのようなときに取り入れるか。

子ども同士の対話を意識しすぎるあまり、やたらとペアや班での話し合いをと連発してしまった時期がある。次のような失敗をしていないか確認したい。

【失敗例】

> 織田信長が行った政策は何でしたか。
> 隣の人と相談しましょう。

この発問は、既習の「知識」を確認している。これは、相談して解決するものではない。自分の考えを広げ深める「対話」にはなり得ない。

【改善例】

> 織田信長が天下統一に向けて行った政策の中で、最も重要な政策はどれか。
> 隣の人と相談しましょう。

この発問に対する子どもの答えは複数ある。「鉄砲の使用」「楽市・楽座」等々。選ぶ政策も違えば、理由も様々である。だからこそ、子ども同士で対話する意味がある。異なる考えに出会い、新たな気づきを得られるからだ。

このことから、「対話をどのようなときに取り入れるか」の1つの答えを示すことができる。

> A　子どもに「思考」を促す発問をしたとき。

「なぜ」「どのように」「どれか」など思考を促すときこそ、対話を積極的に取り入れたい。

> Q　対話を双方向にするにはどうすればよいか。

社会科では資料の読み取りが重要になる。例えば、人口の増減など、棒グラフや折れ線グラフなどが提示される。資料を読み取らせ、ペアで相談させることはとても大切な学習場面だ。しかし、次のような光景が見られることがある。

【失敗例】

勉強の得意な子どもが、勉強の苦手な子どもに対して、一方的に説明している。

一見すると、有意義な時間と捉えられそうだ。しかし、この状態は学び「合い」でも教え「合い」でもない。一方通行の時間である。「あの子は勉強ができない子だ」という差別意識へつながる危険もある。

【改善例】

Ａ１　全員が考えをもつ状態をつくる。

例えば棒グラフや折れ線グラフの読み取りには、読み取りの原則がある。まず「上がっている」「下がっている」「変化なし」などの概要を読み取る。次に、急激な変化があるところに注目するなど。それらの基本を教えた上で、課題を提示する必要がある。

次に、「様々な例示の方法」を考えておくことである。「教師が例を示す」「子どもに例を発表させる」「できた子から黒板に書かせる」等、様々な例示をする必要がある。例があれば、それらを参考にして自分の考えを持って話し合いに臨むことができる。

Ａ２　質問の仕方を教えておく。

子どもたちが「質問の仕方」を身に付けると、対話は活性化する。「なぜ○○と考えたのか」「どこから○○と分かったのか」「どのようにすると○○になるのか」など。このような質問の仕方を１つ１つ教えると徐々に対話らしくなってくる。

対話的な学びを実現する３つのポイント

子どもたちの対話を活発にし、深い学びを実現するための３つのポイントを紹介する。

討論となる発問を用意する。

小学校段階では、複数の選択肢を与え、討論を目指すと対話が成り立ちやすい。例えば、ＴＯＳＳ代表向山洋一氏の代表的な発問の１つを紹介する。

戦国時代を最も代表する人物は誰か。

織田信長、豊臣秀吉、徳川家康から選択する。なぜそう考えたかを討論させると、子どもたちは大変意欲的に学習に取り組む。討論になるような発問を多く経験させることが対話的な学びにつながる。

論点が多い場合は教師が２つに整理する。

討論は、２つにしぼって話し合わせるのが原則だ。しかし、上記の発問は、３名のなかから１名を選ぶことになる。このようなときは教師の出番である。例えば、私の学級では、豊臣秀吉を選んだ子が少なかった。そこで、次のようにした。

「まず、戦国時代を最も代表する人物は織田信長か」で討論を行った。すると、「織田派」対「豊臣・徳川連合派」で討論になり、意見がかみ合う。

複数の考えがあるときには、Ａとそれ以外など、２つに整理すると、互いの意見がかみ合いやすい。

「たしかに」を使うよう指導する。

自分の意見ばかり主張し、相手の意見を受け入れない子どもがいる。そのような子に有効なのが「たしかに」を発表やまとめの意見文で使うよう予告することである。「たしかに」は相手の意見を受け入れなければ使えない言葉である。しかも、受け入れた上で、なお自分の意見がよりよいことを主張する論調になる。自然と、「自分の考えを広げ深めること」につながる。

「この対話は子どもの考えを広げ深めることにつながっているか」。自問自答しながら、対話的な学びの質を高めていきたい。

（中川貴如）

〈3〉モジュールの入れ方・カリキュラム管理

モジュールの定義

新学習指導要領に、モジュールという言葉はない。次の言葉で表現されている。

短い時間を活用して行う指導

新学習指導要領解説・総則編には，モジュールの入れ方が、２つ例示されている。

①15分の短時間を活用した授業
②60分の授業（45分＋15分）

本稿では「15分の短時間を活用した授業」のモジュールについて考える。

モジュールの3つの学習形態

モジュールの活用法は大きく3つに分けられる。

1　基礎・基本定着のための学習

最近では、朝活動や帯タイムなどのモジュールを導入し、基礎・基本の定着を目指した取組を行っている学校が増えている。国語や算数で、既習の内容を復習する際に活用されている事例が多い。つまずきやすい学習内容の確実な習得を図るために、繰り返し学習を行うことができる貴重な時間となっている。

2　知識・技能を活用する学習

知識・技能を活用する学習は、理科の観察・実験、各種レポートのまとめ、論述など、授業を補充する時間として取り入れられるものである。

3　短時間での指導が有効な教科等の学習

例えば、外国語や外国語活動が考えられるだろう。国語や算数でも効果的である。ここでは、「基礎基本の定着」に絞って話を進めていく。

モジュールを取り入れる際の4つの留意点

新学習指導要領解説・総則編には、モジュールの「授業時間設定に際しての留意点」が示されている。そのキーワードを書き出す。

①各教科等の特質を踏まえた検討
②バランスの取れた資質・能力の育成
③授業のねらいを明確にして
④適切な教材を用いる

①は、モジュールに適した教科（外国語）とそうでない教科（道徳・学級活動）が示されている。②、③、④は学校での課題を示している。その課題と改善のポイントを、国語科の実践をもとに考えていく。

時間を短く区切ってバランスよく

バランスよく資質・能力を育成するためには、授業構成の型を決めたい。

1「資質・能力」限定型

例えば、月1回行われる「書き取り会」のために漢字練習を行うなどの学習である。これを毎回、無目的に繰り返せば、1年間のうち10時間を漢字の復習に充てることになる。それでは、バランスの取れた資質・能力の育成とは言いがたい。

改善案として次のような流れを実践している。

（1）新出漢字、または既習漢字を覚える。
（2）漢字を覚えたかミニテストを行う。
（3）国語辞典で意味を調べる。
（4）学習した漢字を用いた文を作る。

同じ漢字の学習にしても、活動を変化させることで「漢字」「語彙」「書くこと」などの資質・能力をバランスよく育てることができる。

2「資質・能力」バランス配置型

複数の資質・能力を育てる場合は、次のように時間を区切った指導をシステム化していく。

（1）語彙に関する学習　1分
（2）音読・朗読練習　3分
（3）暗唱タイム　3分
（4）読解力向上の学習　8分

これは私の実践例なので、内容は変わっても良い。同じ流れで継続（システム化）することで、バランスよく資質・能力を育てることができる。

両者に共通する改善のポイントは、以下の通りである。

15分を短く区切って、活動を多様化する。

15分をさらに短く区切ることで、多様な資質・能力に関わる活動を取り入れることができる。

ねらいに沿った評価を取り入れる

「授業のねらいを明確にして」という表現は、モジュールを通して、資質・能力が身に付いていない事例があることを暗示している。子どもたちの資質・能力を育成するために大切なことは何か。

ねらいに沿った評価を、毎回行うこと。

例えば、先の漢字練習の事例。ねらいは漢字を覚えることである。本当に覚えたか確認する必要がある。3問程度のミニテスト、空書きによる確認、隣同士で問題を出し合うなど。毎回、評価を取り入れたい。評価を取り入れなければ、モジュールの時間に緊張感がなくなるからだ。

例えば、音読・朗読練習。1人で読ませる場面をつくる。1回に数名ずつでよい。指名される可能性があるだけで緊張感が生まれる。

モジュールは、授業時間である。子どもたちが活動しっぱなしの、単なる自習時間にならないよう心がけたい。

適切な教材で計画的・系統的に

新学習指導要領解説・総則編には、次のことが明確に示されている。

適切な教材を用いる。

教材がなければ、その場の思いつきの学習時間になることがある。教材があることで授業が安定するのである。「適切な教材」とは、資質・能力を計画的、系統的に育成するための教材である。モジュールでの学習効果が高く、6年生に人気の教材を5つ紹介する。

①あかねこ読解スキル入門編（光村教育図書）
②中高生のための暗唱詩文集（東京教育技術研究所）
③話す聞くスキル（正進社）
④一分間フラッシュカードシリーズ（正進社）
⑤あかねこ漢字スキル（光村教育図書）

①は中学生用の教材である。しかし小学生にも活用できるよう作られている。「問題の解き方」が系統的に身につくおすすめ教材である。教材はモジュールを効果的に活用する要になる。学級に合ったものを取り入れたい。

（中川貴如）

〈4〉学習活動のバリエーション

指名なし討論までの指導のバリエーション

「対話的な学び」の1つの形として、「討論」の形式が考えられる。

子どもたちが、自分たちの意見を主張したり、相手の意見を聞いて反論したりする授業は、「対話的な学び」に合致している。そして、討論が、子どもたちだけで進められるようになると、「対話的な学び」がより深いものになっていく。

新卒2年目の時、教師が発問をすると、子どもたちが次々と自分から立って、意見を言ったり反論をしたりする授業を見たときに衝撃を受けた。

それ以来、自分もどうしたらあのような授業ができるようになるのか、本を読んだりセミナーに参加したりして勉強を続けた。

そして、どのようなステップを踏めば、子どもたちが教師の指名なしで討論をできるようになるのかが、段々と見えてくるようになった。

教師が指名をしないで討論をするためには、まずは、全員が自分から立って発表をできるようになることが前提となる。

指名なし発表を次のように進めていけば、自分から立って発表することができるようになる。

> 誰でも答えられるお題を出す。

例えば、「今日の給食で一番おいしかったものは何ですか？」「今日の授業で一番楽しかった授業は何ですか？」など、誰でも答えられそうなお題を出すと子どもたちは発表しやすい。

ただし、教師は誰でも答えられると思っていても、子どもたちの中には、発表することが大きな壁となる子もいる。そこで、次のことを取り入れると子どもの不安は和らぐ。

> ノートに書かせて、発表をさせる。

新卒時代、指名なし発表に初めて挑戦をした。37名の学級だったが、35名までがスムーズに発表をしていった。しかし、残りの2名がなかなか発表できなかった。結局最後の子どもが発表できたのは授業時間を20分オーバーした時だった。

この時失敗したことは、次のことだった。

> 何も書いていない状態で自分の考えを発表させていた。

お題が、「今日の授業の感想を言いなさい」という、初めて指名なし発表をするには難しいお題だということもあった。発表が苦手な子どもにとって、みんなの前で発言をすること自体が大きな壁である。しかし、そのようなことに全然気づいていなかった。

まずはノートに書かせたことを順番に立って読ませるというステップを踏むことが大切だとこの時強く思った。

> 誰でも答えられそうなお題を出し、ノートに書かせて発表させる。発表することになれてきたら、簡単なお題を出し、ノートには書かせないで発表する。最後に、全員がスムーズに発表できるようになったら、指名なし発表をどんどん取り入れる。

このようなステップを踏んでいけば、指名なし討論ができるようになっていく。

算数　教科書通りに教えるバリエーション

以前担任したA君は、勉強が全般的に苦手で音読と漢字、算数が特に苦手だった。もちろん算数のテストで100点を取ることもなかった。

それまでの算数では、グループで1つの問題を解くというやり方が多く、算数が苦手なA君は、やり方がわからないため、みんなと一緒に解くことができなかったのである。

算数ができるようになるためには、教科書通りに指導していくことが大切だと考える。

例題→類題→練習問題の3点セット

算数の教科書は、ほとんどのページが「例題」→「類題」→「練習問題」という流れになっている。教科書の例題をきちんと教え、次に類題を解き、最後に練習問題を自力で解かせていく。

例題をきちんと教えることで、算数が苦手な子どももやり方を身につけることができる。

次に、類題を解くことで、例題の問題の解き方を再度確認し、脳にインプットすることができる。

そして、最後の練習問題の時にはほぼ自力で解けるようになる。

算数が苦手な子どもにはきちんとやり方を教え、身に付けさせていくことがポイントである。

授業中にノートのチェックを行う

練習問題のうち1問は、必ず教師が○つけをする。その時に気をつけることは次の点である。

①練習問題が4問あれば「4番だけ」など、1問にだけ○をつける（他の問題は後で一緒に○付け）。
②間違えたら×をする。解説はしない（ヒントを出すなら3回目に間違えた時に）。
③教師が子どもの机を回るのではなく、子どもにノートを持って来させて○をつける。

このポイントを押さえてノートチェックをすることで、やり方をきちんと理解できていない子がいても、その時間内ですぐに対応することができる。

導入場面で「先生問題」を出す

導入場面で先生問題を出すことで、教科書の内容を、よりスムーズに理解できるようになる時がある。

例えば、小数のかけ算を教える時である。最初に2桁×2桁の筆算を先生問題として出す。算数が苦手な子は、筆算のやり方を忘れている可能性がある。まずは、導入の先生問題で筆算のやり方を確認する。そして、教科書の例題の小数のかけ算のやり方を教えることで、小数点を移動することだけを教えればよい。

これが、最初の導入でかけ算の筆算のやり方をやっていなければ、算数が苦手な子どもは、筆算のやり方と小数点の移動の2つを同時に覚えないといけなくなり、正しい小数のかけ算のやり方を覚えることができなくなる可能性が出てくる。

教科書を見るくせをつける

教科書の問題文を一緒に読んだ後、「この問題の式がわかる人？」と問う。クラス全員の子どもがさっと手を挙げる。なぜか。教科書に式が書いてあるからである。そして、子どもたちが式を言えたら、「どうしてわかったんですか？」と問う。子どもたちは、「教科書に書いてあるから！」と元気よく答えるので、「教科書をきちんと読める人はかしこい」とほめれば良い。

たったこれだけのやり取りでも、算数が苦手な子どもは「教科書を見ればいいんだ」と思い、困ったときは教科書をきちんと読むようになっていく。教科書をきちんと読むことは、問題を解いたり理解したりする上でとても重要である。

これらのバリエーションを使っていくことで、冒頭の算数が苦手な子どもも、2学期には生まれて初めて100点を取ることができた。

（木場智也）

〈5〉席替えのバリエーション

席替えの前は必ず趣意説明をする

席替えは、学級経営を円滑に進める上で重要なウエイトを占める。教師が席替えに対してきちんとした考えを持っていないまま、中途半端に行ってしまうと、子どもたちからの信頼を失ってしまい、ひどい時には「学級崩壊」のきっかけとなってしまうこともある。

そこで私は、席替えをする時には必ず次のような趣意説明を行う。

> 私は基本的に、月に1回席替えをします。席替えをすることによって、違うメンバーで一緒に学習をして仲を深めたり、その人の良い部分を見て学んだりしてほしいからです。
> また、みんなが座る席は、学習の環境を整えて勉強ができるようにするためのものです。視力が良くなくて、眼鏡をかけても黒板の字が見えにくいのに、後ろに座りたいからといって、後ろの方に座るというのは意味がありません。前の方が良いという人は優先的に前にしますので、必ず申し出てください。

席替えの基本方針をきちんと示すことで、子どもたちが「好きな人同士の席にしたいです」というようなアドバルーンを上げてきても、「仲を深めたり勉強をしたりするための席なので、好きな人同士は関係ありません」と制することができる。

席替えは、何のために行うものであるかということをきちんと伝えることが大切である。

席替えの見通しを持たせる

席替えには様々なバリエーションがある。私がよくする席替えのパターンは次のものである。

> ①教師が決める
> ②くじ引き
> ③お見合い席替え
> ④自分の座りたい場所

席替えの所信表明演説を終えたら、これらの四つの席替えパターンについて、どんな席替えであるかを子どもたちに説明をする。子どもたちは、興味津々な表情で教師の説明を聞く。そして説明を終えたら、子どもたちに次のように伝える。

> さっきも話したように、席替えは「仲を深めるため」「学習の環境を整えて勉強ができるようにするため」にあります。最初は先生が席を決めます。でも、みんなが「誰とでも仲良く勉強ができる」「近くの人と必要なこと以外は話さないなど、授業中のルールをきちんと守ることができる」という状態になったら、くじ引きや、お見合い席替えをします。

このように、どのような状態になったら、先生が決める以外の席替えが実行されるのかという見通しを示すことで、子どもたちは班の仲間と協力をしたり、授業中のルールに従って学習をしたりするようになる。

教師が決める席替えのポイント

4月最初の席替えは、教師が決める方がよい。支援が必要な子どもは、教師から近い方が支援しやすいため、意図的に前の方の席にすることができるからである。また、支援が必要な子どもの隣か同じ班には、サポートがしっかりとできる子どもを配置することで、支援が必要な子どもがスムーズに学校生活を送れる環境を整えることができる。

4月の段階でどの子がサポートをすることができるかは、引き継ぎ資料を見たり、最初の1週間の様子を判断をしたりすることができる。

他にも視力の関係や、身長、学力などを考慮して決めることで、期待と不安に包まれた4月からの学校生活をスムーズにしていくことができる。

くじびきの席替え

子どもたちが、「誰とでも仲良く活動ができる」「授業中のルールをきちんと守ることができる」ようになったら、私はくじ引きの席替えを最初に行う。

黒板に、あらかじめ次の表を書いておく。

⑤	5	①	1
6	⑥	2	②
⑦	7	③	3
8	⑧	4	④

○囲みの数字は女子、囲んでない数字は男子が座る席である。自分が引いた番号の席に座るというやり方である。

くじは、男子用と女子用の2つの袋を用意しておく。こうすることによって、男子が女子の番号を引いてしまうというトラブルを防ぐことができる。男子と女子に分けて、子どもたちに順番にくじを引かせにくる。事前に、教師の指示があるまでくじを開いてはいけないことを指示しておく。

視力や前の方が良いという子どもにはあらかじめ希望を取り、その子達には前の方の座席のくじを引かせるようにする。このような配慮がポイントとなる。そしてくじを取ったら、教師の「せーの」のかけ声でくじを開く。その瞬間、子どもたちからは悲鳴や喜びの声が教室中に響き渡る。

その後、黒板の数字を教師が指で押さえながら誰がどの席になったのかを確認していく。きちんと確認をしておかないと、後で、子ども同士でくじの交換が行われる可能性もあるからである。

単なるくじを引くというやり方も、ぎりぎりまで自分の席がどこになるかがわからない状態を演出するととても盛り上がる席替えとなる。

お見合いの席替え

お見合いの席替えも、先ほどのくじ引きと同じように事前に黒板に表を書いておく。そして、男子なら男子、女子なら女子だけを教室に残して、もう一方は別の教室で待機をさせる（今回は男子が教室に残ったと仮定して説明をする）。教室に残っている男子は、後ろの方へ移動させる。

そしてくじ引きの席替えと同様に、前の方がよいという子どもには最初に前の席を選ばせる。前の方の席の子どもの座席が決まったら次のように指示を出す。

> 今から自分が座りたい席へ移動します。もし、重なってしまったらじゃんけんで決めます。
> じゃんけんの指示は先生が出しますから、まずは自分の座りたい席へ移動します。

そして移動の指示を出す。誰とも重ならなければその席で決定とし、重なっていれば教師の指示でじゃんけんをさせる。席が決まったら自分の場所を覚えさせ、別の教室で待っている女子と入れ替わる。

男子と同様のやり方で、女子の座席も決める。女子の座席が決まったら教師が男子を呼びにいく。教師が先頭を歩き、教室の中が見えるか見えないかの所で止まる。そして男子の方を振り返り、

「ごたいめーん」

と叫び、教室の扉を開ける。教室では女子が自分の席で座って待っている。男子は座っている女子の隣へ、絶叫したり、にやにやしたりしながら座っていく。あとは、隣の人や班の仲間と握手をさせて、「お願いします」と言わせたり、「班の団結力を試します」と言って、「○班起立！」と言って全員がそろって立てるかを確認したりする。

席替えの方針やルールを示しつつ、楽しく席替えをすると教室の雰囲気は明るくなる。

（木場智也）

〈1〉非認知能力育成トレーニング「エピソードバッファ」で短期記憶強化

全体から個

6年生になってくると、発達障害の問題だけでなく、不登校や引きこもりなどの2次障害的な問題が目立ってくるケースがある。

12才を越えてからの精神科受診の理由で最も多いものが適応障害であり、次いで発達障害となっている。

そのため、思春期の子どもへのソーシャルスキルトレーニングは、より周囲の子への適応を促し、自尊感情に配慮したものである必要があり、全体より個に応じた支援が求められる。

また、社会生活を営んでいく上で、衝動性の制御を行ったり、順序良く課題をこなしていったりするために、実行機能の働きが大切である。

思春期の発達障害児童への支援のポイント

①課題の調整・達成方法の設定

子どもが自信をなくさない課題設定を行うことが大切である。

たとえば、練習量の調整、練習場面の限定、練習時間の限定などである。子どもが「できるかもしれない」と思えるような課題設定を行う必要がある。

②主体的な活動を行う機会を作る

子どもが達成感や有用感を感じられるように、役割を与えることである。練習したスキルを実行できる立場にすることによって、自己有用感を味わうことができるよう配慮する。

③努力を認める

ルールが守れたり、苦手なことに取り組んだりしたときに称賛する。「頑張ったね」「よく気が付いたね」などと声をかけ、自己肯定感を高める関わりをする。

④意欲を高める

課題や苦手なことに取り組む意欲を高めるように関わる。できないことのサポートをしたり、わからないことは、その場で解決したりする関わりが必要である。

⑤否定的な関わりをしない

否定せず、適切な方法を伝えることで、自己肯定感を低くしない支援を行う。不適切な行動をとった場合には叱るのではなく、事情を尋ね、適切な行動を教えるようにする。また、指摘が多くならないように気をつけ、望ましい行動を具体的に伝えるのは良い。

自律を育てる実行機能

発達障害児童は、主に同年代の子どもとの関わりにおいて顕著な困難を示す。

そのため、同年代集団の中における困難を取り扱い、対人関係の発達を促す援助を行っていく必要がある。

自他の関係を良好に保ち、自分をコントロールしていく力の1つに、実行機能の働きが挙げられる。

実行機能とは、将来の目標を達成するために、適切に問題処理をこなしていく処理過程である。現在の状況に対して最適な行動を導き、遂行するための選択肢についての情報を維持しながら、意思決定を促進している。

学習したソーシャルスキルを適切に使うために、実行機能の働きが重要なのである。

実行機能の3つの働き

①行動の抑制と実行

状況に合った行動を実行し、ふさわしくない行動の制止に関わる認知的処理である。この機能が正常に働かないと衝動性が出てくる。

②シフティング

今行っている課題から次の課題へ柔軟に切り替える能力である。

③アップデーティング

ワーキングメモリに保持されている情報を更新していく働きである。

実行機能を鍛えるトレーニング

実行機能を鍛える教材としてすぐれているのが、東京教育技術研究所から出版されている『あたまげんきどこどこ』だ。

使い方は簡単である。子どもに渡すだけで良い。見つけたものに印がつけられるように、付箋などを用意するのも良い。

全てのページが、大きく3つのパーツから成り立っている。

1つめのパーツは「みつけてどこ?」だ。従来の視覚探索絵本と同じ仕組みで、見本の絵を絵本のなかから探すものとなっている。

探すべき対象を頭の中で覚えておき絵の中から探す作業は、実行機能を鍛えるトレーニングとなる。ポップな絵柄なので、幼稚園児から高学年まで楽しみながら取り組むことができる。

学級内においておくと、自然と友達同士探しあう姿を見ることもできる。

2つめのパーツは「かぞえてどこ?どこ?」だ。例えば「ドーナツ7つ」のように問題が書かれている。探す対象を覚えながら、数えるというのは1つ目の設問よりも脳に負荷がかかる。

また、一度数えたものを覚えておく必要もある。これを子どもに渡すと、同じ問題を何度も何度も熱中して解き出す。

一度使ったら終わりではなく、子どもが自ら教材を何度でも手に取り、熱中するのがこの教材の何よりのすばらしさだ。

最後のパーツは、「さがしてどこ?どこ?どこ?」だ。「木の陰から見ているツキノワグマ。だれか来ないかな」などという問題となっている。

過去、自分が体験した場面などを思い起こし、「どんな状況に置かれている絵なのか」を想像しながら見つける作業となる。

これは実行機能を鍛えるだけでなく、エピソードバッファと呼ばれるワーキングメモリを鍛えることにもつながる。

エピソードバッファは過去にあった事を思い出し、脳に短期的にとどめておく力で、例えば日記を書く際などに必要になるものである。設問から、過去にあった記憶と照らし合わせて、見つけ出す絵を考える。その状態を保持したまま、絵の中を探さなければいけない。

このタイプの設問は従来の四角探索絵本にはなかったタイプであり、もっとも実行機能を鍛えるパーツとして働く。

近接領域を鍛える

このように、ソーシャルスキルだけでなく、ソーシャルスキルを支える能力や、類似の能力を育てていくことが、発達障害をもつ子どもを支援する上で大切である。

発達障害は、発達の凸凹であり、能力の凸凹であるため、得意な能力と、苦手な能力の差が激しいことがある。

得意なことを伸ばしつつ、苦手に配慮する支援が大切なのである。

（小嶋悠紀）

〈2〉インクルーシブの教室対応
周囲への理解を促しサポート関係を構築

6年生における発達障がい児のインクルーシブ教育のあり方

この時期からのインクルーシブ教育を進めていく上で重要なキーワードは、以下である。

「適切な個のアセスメント」

「適切な個別支援の展開」

「インクルーシブを進める際の個別の合理的配慮と保護者との合意形成」

（1）適切なアセスメント

発達障がいがあっても、無理やり普通学級で学習を受けることをインクルーシブとは呼ばない。

インクルーシブを進める際に最も重要なのは、この状況を的確に把握し、それを元に分析し、方向性を出す「アセスメント」である。

本当にその子は、集団で学ぶことが学力面と情緒の安定面で適切なのかどうか。

もし個別の支援を受けるのであるならば、どこまでの個別支援を必要とするのかを、状況観察や、心理アセスメントバッテリーでの検査、巡回相談員など第3者である専門家のアドバイスなどからアセスメントする必要がある。

（2）適切な個別支援の展開

アセスメントを行っていくが、インクルーシブ教育の視点でその子の持つ特性や苦手な状況などはすべてカバーできるわけではない。

やはり、「適切な個別支援の展開」を念頭に置かなくてはならない。

「個の特性に合わせた学習環境の提供」「個の特性に合わせた学習内容や学習量の提供」など個の特性に合わせた個別支援を展開することが最終的にインクルーシブにつながってくる子供もいる。

さらに「個別のソーシャルスキルトレーニングの展開」「眼球運動・視知覚トレーニング」などの苦手な分野をトレーニング的に支援する個別支援が必要な子供もいる。

これらの中には、完全に個別支援で伸びていく子供もいるだろうし、一部の個別支援とインクルーシブを併せることで伸びてくる子供もいる。この兼ね合いもやはり「アセスメント」を中心に判断していきたい。

（3）インクルーシブを進める際の個別の合理的配慮と保護者との合意形成

適切な個別支援が展開され、普通学級においてインクルーシブで学習などを進める際に、担任に全てを任せることは避けたい。

やはり、個別の課題と困難性を抱えるので、「集団における個別の合理的配慮」を行っていきたい。

座る位置の配慮。使うノートや教科書の拡大率の配慮。テストなどの拡大版の使用。座るものをバランスボールなどに換える配慮。視覚支援教材を多めに用いる配慮。個別に声をかける回数を増やす配慮。

このような集団で学習するための個別の合理的配慮を適切に行っていきたい。

この際に大切なのが、しっかりと「保護者との合意形成」がなされていることである。せっかくの個別支援も保護者との合意形成がなされていないと「特別扱い」と受け取られてしまい支援を行えなくなってしまうなどの問題も生じやすい。

合理的配慮を提供の際は、支援会議を保護者と持ち、合意形成を行った上で支援を展開していくことが望ましい。その子の学びの場と形態が本当に適切なのかを大人が責任を持って判断したい。

周りの子供達へインクルーシブを促す授業を行う

6年生は思春期へ移行する重要な時期である。

「自分とは違う異質感のあるものを排除しようと

６年生は思春期へ移行する重要な時期である。

「自分とは違う異質感のあるものを排除しようとする意識」が強まる時期でもある。

発達障がいを持つ子供たちは、この排他的な雰囲気の対象になりやすいのも事実である。しかし、子供たちはこれから中学校へ進学し、さらに将来的には社会に出ていくのである。

その過程で必ず発達に偏りを持っていたり、様々な特性を持った人たちと人生を過ごすはずである。

「凸凹はあってもいい。人には凸凹があることを知り、お互いにサポートし合う社会を作るのが自分自身である」

このことを授業を通して、周りの子供達へ伝えるのに６年生は最高の時期でもある。私は以下の手順で子供達に数時間かけて授業を行う。

「①得意を生かす人たち」

「②人それぞれの苦手さを知ろう」

「③状況に応じてどのようにサポートすればよいかを知ろう」

「④発達凸凹を知ろう～ワーキングメモリの苦手な友達～」

「⑤発達凸凹を知ろう～空気が読みにくい友達～」

「⑥凸凹はあってもいい。凸凹を得意に変えよう」

特に重要なことは「凸凹は誰にでもあるもの。凸凹はあってもいい」という点である。その凸凹を自分で「強みに変える」のか。それとも「自分自身で補っていく（セルフサポート）」のか。「周りにサポートをお願いする」のか。

この部分を発達障がいであってもなくても全員が理解することがインクルーシブ社会を形成していくのに重要なのだ。真のインクルーシブの実現には、周囲の「理解」と「サポート」が必須である。

そのような真のインクルーシブ社会の実現を６年生から周りに教えていくべきである。

本人への障がいの告知と受容

６年生を契機に、発達障がいのことを本人へと告知するタイミングをとる保護者も多い。

インクルーシブを実現していくためには、周りからのサポートも必要だが、本人が自分自身のことを理解して行動できることも同様に重要である。

私自身も十数例ほど本人告知を行ってきた。どの子も、

「だから私はそんなことをしてしまうんだ！」

「忘れっぽいのは脳の凸凹が原因なんだ！」

ととても安心する姿が見られている。

それと同時に、私は、

「どうやったら自分自身は中学校、そして、高校へ行った時にうまくいくのか」

という点を一緒に考えてあげるようにしている。

このことで将来どのような「セルフサポート」をするべきかの見通しをもたせてあげる。

「自分がこれからどうすべきかがやっとわかりました」

という感想をくれた子供もいた。自分自身のことがわかれば、情緒的な安定は大きくなる。

もちろんこの本人告知には、保護者の承諾が必要である。医師やカウンセラーとも適切な時期であるかどうかを検討する必要もある。

中学校へ早い段階から引き継ぎ支援を行う

卒業後はいよいよ中学校への進学である。

インクルーシブを中学校でも引き続き行っていくために適切な引き継ぎ支援が必要不可欠になる。

①どのような特性を持つのか

②どのような支援があればうまく行動できるのか

③どのような苦手さがあり、その支援はどのようなものなのか

④インクルーシブを実現するための合理的配慮は中学校でも実現可能なのか

このような点を中学校の特別支援教育コーディネーターを交えて何回か支援会議を持つべきである。このような小中の連携を取っていくことで、中学校以降のスムースなインクルーシブの実現をすることが可能となる。

（小嶋悠紀）

〈3〉学習困難視点による教科書教科別指導

授業に参加することを最優先に

学習困難さをパターン化で補う

国語でも算数でも学習困難児童は、既に学習のキャパシティーをオーバーしている場合が多い。自己肯定感を下げない指導が大切になる。

意味理解を求めず、パターン化できればよい。問題が解けるほうが良い。その方法について述べる。

6年生の学習困難を改善するポイント

【国語のつまずきポイント】

（1）教科書が読めない。

【主な原因】

漢字が難しくて読めない。

【対策】

漢字にふりがなを振って、読みの負荷を減らす。

今は多くの出版社のテストで、ひらがなで問題が書いてあったり、ふりがなが振ってあったりする。

教科書の音読が6年生になると難しい。そこで最初の読みからつまずく子がたくさんいる。そこで負荷を減らし、学習に入った状態を当たり前にする。

ご家庭に協力してもらえるならば家で、友達のお助け係などに書いてもらってもいい。

とにかくその子が負荷を減らして学習に取り組める状態を作ることから始める。

フラッシュカードで漢字を読ませることも入れていきたい。

最初の物語文である、カレーライスの学習では一字読解のような簡単な問題を出す。「できた」を積み重ねていくことで、その後の学習へも参加するようにする。

その次に分析批評を教えていく。

登場人物は誰か

主役や対役は誰か　　など

これらはどの物語文でも応用でき、低位の子も学習参加できるようになる。

TOSSランド（TOSSインターネットランド）にはそのような実践指導案がたくさん載っている。それらをコピーしてぜひ使って授業をしてほしい。

（2）作文が書けない。

【主な原因】

何から書き出したらよいか決められない。

文章の構成が考えられない。

【対策】

TOSSメモで事実と感想を書いて貼り直しながら順番や構成を決める。

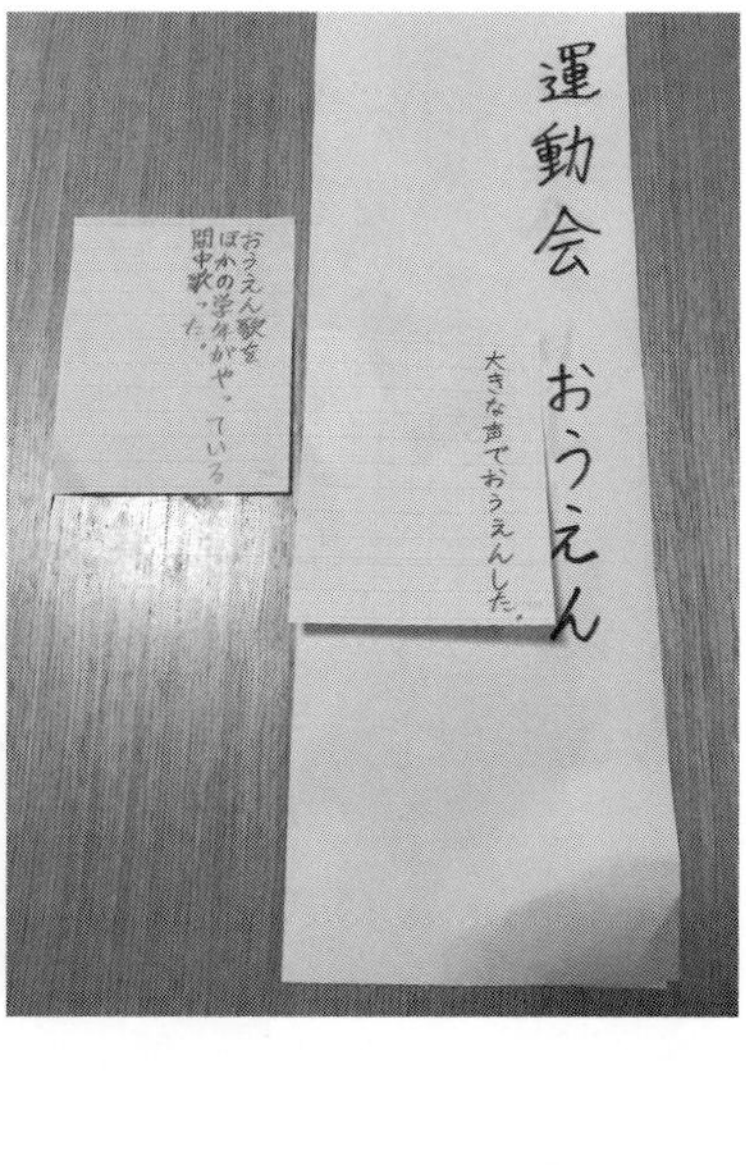

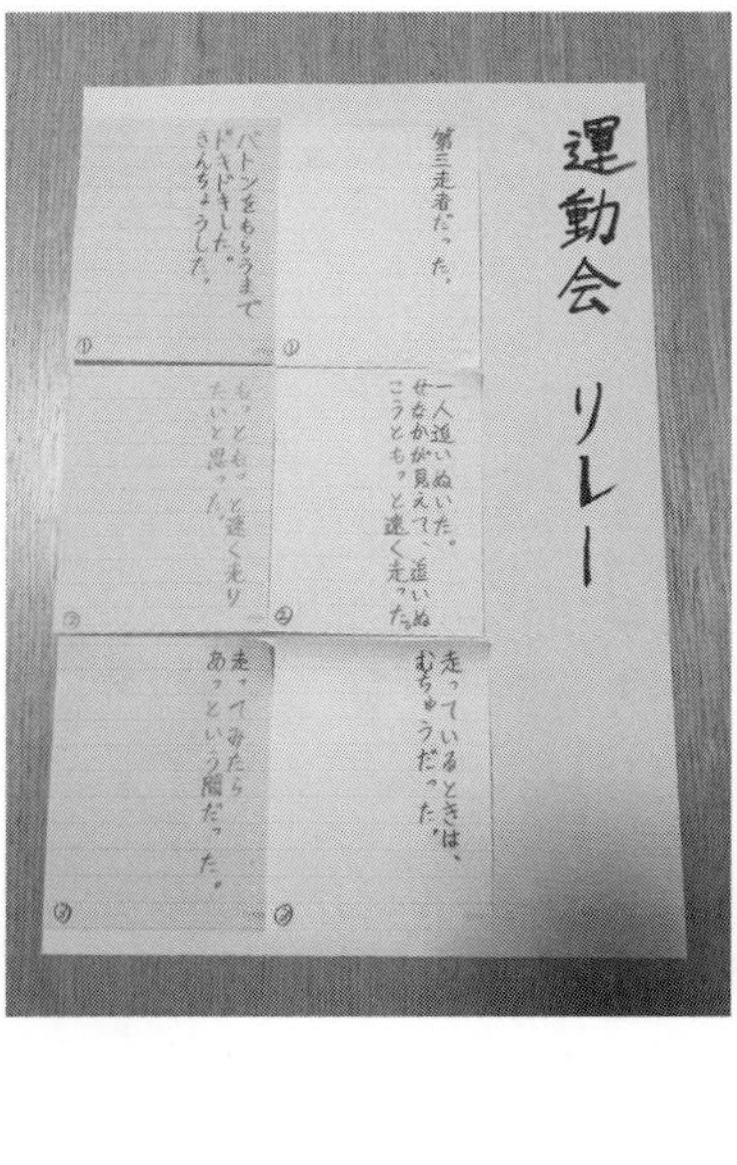

まず、A4用紙に「運動会リレー」のように項目を書く。事実を短くTOSSメモ（白）に書いていく。

A4用紙の右半分に並べて順番を決める左半分に右半分に並べた事実に対応した感想をTOSSメモ（さくら）に書いて貼る。

A4用紙ごと並べ替えて文章の構成を決める。

6年生は卒業文集も書くので、こうした文章の構成を考えた作文が書けるようにしていく。

【算数のつまずきポイント】

（1）分数×分数の計算ができない。

【主な原因】

具体的にイメージしにくい。

通分でかけ算が出てきたのに、それとは別にかけ算をするので混乱する。

【対策】

①TOSS算数スキルの「分数スキル」を使う。

スキルでは、「通分」、「分母のちがう分数のたし算」、「約分」などのページを経た後に、「分数のかけ算」のページがある。

系統立てて問題を解いていく中で、通分と分数のかけ算の違いに気づく。

②ノートのマス目を使って図を書いて確認する。

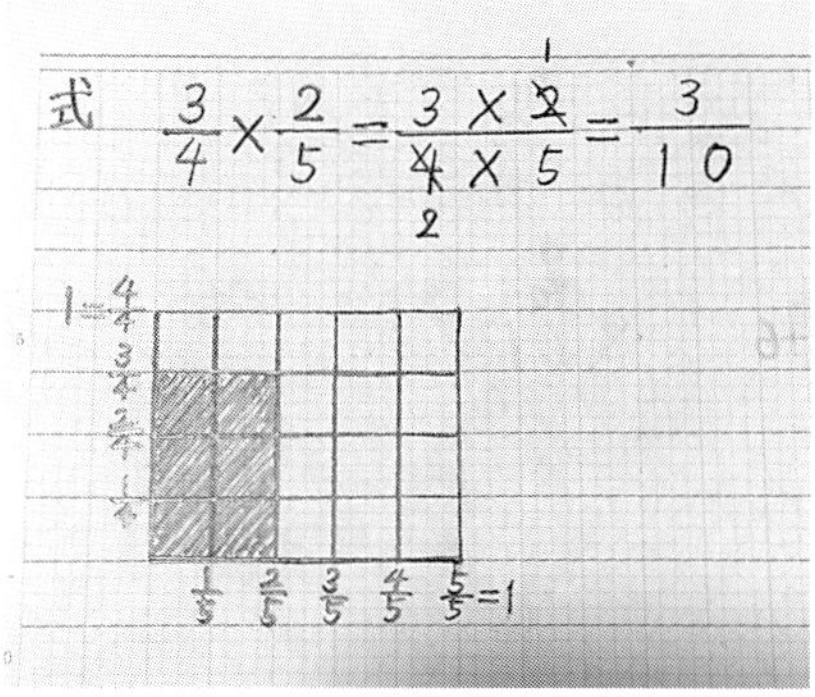

（2）文字式を使った問題ができない。

例：1本60円の鉛筆を買います。鉛筆をX本買った時の代金をY円としてYをXの式で表しましょう。

Y＝60×Xの問題

【主な原因】

①X、Yの文字がそもそもわからない。

②XやYを数字と認識できない。

②繰り返さないと文字式に慣れない

【対策】

①はAやBと合わせて、毎時間のフラッシュカードで復習し、文字の抵抗感をなくす。

②のXやYを数字として認識できない場合は、数値を入れて演習で対策をしていく。その時に大事なのが、数値や概念をなるべく簡単にすることだ。

一本60円の鉛筆ならば、1個5円のアメに変える。鉛筆よりアメの方が絵が描きやすい。また何個も買うイメージがわく。

③パターン問題を作る。同じような問題を繰り返し解かせる。パソコンで作れば5分でできる。

1個5円のアメを買います。アメをX個買った時の代金をY円としてYをXの式で表しましょう。

1個10円のガムを……として、次にクッキー、ケーキ、慣れたら、鉛筆、消しゴムなどとかえていく。

簡単な問題を同じようなパターンで何度もやると概念は入りやすい。できるので抵抗感もなくなっていく。

学習の負荷を減らして授業に参加

国語は漢字でも音読でもとにかく難しい。算数の問題も複雑だ。

大切なことは学習の負荷を減らして、参加できる状態を作っておくことだ。それが1学期の早い時期にできることが、その子の学習意欲を高めることに寄与する。

「参加できるのだ」という思いで1年間過ごせるようにしていく。

（小嶋悠紀）

〈4〉個別支援計画づくりのヒント

中学校へ引き継ぐ個別支援計画と支援スキルのアセスメント

個別支援計画には、伸ばしていきたいポイントを明記する

個別支援計画には、本人の課題となっている行動や特性が書かれている方が多い。

しかし、「今後伸ばしていきたいポイント」を明記することも必要である。

「今後伸ばしていきたいポイント」は、進学後や就職などで役に立つ、または人生を支えるであろうその子の強みに直結していくことが多い。できるだけ小さい時や小学校段階からそのような「伸ばしたいポイント」についての情報を集めておくと良い。

また、支援をする教師たち自身が、その子の良さについて再認識する機会にもなる。問題行動が多い子供だとどうしても「その子の問題となっているポイントのみ」にフォーカスしてしまう。その結果、大人と子供の関係性がねじれてしまう事態に陥ることが多い。子供の良い面にも定期的に目を向ける必要がある。

短期目標、長期目標を明記する

子供をどのように支援するか、どのような合理的配慮を提供するかが決まったら、そこから、

「短期目標（1～3ヶ月で目指す子供の姿）」
「長期目標（3ヶ月～1年以内で目指す子供の姿）」

を明記する。

目標はできるだけ具体的に子供の行動や数値などで表すようにしたい。

「3年生までの漢字の70％以上の定着」
「問題行動が1日3回以下になる」
「30分間は椅子に座っていることができる」

このように誰もが見ても分かる目標になることで支援の成果を共有しやすい。

長期目標も同じだがさらに重要なポイントがある。それは、「3ヶ月支援して効果がなかった支援は切り替える」ことだ。

成果の出なかった支援を続けることはほぼ意味がない。あらたな支援策を次々に打ち出していってほしい。

また目標の設定にあたって子供の実態に合っていないハードルの高い目標を設定してしまうことも多々ある。

目標が妥当であるかどうかは、支援会議などでできるだけ細かく検討を重ねていきたい。

目標の評価と修正

方針や目標については、支援会議ごとに個別支援計画と突き合わせて話題にしていきたい。

子供の状態は常に変化しているので、それに合わせて方針や目標なども柔軟に変えるようにしていきたい。

さらに支援会議では個別支援計画と基に長期目標と短期目標の達成度を必ず評価するようにしたい。印象で評価するのではなく、できるだけ回数や数値など具体的に評価できる資料を持ち寄って行う。

私はなるべく1～4段階で評価を行うようにしている。

中間の評価をなくすことで支援の成否や効果が明らかになる。

達成度が低い目標については、再度、目標を子供の実態に合わせて修正する必要がある。

6年生の個別支援計画にできるだけ明記しておきたい項目

6年生の個別支援計画は中学進学に向けて引き継ぎを意識した内容をしっかりと明記していきたい。

（1）どのような行動が起こり、どのような対応が有効か

中学校の先生方はそこまでの成長を線で見ることができない。問題行動がある場合は、さきほどのABC分析と同じように、「どのような行動が起こるのか」を明記する。さらに「どのように対応すれば良いか」を必ず明記する。

そのまま中学校の先生が読んでも使える形にする。

（2）学習定着状況

これは具体的にテストや学力テストなどの数値をしっかりと明記する。

（3）引き継ぐべき合理的配慮の項目

すでに合意され提供されている合理的配慮について具体的な内容を明記し、確実に引き継げるようにしていく。

教師自身が使うべきスキルをアセスメントする

特別支援教育の支援スキルや対応法は多種多様に存在する。

その中から、担任している子どもに合わせて、どのような支援スキルを用いるかをアセスメントすることが教師の仕事でもある。

しかし、様々な方法を知れば知るほど、次のように感じる先生方も多いはずだ。

「なんであの子は変わらないんだろう」

「成果が出るはずなのに、なかなか成果が出ない」

成果を焦るあまりに、支援する際の声が大きくなったり、口調が強くなったりするようになる。

せっかく学んだ支援スキルもこのようになってしまうと意味をなさない。

まじめに取り組もうとする先生であればあるほど、このループにはまっていってしまうことが多いだろう。

ここで重要なのは、「抜け感」である。

特別支援教育は、なかなか成果がすぐに出にくい。私はそのような場合に次の様な話を紹介している。

「特別支援教育は、漢方薬です。じっくりと効果が出てきます」

教師が対応をしたり、教えたりする。その場ですぐにできるようにはならない。

教えた事が彼らなりの認知経路を辿り、時間をかけて、行動として表出することの方が多い。

「まあ、すぐにできるようにはならないよね」

というスタンスでいると、指導に「抜け感」が生じる。

いい意味での「余裕感」である。

これがあると子供を追いつめなくなる。

発達障がいの子ども達は、「追いつめられる」と教師に対して嫌悪感を抱き反発する様になっていく。教師が良かれと思ってやっていることが、逆に指導や支援の入りにくさを招いてしまう。

さらに発達障がいを持つ子ども達は、とても傷つきやすいことも覚えておかなければならない。

ASD傾向があれば、その傷はトラウマとなり、フラッシュバックを引き起こす事もある。

発達障がいの子ども達の傷つきの原因は様々である。

過剰に叱られたこと、失敗経験、恐怖体験。

これらは、こちらが配慮するだけで防げる。

しかし、前述した様に、「良かれと思ってやっている」ことで発達障がいの子ども達が、傷ついていることに気づいていない先生方はとても多い。

これは熱心になればなるほど、傷口が拡大していってしまう悪循環に陥ってしまう。

「抜け感」が出てくると、対応に余裕が生まれる。

心に余裕があると、子どもの姿からより多くの情報をアセスメントできるようになる。

発達障がいの子ども達はおおらかで温かい大人の支援でこそ様々なスキルを獲得していく。

そして、「どっしりと構えた大人」の安定感によって子供の行動も安定感を増していく。「抜け感」を持ち、絶妙な間で対応する事が発達障がいの子ども達にとって必要な教師の心得の1つでもある。

様々な対応法や指導スキルを余裕を持って使ってほしい。

（小嶋悠紀）

【1学期】特別活動・学級レクリエーション
「パーティー会社」、大活躍！

どの会社（係）もパーティーを企画する

私の学級には、「パーティー会社」という会社（係）がある。文字通り、パーティーを企画する会社である。

では、「パーティー会社」以外は、パーティーを企画することはできないのか。そんなことはない。

むしろ、「パーティー会社」でなくても、積極的にパーティーを企画する。

「自分の会社の活動にかかわることならば、どんな企画をしても良い」

ということを常日頃伝えている。

1学期のうちから、各会社（係）の創意工夫がある企画をどんどん開催していきたい。

「お手軽企画書」を書かせる

どんな会社（係）も企画を実行できるようにするためには、簡単なきっかけが必要である。

私の学級の場合、それは「お手軽企画書」である。

ワードで簡単な企画書のフォーマットを作成し、大量に印刷し、教室に置いておく。企画をしたいと思った子や会社のメンバーは自由に取り、必要事項を書き込み、提出する。

私は、その企画書を読み、時間と場所を確保してあげるだけ。

あとは、子ども達が自由に企画し、当日の実行も基本的にお任せである。

高学年になると、このようにある種任せる部分が多くあった方が、友達同士で成長の糸口を見付けていく。

「企画の具体例」その1　走れメロスパーティー

かざり会社による企画である。かざり会社とは、文字通りかざりを作り、教室を彩る会社だ。

その会社が、かざりを使ったパーティーを企画した。以下、その時の様子である（以下、子どもの日記）。

外で始まった、このパーティー。走れメロスパーティー。「走れ」だから走るらしいが、正直どんなゲームをするのかよくわからないままでのパーティー開始だった。しかし、私は体操着が見当たらず、そのまま…（先生、私の体操着知りませんか？見つけたら、7億円ジャンボチケット差し上げますのでおねがいします……）だが、思いっきりパーティーを楽しみたい私は、初めから仲間入りしている。そして、その勢いで全てに参加することに成功した。

まずは借り他人競走。とにかく人をつれていけばいいらしい。私は風によくない感じで当たりながら、ルートを走った。風と一緒に運ばれる、パチコン玉のような砂が、パーティーを混乱させる。でもそれが逆に面白くさせていた。

何とかカードを取り、パチンコ玉におわれながらもすすむと……「スマホをもっている人」私のカードにそうかかれていた。スマホ！スマホ！一生けん命さけんだら、3～4人がどばどばと手をあげるではないか。こっ……これが近世の現状か……。ずるい!!砂と風にされるがままにされ、スマホの現

> 状を知り、なんだかよく分からないまま競走終了。あっという間に時間がすぎて、最悪と言っていいぐらい（ダメだけど）かこくな体力テストの出番となった。私はそのしかけのすごさにおどろく。目をまわらせおかしくなった後、なわ↓ハードルジャンプとジャンプ続き。その後、災害救助犬のようにあみをくぐり、進行方向がよく分からないまま、お手玉してゴール。先生がやっているのを見たときは面白そう！と思っても、そうあまくもないというギャップ。なんか？これを工夫というのがおかしいのか分からないが、すごい考えられている。
> 　そのすごさに、今となってもおどろいているがそれと同時に思うこともある。ほぼ半分の時間、ずっと目をつぶってたなあーっていうこと。

　正直、かざり会社の作ったかざりは一瞬しか出てこない。それでも、「かざりを活用した企画」ということで実行を許可した。こうした自由度が、子どもを育てるのだと思う。

「企画の具体例」その２　がんばれ日本新聞社パーティー

　新聞会社もパーティーを企画する（以下、子どもの日記）。

> 　GNSP本番。まず、シルエットクイズ。僕はしかけだったから、あまりしっかり見ることができなかった。でも少し教室にもどったタイミングで見た。すごかった。アルバイトの人々がみんなを楽しませ、ホラーゲームじゃないかくらい楽しんでいる人もいた。今まで誰もやったことのないものではあったが、大成功であったとは言えるだろう。アルバイトはすばらしい。次にお化け屋敷。かべはほとんど新聞で作っているから、少し低くなってしまった。でもそんなことを言っていると、終わるわけがないのだ。8時5分～8時35分と8時45分～9時20分の65分だとイスのセットが15分。すずらんテープまきとカーテンの光をおさえることに15分。そこで、新聞はりに25～30分。そして顔から人を読み取るクイズみたいなのに5分。これでピッタリぐらいだ。もしかべを高くするなら、3時間は必要だろう。まぁそういうことで少し先が見えてしまったという反省点が見つかった。その中でもけっこうみんなで楽しんでくれていて、とても安心した。最後に片付けた。片付けは予定では20分と休み時間くらいだった。しかし、15～20分だけで終わった。新聞でかべを作っていたから面倒なことが何もなかったのだ。そのおかげなのだ。後でやった指名なしで～さん（だったかな？）などがそのことに気づいてくれてよかった。おばけやしきも大成功～～!!（イエーイ）次のだれかがやるパーティーのお化け屋敷や迷路でも新聞をぜひおすすめする。そして、新聞社の人にアイデアを聞いてみてほしい。あっ、このパーティーの新聞も用意しなきゃ。

　新聞で作った壁。その壁を使ったお化け屋敷。これも「新聞紙を活用した企画」ということで実行許可。タイムマネジメントなど、企画するから得られる学びが詰まっている。

　このように、どの会社にも、「お手軽企画書」という小さなきっかけを提示し、どんどん自由な企画を認めていく。

　子ども達が小さな関門を乗り越え、できるだけ自由でユニークな企画を展開する。

　1学期からこうした取り組みを積み重ねることで、学級に楽しく伸びやかな風土が作られていく。

（水本和希）

【2学期】特別活動・学級レクリエーション

子どもに自信を持たせる「幸せクラス計画」

幸せクラス計画　これができたら、再加冊!?中学生

冬休みが明ければ、卒業まで一直線。

子ども達をもう一歩成長させ、自信を持たせて卒業させる

卒業前に、ひと仕掛け。ほんの少しの負荷をかけ、「もう一歩成長した姿で中学校に送り出したい」と、担任なら、誰もが願うところであろう。

これにうってつけの学級レクリエーションがある。昔、「幸せ家族計画」という番組があった。家庭の主人が宿題を与えられ、1週間後に宿題をスタジオで披露し、成功したら賞金がもらえるという視聴者参加型アトラクション番組である。

これを教室に取り入れる。

2学期末、頃合いを見計らい、

「先生からのプレゼント、いや、挑戦状かな」

と、子どもたちに、持ち掛ける。

一見、大変そうな挑戦内容を提示する

常日頃から、達成したら自慢できそうな内容を考えておく。

以下に、挑戦メニューの例を紹介する。

①持久走　校庭二〇〇周
②縄跳び前跳び一万回
③縄跳び二重跳び連続三十回
④漢字スキルテスト残り全て満点
⑤計算スキル残り全て満点
⑥百人一首　百首完全暗記
⑦けん玉（飛行機・世界1周・ろうそく各3回挑戦中、1回成功）
⑧日本国憲法前文暗唱
⑨開脚180度
⑩音読「海のいのち」50回
⑪リコーダー「〇〇〇〇」完全演奏　等。

「持久走」や「縄跳前跳び1万回」のように、毎日コツコツと挑戦を続けるものや、テストで満点をとるというように、集中型がある。メニューはクラスの実態に合わせて決めれば良い。

1つ1つ紹介しながら、模造紙に書いていく。後に名前が書き込めるように、余白をとっておくと良い。

「うそ！　そんなの、無理でしょ」

「先生、絶対あり得ない」

などと、メニューが紹介されるたびに、子ども達の思い思いの声が、教室に響く。

と同時に、

「あ、俺、これにしようかな」

などと、選び始めるから不思議だ。

各人、1つ選んで挑戦させる

学校に来る卒業までの残り日数が約70日前後であること、自分の身の丈に合うものをという視点で選ばせると良いだろう。最後には、

「やってよかった、自信がもてた」

というように、教師がもう一歩の成長を願っていることも付け加える。

そういった意味では、かねてから取り組み

たいと考えていたものがある子もいるかもしれない。良い機会であるから、子どもが希望する取組をメニューに加えるのも良いだろう（⑨はその例。ダンスを習っている子が選んだ課題）。

挑戦方法、チェック方法をシステム化する

チェックは、帰りの会で、1人、1日1回までとする。

例えば、百人一首。五色百人一首（東京教育研究所）から各色2首ずつ抜き取って、教師が上の句を言ってやり、下の句を言えたら合格とするなど、時間をかけずにできる方法を考えたい。また、2重跳びやけん玉は、皆の前でやって見せるなどすると、かなり盛り上がる。応援するクラスの仲間とともに一体感も味わえ、合格した際に沸き起こる拍手は、挑戦者に格別の喜びを与えること間違いなしである。

持久走や縄跳び前跳び1万回などは、数字の書かれたカードを配付し、塗りつぶしていくなど、セルフで行うとよいだろう。掲示することで、周りと比較し、自分のモチベーションキープにもつながる。

要は教師が付き合い切れるだけの量とシステムを確立すればよいのである。

おまけの挑戦も認める

達成者が出てくると、自分にもできるんじゃないかという雰囲気が出てくるのもまた、学級で取り組む良さである。友達がやっていて楽しそうなもの、スキルやテストの満点が継続不可となった者などは、新たな取組に挑戦しても良いこととする。挑戦者が多い取組は、盛り上がる。

挑戦内容は時間をかけて決める

自分の身の丈に合ったものの選択は、子どもには意外に難しい。簡単すぎてはつまらないし、成長にもつながらない。1週間ほど試し、変更も可としておく。

模造紙に書き、廊下に掲示する

他クラス・他学年の子の目につくように、各人の挑戦内容を廊下に貼りだす。

貼りだしてしばらくは、

「何だ!?　何だ!?」

と大騒ぎ。

「縄跳び1万回だって。すごくない?」

という声に、挑戦は益々ヒートアップする。

達成者には廊下の模造紙に花をつける

選挙で当選した候補者のように、ピンクの花をつけてあげる。これは、嬉しいらしい。過去、達成した時の、誇らしげな子どものまぶしい笑顔を何回も見てきた。早く自分も花をつけて欲しいと、挑戦はますますヒートアップする。

挑戦内容を学級通信で知らせる

これにより、保護者の力も借りることができる。授業参観の折り、掲示を見て保護者も盛り上がり、懇談会の話題にもなる。

「全員が達成したら、3学期にはパーティーをしよう!」

と、次のイベントにつなげてもよいだろう。

学級レクリエーションが更なる学級レクリエーションを呼ぶ幸せクラス計画。お勧めである。

（佐藤文香）

【3学期】特別活動・学級レクリエーション

年に1度は先生が悪役!?「教師対子どもの豆まき」

年に1度は先生が悪役!?節分を楽しもう

学年末も近い、2月の節分。クラス解散を目前に控えた頃にお勧めの学級レクリエーションを紹介する。

自分の学級経営を再評価し、子どもとの思い出作りをする

1年を振り返ってみよう。教師とて人間だ。理不尽に怒ってしまった日、準備をしないまま授業に臨んでしまった日もあるだろう。

年に1度くらいは、先生が悪役となって、子どものうっ憤晴らしをさせてあげたい。罪滅ぼしである。

教師対子どもの豆まき

まずは、

「今日は、節分。まだまだ寒いけれど、暦の上では春。節分は、心の鬼を取り……」

などと、うんちくを垂れ、教師らしさを存分に味わわせる。

「この1年を振り返ってみると、」

と話をつなげ、

「あの時は、先生としたことが、みんなにかえって迷惑をかけちゃったわね。ごめん」

先生が謝るなんて何事かと、子ども達も固唾をのんで見守る。

「もうすぐ、あなた達も卒業。いよいよ本当のお別れね。先生、このクラスで本当によかったなあ。感謝」

などと言い、幾分しんみりさせるのもポイント。

やんちゃ君には効果がないが、優等生には後々効いてくる大事な伏線だ。

教師が鬼役になる

頃合いを見計らって、一気にトーンを変え、

「今日は、節分の鬼を、な、なんと、先生が引き受けま〜す」

「おぉ〜!」

子ども達の目の輝きが、一瞬にして変わる。やんちゃ君たちは、腕をならして準備をはじめ、優等生たちは、「先生、本当にいいの?大丈夫なの?」と不安気な表情を見せる。

教師が鬼役になることのメリットは多い。

担任へのうっ憤晴らしもさることながら、子ども達同士の結束力が増すこと、特定の誰かがやられてしまったり、ケガをしたりすることも避けられる。

大袈裟に痛がるのも教師の役目

豆を均等に分け与え、さあ、いよいよ、「先生対子ども」の豆まきがスタート。

「きゃぁ〜!」

「やめて〜!」

と、悲鳴を上げる担任。

日頃見ることのない、担任の逃げ惑う姿に、子ども達の興奮はピークに達する。

それでも、気の利く子はいるものだ。さきほどの伏線が効いているのか（効くかどうかは日頃の学級経営次第だが）、

「ちょっと！　○○くん！　あんまりやったら、先生が可愛そうじゃん！」

若干の手加減を子どもなりにしてくれる。

かくして、先生対子どもの豆まき第一回戦は終了となる。

殻付きの落花生を使用する

さて、豆まきの豆であるが、大豆は散らかった後が面倒である。

殻付きの落花生を使うことで、教室に散っても回収しやすく、何度でも使うことができる。また、お家に持ち帰り、食べることもできる。少々値は張るが、子ども達の満足いくたくさんの量を準備してあげたい。

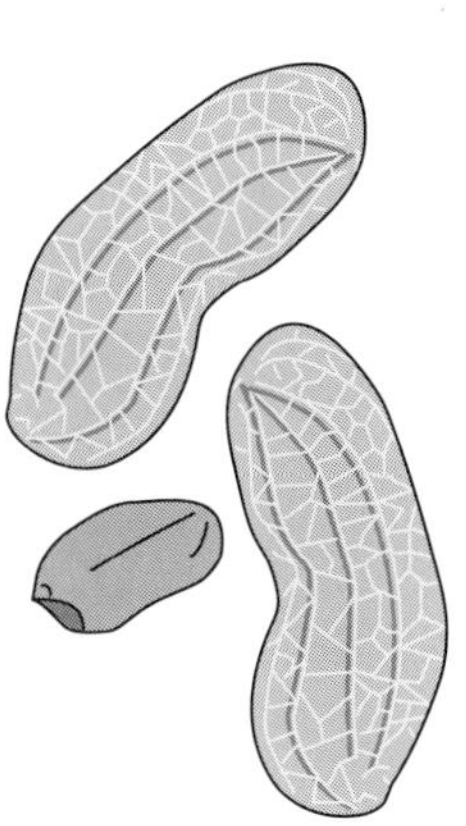

攻守交替

ひとしきり投げさせ満足したら、可愛かった低学年の頃に戻って、お片付け競争だ。

「みなさん、ここからはお片付け競争です」

と1年生の担任の声色で、持ち掛ける。卒業間近の6年生には、これが妙にウケる。

「は～い♪」

などと、1年生顔負けの愛らしい返事を返しながら、自分たちに大笑い。

全ての落花生を回収したところで、しれっとした顔で言う。

「はい、じゃあ、どうも。これ、鬼役の先生が全部いただきます」

「えぇ！　先生、ずるいよ」

「どうして？　だって、先生、痛い思いしたもの」

「先生、欲しい、欲しい、欲しいよ～」

と子どもたち。

「あら、欲しい？　欲しいなら鬼をやらないと」

とニヤリ。

こうしてあおれば、攻守交替はいとも簡単だ。

「やる！　やる！　先生、投げて！」

と教室内は大合唱。

「じゃあ、いくわよ～！」

子ども達は一斉に頭を隠し、防災頭巾を被って机にもぐる。

教師が子どもに当てる際には手加減できる。子ども同士のいざこざに発展する心配もない。やんちゃ君にこの際ピシッと当てておくのも手である。
最後は、均等に落花生を分け、お家に持ち帰るように指示。
食べれらる、投げられる節分。お勧めである。

（佐藤文香）

【1学期】保護者会・配布資料
学習面と友達関係、保護者の2つの心配に応える

学習面について

保護者が心配していることは2つ。1つ目が、学習面。2つ目が友達関係。そのため、この2つを軸とする。

「学習面についてお話します」

「読み、書き、算といいますから、まずは読みについて。話す聞くスキルという教材を使っています。名文、名詩がずらっと並んでいます。こんな風に授業しています」

子供たちが音読しているVTRを流す。長すぎるVTRはいけない。だれる。30秒から1分。役になりきる楽しい音読も見せる。保護者から笑いが起こる。

「書き。うつしまるくんを使っています。うつしまるくんは、名文を写します。写しだけ、と思われる方もいらっしゃるかもしれません。あらゆる芸事は真似から入ります。学ぶは、まねぶからきています。では、そのときのVTRです」

教室がし～んとしている。1つも音が聞こえない。静寂な中、子供たちが視写をしている。これは保護者は驚く。びっくりする。前年度荒れていたクラスならなおさらだ。

このようにVTRには、楽しい場面と静かな場面の両方を見せたほうがよい。

「算は、算数です。授業中に1回は、必ず1回は、教師が丸をつけます。子供たちががんばっているのに、ノートに教師の丸が1つもない、これでは学力は保証できません。時々、保護者の方も、お子さまのノートをご覧ください。定規で線をひく、問題と問題は指2本以上あける、そんな美しいノートになっています」

子供のノートを見せながら話す。要は、

物を用意する

ことが大事だ。教材、子供のノート、VTR。特にVTRが大事である。「先生、今までの懇談会は先生の話ばっかりだったけど、VTRのおかげで、子供の様子がよく分かりました。安心しました」と父親からお礼を言われたこともある。

6年生の特徴

友達関係が保護者の悩みである。

うちの子が友達と仲良くしているか、それとも1人ぼっちなのか、その点を話す。

「思春期は、体の伸び初め、そして伸び終わるまでの時期です。身体だけではなく、心も変わります。4つ。1つめが、夢や憧れを持ち始めます。この夢は、身近な人が影響します。親の仕事だとか、テレビで見ただとか。ですから近い関係に暴走族の仲間がいますと、そちらにあこがれることもあります。2つ目に、価値観が変わります。今まで正しいと思っていたことが、そうではないのかなと思うようになります。3つ目に、心の港をもとめます。何でも受け入れてくれる人です。4つ目に、親友をもとめます。みんなと友達というよりは、たった1人でいいから、この人は大切という仲間をもとめます。ですから、中学年のようにみんなと仲が良いとはなりません。

学校では、1人ぼっち調査をしています。アンケートもしています。友達関係が崩れ、1人ぼっちになってもすぐに発見できるシステムを作っています」

向山洋一氏の「いじめ発見アンケート」を校内に広げておき、システム化しておくことが大事である。

（林健広）

方針を示すことが第一。

方針があるから、保護者は信頼する。

NARAZAKI 04 LIMITED SAZABYS 002
2017.04.10.MON

さらなる峰を目指して！Advance！

昨年，子供たちは，大きく成長しました。

年度末の作文で「算数が楽しくなった」「算数ができるようになった」といったことをつづっている子がたくさんいました。

きっと，一年間様々な成功体験を自分の中に蓄積してきたのでしょう。

一度や二度の成功体験では，このような感想は出てきません。

自覚し，確信しているからこその「楽しい」「できる」です。

次のような思いを綴る子もいました。

「６年生になったら，さらにがんばりたい」

向上心です。

再び担任したいま，私も，子供たちへの向上心を持っています。

昨年の状態からさらに，ワンランクもツーランクもアップさせたい。

学習面では，次のようなことを目論んでいます。

【算数】・計算スキルをさらにみがき上げること。
・説明する作文をすらすら書けるようにする。
・難問・難題を乗り越えるだけの算数総合力をつける。
【国語】・６年間の漢字，完全制覇！
・明晰な意見文・評論文が書けるようにする。
・分析のコードを用いて，物語文を自力で読み取れるようにする。
・指名なし討論をさらにブラッシュアップする。
【社会】・歴史通にする。
・歴史の事件・事象について討論を楽しむ。
・歴史人物についての評論文が書けるようにする。
・ノートまとめをさらに緻密化させる。
ざっとこれだけがすらすら出てきました。

今日は，始業式でした。幸か不幸か，私が担任になってしまいました。

しかし，なったからには，子供にとって価値あることを強引にやります！


６年の学習のポイントを示す。

学校全体で学習用具のきまりを示す。

子供たちに，「日課表」と「学習用具のきまり」を配りました。ラミネートされた保存版です。「学習用具のきまり」は，昨年度と同じですが，年度のはじめですので，再度確認させます。学習用具は，学力向上の基盤です。「５年生のときの学習用具で足らないもの，壊れたものをそろえなさい」と告げています。ご理解とご協力のほどお願いいたします。

楢崎小６年生 学習用具のきまり

■　学校は，勉強をするところです。
■　授業で困らないように，学習用具をそろえましょう。
■　学習に必要な物だけを持って来ます。
■　持ち物には，必ず名前を書きましょう。

筆箱の中

★　そろったら，□をぬりつぶしましょう。
☆　筆箱の中に入れるのはこれだけです。

□	削った鉛筆（B～4B）5本
□	削った赤鉛筆　1～2本
□	ミニ定規（10～15センチ）
□	消しゴム1個
□	ネームペン（油性）1本

シャープペンシルは学校にもって来ません。シャープペンシルは，芯が細いので文字が薄く読みにくいので小学校の学習には適していません。また，折れやすいので授業中そちらに神経が行って勉強に集中できなくなります。

道具ぶくろの中

★　そろったら，□をぬりつぶしましょう。

□	セロハンテープ	□	三角定規
□	ホチキス	□	分度器
□	はさみ	□	コンパス
□	スティックのり	□	色鉛筆
□	ティッシュ	□	色ペン

★　道具ぶくろは机の横にかけていつでも使えるようにしておきましょう。

その他

★　そろったら，□をぬりつぶしましょう。

□	下じき	□	自由帳

★　自由帳は，ノートを忘れたとき，代わりに使います。次の日，必ず

学習道具は、
学力の土台となる。

【2学期】保護者会・配布資料

もし、万引きをしたら……子どものトラブル対応

学習面について

2学期の懇談会は、だいたい9月にある。夏休み明けであるから、学習のルールを再度、お願いする。特に学習道具。

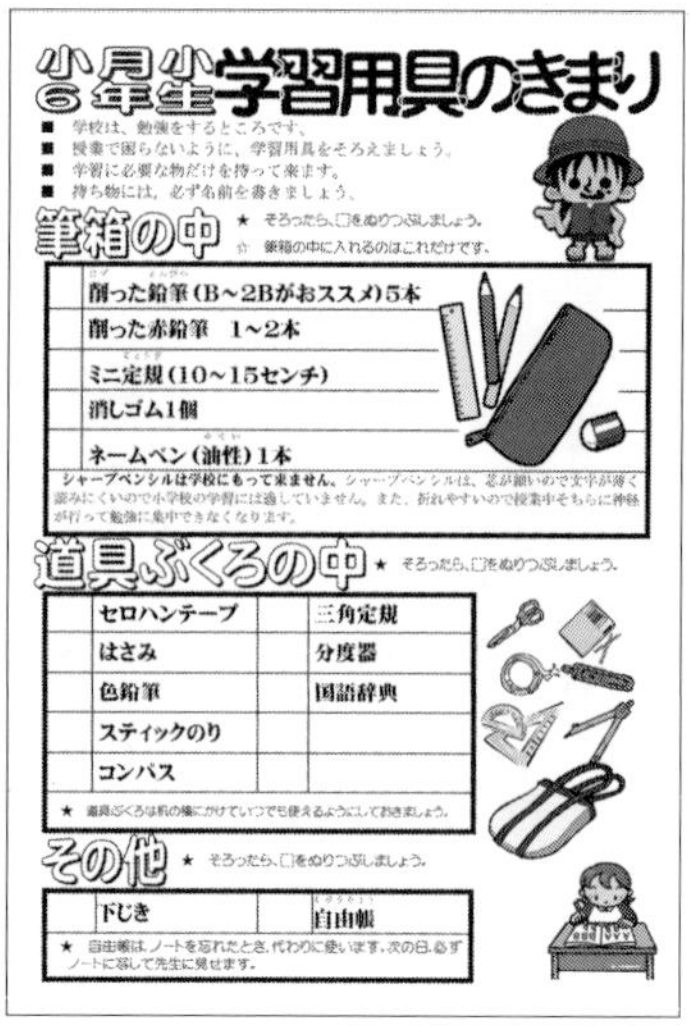

小月小6年生学習用具のきまり

■ 学校は、勉強をするところです。
■ 授業で困らないように、学習用具をそろえましょう。
■ 学習に必要な物だけを持って来ます。
■ 持ち物には、必ず名前を書きましょう。

筆箱の中　★ そろったら、□をぬりつぶしましょう。☆ 筆箱の中に入れるのはこれだけです。

	削った鉛筆（B～2Bがおススメ）5本
	削った赤鉛筆　1～2本
	ミニ定規（10～15センチ）
	消しゴム1個
	ネームペン（油性）1本

シャープペンシルは学校にもって来ません。シャープペンシルは、芯が細いので文字が薄く読みにくいので小学校の学習には適していません。また、折れやすいので授業中そちらに神経が行って勉強に集中できなくなります。

道具ぶくろの中　★ そろったら、□をぬりつぶしましょう。

	セロハンテープ		三角定規
	はさみ		分度器
	色鉛筆		国語辞典
	スティックのり		
	コンパス		

★ 道具ぶくろは机の横にかけていつでも使えるようにしておきましょう。

その他　★ そろったら、□をぬりつぶしましょう。

	下じき		自由帳

★ 自由帳は、ノートを忘れたとき、代わりに使います。次の日、必ずノートに写して先生に見せます。

右のテンプレートは、河田孝文氏が作成したものである。私は4月、そして9月に通信に、そして懇談会で配布している。学習の土台は、学習道具である。そのことを懇談会でもお願いする。2学期であるから、1学期の様々なドラマも紹介する。「クラス全員が漢字テストで100点をとりました」。100点で喜んでいる子供たちの様子をVTRで見せる。漢字テストを持ち、大喜びしている。その様子だけで、保護者も納得する。

「漢字は指書きが命です。いきなり鉛筆をもたせず、まずは指で漢字を覚えます」。漢字だけではない。逆上がりができるようになったこと、算数で100点が増えていること、図工の自画像が上手に描けたことなど、1学期に成長した様子を、VTRに撮り、見せるとよい。授業だけでなく、昼休み皆で楽しそうに遊んでいる場面、掃除を静かにがんばっている場面、給食を仲よく食べている場面も好評である。

6年生の特徴

万引きの話も毎年する。TOSS代表向山洋一氏の追試である。

「私が勤務していた学校でのことですが。6年生のお子さんです。非常に真面目で、クラスで一番優秀というような子でした。

その子が万引きをしたのです。保護者が言うのです。『うちの子に限って』と。どの子も万引きする可能性はやはりあります。

万引きには3つのステップがあります。初めは男子はおもちゃとか、女子は文房具などを盗みます。ここで見つかればいいのですが、見つからないとまた万引きをしてしまいます。だんだんと万引きしたものが増えていきます。買ったおぼえがないものが、わが子の部屋で見つかるようになったら、可能性があります。

ここから2つ目のステップです。物が増えますので、友達にあげるのです。ですから、『花子さんからもらった！』と聞いたら、念のため、花子さんのお母さんに電話したほうがいいですね。『文房具をもらったそうで、ありがとうございます』と。保護者同士のつながりが大切です。

3つ目のステップとなると、お金などを盗むようになります」

万が一、万引きをした場合の、対応も話す。

①厳しく、親が叱ること。
②お店に、保護者が頭を下げに行くこと。万引きした物のお金は、子供のおこづかいで払うこと。
③厳しく注意したら、後は2度と子供に万引きのことを言わないこと。

思春期に向かう子供の保護者に対して、このようなトラブル対応を話すと、好評である。

（林健広）

行事を前もって知らせることが大事です。

○○小6年

懇談会　資料

始まるときには長いと思っていた夏休みもあっという間に終わり，小月小学校に子供たちの元気な声が戻ってきました。夏休みはご家族で楽しく過ごされたでしょうか。プールや海で泳いだり，花火をしたり，1日中外で遊んだり…と，子供たちは，長期休業中ならではの経験ができたことでしょうね。

さて今日から２学期です。２学期は授業日数が７７日と，１年間の中で最も長い学期になります。修学旅行など行事も盛りだくさんです。これらの行事はもちろんのこと，一日一日，一時間一時間を大切にし，学びを積み重ねていくことができるようにがんばっていきましょう！

◆9月の行事予定◆

１日（金）	始業式　大掃除	
４日（月）	成長測定	
５日（火）	委員会活動　集金日①	
６日（水）	集金日②	
１１日（月）	代表委員会	
１９日（火）	観劇会	
２４日（日）	日曜参観日	
２８日（木）	修学旅行	
２９日（金）	修学旅行	

◆2学期　主な行事◆

１０月１２日（木）	下関市体育大会
１０月２５日（水）	学力定着状況確認問題
１１月　７日（木）	東部中見学会
１１月２４日（金）	劇団四季　観劇 ※６年生のみ ※下関市民館にて
１１月２５日（土）	フリー参観日
１２月　７日（木）	持久走記録会
１２月２０日（水）	個人懇談①
１２月２１日（木）	個人懇談②
１２月２２日（金）	終業式　給食終了

◆9月の学習予定◆

国語	意見を聞き合って考えを深め，意見文を書こう
社会	町人の文化と新しい学問 明治の国づくりを進めた人々
算数	図形の拡大と縮小
理科	てこのしくみとはたらき
音楽	和音の美しさを味わおう
図工	読書感想画
家庭	快適な住まい方や着方をしよう
体育	ハードル走　走り高跳び
外国語	道案内をしよう
道徳	命の尊さ　自然との触れ合い 伝統文化を受け継いで
総合	戦争と平和・歴史

◆下関市体育大会について◆

１０月１２日（木），下関市陸上競技場で下関市体育大会があります。６年生の選抜された選手が出場します。競技は①１００m走②６０mハードル走③走り幅跳び④走り高跳び⑤ソフトボール投げ⑥１０００m走⑦４００mリレーがあります。選手は放課後に練習があります。選手に選ばれた児童にプリントを，後日配布します。

学習道具の決まりを守りましょう。裏に書いています。

学習進度も大事です。進度は早いくらいがちょうどいいです。

学校全体で学習用具のきまりを示す。

子供たちに，「日課表」と「学習用具のきまり」を配りました。ラミネートされた保存版です。「学習用具のきまり」は，昨年度と同じですが，年度のはじめですので，再度確認させます。学習用具は，学力向上の基盤です。「５年生のときの学習用具で足らないもの，壊れたものをそろえなさい」と告げています。ご理解とご協力のほどお願いいたします。

楢崎小6年生学習用具のきまり

- ■ 学校は，勉強をするところです。
- ■ 授業で困らないように，学習用具をそろえましょう。
- ■ 学習に必要な物だけを持って来ます。
- ■ 持ち物には，必ず名前を書きましょう。

筆箱の中

★ そろったら，□をぬりつぶしましょう。
☆ 筆箱の中に入れるのはこれだけです。

□	削った鉛筆（B～4B）5本
□	削った赤鉛筆　1～2本
□	ミニ定規（10～15センチ）
□	消しゴム1個
□	ネームペン（油性）1本

シャープペンシルは学校にもって来ません。シャープペンシルは，芯が細いので文字が薄く読みにくいので小学校の学習には適していません。また，折れやすいので授業中そちらに神経が行って勉強に集中できなくなります。

道具ぶくろの中

★ そろったら，□をぬりつぶしましょう。

□	セロハンテープ	□	三角定規
□	ホチキス	□	分度器
□	はさみ	□	コンパス
□	スティックのり	□	色鉛筆
□	ティッシュ	□	色ペン

★ 道具ぶくろは机の横にかけていつでも使えるようにしておきましょう。

その他

★ そろったら，□をぬりつぶしましょう。

□	下じき	□	自由帳

★ 自由帳は，ノートを忘れたとき，代わりに使います。次の日，必ず

学習道具は、学力の土台となる。

【3学期】保護者会・配布資料　3学期の学級懇談で伝える「中学に向けて」の準備

学習面について

6年生の3学期。中学校へ向かう頃であるから、中学校に向けてのことを話す。

「中学校へ向かいますから、まずは学習時間が大事です。学年×10分です。60分、自分の机につくことが大切です。本を読むことでもいいのです。机につく習慣がついているかどうかが大事です。机につけない子は、学習が苦手ではないのです。机につく筋肉が不足しているのです。ですから、机について学習することが大切です。この習慣が身につくには、数日では、無理です。数か月では無理です。数年かかります」

「2つ目に、学習方法です。自分で勉強していく、その方法が大切です。例えば、算数では、教科書チェックをしています。

正解した問題は、斜め線を入れます。間違った問題には、チェック線を入れます。家に帰ってから、間違った問題だけを、もう1度ノートにさせています。このように学習方法を身につけたお子さんは、伸びていきます。学習内容も大事ですが、学習方法を身につけるほうが大事です。学習方法を身につけたお子さんは、自分からどんどん学んでいくからです」

(1)　次のかけざんをしましょう。
2×3　　3×3
✓(2)　次のかけ算をしましょう。
4×4　　5×5
✓✓(3)　次のたし算をしましょう。

参考書や問題集の話もする。

「おすすめは、薄い問題集です。せっかくだからと厚い問題集を買う人もいますが、薄い方がいいです。厚いと途中で力尽きてしまいますから」

「薄い問題集を、1回します。もちろん、先ほどの教科書チェックをして。1回目で力はつきません。できる問題とできない問題を分けるだけです。2回目でできなかった問題だけを解きます。ここで、力がつきます」

「もう1つ大事なことは、答えが充実している問題集です。答えだけが書いているのではなく、途中の計算などが書いてある答えがよいです」

こうした中学に向けた学習を話すと、保護者が喜ぶ。もちろん、1学期、2学期の懇談と同じように、ＶＴＲを用意する。学習面、生活面のＶＴＲだ。保護者は教師の長い話よりも、子供の様子が分かる話のほうが喜ぶ。

中学に向けての準備物

3学期の学級懇談であるから、卒業式の服装や日程は必ず伝える。

「靴下は白色です」

「2月の終わりから、体育館で練習を始めます。体育館は寒いです。ジャンパーなどは練習のときは着ることができません。下に温かい服などを着せてください」

「当日、卒業式の朝は、いつもどおりの時間に登校です」

このように必要な服や、大事な情報を話す。中学の春休み1日入学の話もする。

①時間
②場所
③必要な物

を、必ず話す。勤務校では、この1日入学の日に、校服やシューズを保護者が購入する。大事な日となる。

であるからこそ、事前に話しておく。早めの連絡は大事だ。遅い連絡はいけない。

（林健広）

〇〇小6年

懇談会　資料

あけましておめでとうございます。本年もよろしくお願いします。

いよいよ小学校生活の最後の学期となりました。学校に来る日は今日を入れて残り49日です。1月は「行く」、2月は「逃げる」、3月は「去る」というように時間はあっという間に過ぎていきます。

私たち担任の願いは、卒業式のときに「小学校生活、楽しかった！！」と子供たちが言えるように過ごすこと、これだけです。57人全員にとって楽しく思い出に残る3学期になるように、学習や生活、友達とのかかわりなどを日々ふり返りながら、卒業に向けて一日一日を大切に過ごしていきたいと思います。

行事を前もって知らせることが大事です。

1月の行事予定

10日（火）	始業式　大掃除	
11日（水）	給食開始	
12日（木）	集金日①　書き初め大会	
13日（金）	集金日②	
16日（月）	委員会活動	
17日（火）	避難訓練	
24日（火）	研修会　下校14：40	
26日（木）	1日フリー参観日 午後…情報モラル講座	
27日（金）	租税教室	
30日（月）	代表委員会	

1月の学習予定

国語	筆者の考えをとらえ、自分の考えと比べて書こう 随筆を書こう
社会	子育て支援の願いを実現する政治 震災復興の願いを実現する政治 国の政治のしくみ
算数	場合を順序よく整理して 見積もり・割合を使って
理科	電気と私たちの生活
音楽	日本と世界の音楽に親しもう
図工	思いを版画に表そう
家庭	冬を明るく暖かく
体育	とび箱運動　バスケットボール
外国語	"What time do you get up?"
道徳	生活習慣の大切さ　感謝の心 働くということ
総合	卒業に向けて

1月の集金

6500円です。集金日は12日～13日です。おつりのないようにお願いします。

【お知らせとお願い】

〇書き初め大会について

1月12日（木）に5・6年合同で書き初め大会を行います。体育館で行いますので、防寒着を持たせていただけるとありがたいです。また、必要に応じて座布団などの準備もお願いします。

〇1日フリー参観日について

1月26日（木）はフリー参観日です。午後から、ネットやスマホの使い方などについての情報モラル講座を行います。ぜひぜひご参加ください。会場は音楽室です。

【児童対象】14：10～14：55　講師　ネットアドバイザー

【保護者対象】15：00～15：30　　〇〇　〇〇先生

学習進度も大事です。進度は早いくらいがちょうどいいです。

懇談会資料3月

春休みのくらしについて

中学校に入学するまでは、〇〇小学校の児童として、学校から配布された「春休みのくらし」をもとに、安全で規則正しい生活を送りましょう。

☆ 学習

〇　〇〇中から春休みの宿題が出ています。自分で丸付けをして、中学校で担任の先生の指示があり次第、提出してください。

〇　小学校で使用した教科書類は、すぐに処分せず、保管しておきましょう。小学校での学習を振り返るのに使います。

☆ 生活

〇　気候がよくなり、交通事故やけがなどの多くなる季節でもあります。交通ルールを守り、危険な遊びをしないようにしましょう。また、〇〇県内で不審者事案が多く発生しています。一人で遊ばないようにしましょう。

〇　規則正しい生活をしましょう。早寝早起き朝ごはんを心がけて。（一人で起きられるように）

その他お知らせとお願い

・学年末会計報告書を配布しましたのでご確認ください。1年間、ご協力ありがとうございました。

・卒業アルバムを渡しました。落丁等のご確認をお願いします。

☆〇〇中学校予備入学　3月23日（木）

8：40　受付
9：00　開始
10：30　終了予定

・服　装　小学校の校服
・持ち物　筆記用具、上履き、入学通知書、大きくて丈夫な袋等

中学校からのお便りを確認しましょう！！

連絡は早くすることが大事です。

☆先生とのお別れ式

3月30日（木）
12：40　登校
13：00
～　お別れ式
13：30
14：00　下校

・服装　小学校の校服

また会いましょう！！

行事には、日にち、時間が必須です。

4月

国語　「カレーライス」物語文の対比構造を指導する

教材解釈のポイントと指導計画

「カレーライス」重松清（光村図書）の授業である。

「カレーライス」を通して、ひろしの心情や父と子の関係を読み解いていく（全6時間）。

第1時　音読。意味調べ。
第2時　登場人物・時・場所を確認する。
第3時　場面を要約する。
第4時　作品中の対比を捉える。
第5時　「ひろしの気持ちが、すっきりしたのはどこか」を検討する。
第6時　主題を検討する。

授業の流れのアウトライン

第3時の授業では、主役のひろしで終わるように20字程度でまとめる。

①あやまらないひろし。
②お父さんと話さないひろし。
③すなおになれないひろし。
④悲しくなったひろし。
⑤あやまる練習をするひろし。
⑥カレーを作ろうとするひろし。

> 作品に出てくる対比をできるだけたくさんあげなさい。

「ひろしとお父さん」と「甘口と中辛」「ゲームとカレーライス」など、子どもから意見が出てくる。

この中から、一番を決める討論を行う。私のクラスでは、題名が「カレーライス」であることから、「甘口と中辛」の意見が多かった。

> 「甘口」と「中辛」それぞれ、何を表していますか。

主題を考える前に、1つのステップとして発問を入れる。

「甘口」は、子どもを表し、「中辛」は、大人を表していると考えることができる。

お父さんの言葉で「そうかあ、ひろしも『中辛』なのかあ。そうか。そうか」という部分がある。

甘口から中辛からへの味覚の変化から、ひろしの成長を感じていることがわかる。

第6時では、主題を検討する。主題とは、「お話が伝えたかったこと」である。例えば、「ウサギとカメ」では、「油断大敵」となる。「狼少年」では、「嘘はいけない」になる。「カレーライス」では、「子どもは、喧嘩しながら成長する」「何かを通して仲直りできる」などの意見が子どもから出された。

学習困難状況への対応と予防の布石

第5時「ひろしの気持ちが、すっきりしたのはどこか」の授業である。自分の考えを書くことが苦手な子がいる。その子には、お手本を示し、写させる。

> ぼくは、教科書25ページの10行目だと、考えます。「でも」と書いてあるあとに、「うれしくなってきた」と書いてあります。すねていたひろしが、「うれしくなった」とは、他の場面では、書かれていないからです。だから、教科書25ページの10行目だと、考えました。

（徳永剛）

4月

社会　投票所の工夫を見つけよう

投票所の写真から

教科書や資料集から「投票所」の写真を提示する。

> 写真を見て、わかったこと、気付いたこと、思ったことをできるだけたくさんノートに箇条書きにしなさい。

「監視している人がいる」「人に見られないように用紙を書くところがある」「↓で行く場所が書かれてある」等、多数出るだろう。

> ①選挙は何時から何時までですか。
> ②開始時刻と終了時刻はどの時計で決めているのですか。
> ア　会場の時計　イ　係の人の腕時計
> ウ　電話の時報　エ　その他

最近の選挙は大体午前7時から午後8時くらいまでである。

②の問題は理由も書かせる。「その他」はどの時計かも書かせ、その後、それぞれ発表させる。

> おかしい意見を発表しなさい。

これで討論になる。「全員に見えた方がいいから会場の時計」や「電話の時報に会場の時計を合わせるだろう」「電波時計を置くだろう」等様々出るだろう。

> ヒントです。

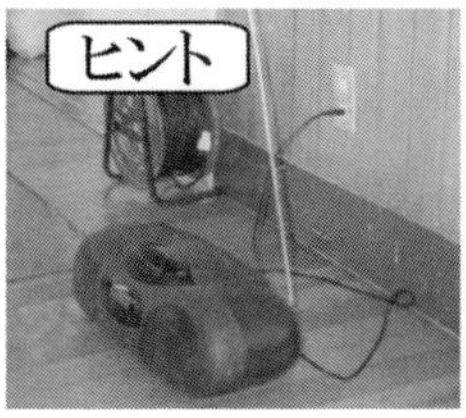

ラジカセの写真を提示する。

少し前までは全国中、全ての人が同時刻に聞こえる理由からNHKラジオの時報で決めていた。

現在は、電波時計が普及したので多くの会場は「電波時計」で決めている。

> 選挙会場、先着2名はあることができます。何ができるのでしょうか。

「特典がある」「景品がもらえる」等様々出るだろう。

先着2名は、「投票箱に何も入っていないか確認する」ことができる。「零票確認」と言う。最初に不正な票が入っていないかを確認するのである。

これもまた選挙の工夫である。

> 写真や教科書・資料集から、他にも選挙の工夫を見つけて箇条書きにしなさい。

友達と見比べ対話しながらやる。

> 18歳以上投票に賛成・反対？

こうした意見も簡単に交流して、授業を終了する。

（川原雅樹）

4月

算数 「対称な図形の理解」対話で深める

ただの暗記、「当てっこ」では理解できない

下記のような問題のとき、機械的に暗記させるだけでは理解が深まらない。また、「○だった！」「×だった！」という「当てっこ」の授業を見たことがある。「活動あっても学びなし」の授業である。

問題：平行四辺形、ひし形、長方形、正方形の４つの四角形は、線対称な図形か、点対称な図形かを調べて、表にまとめましょう。

	線対称	対称の軸の数	点対称
平行四辺形	×	0	○
菱形			
長方形			
正方形			

【本時の対話的活動】
平行四辺形は線対称な図形ですか？
（違います。なぜなら、対称の軸が０本だからです）
平行四辺形は点対称な図形ですか？
（そうです。なぜなら、180度回転させても同じ形になるからです）

子供たちとのやりとりを通して、対話の「型」をつくる

発問１：平行四辺形は、線対称のところに × がついています。これは何を表していますか。
（平行四辺形は線対称ではない、ということです）

平行四辺形

発問２：その理由が表にあります。どれですか。（対称の軸が０とあることです）
指示１：今の２つのことを、説明してごらん。
（平行四辺形は線対称な図形ではありません。なぜなら、対称の軸が０本だからです）
発問３：点対称のところには○がついているね。これは何を表している？
（平行四辺形は点対称である、ということです）
発問４：点対称はどういう図形ですか。（1つの点を中心に180度回転させても同じ形になる図形）
指示２：今の２つのことを、説明してごらん。
（平行四辺形は点対称です。なぜなら、180度回転させても同じ形になるからです）

「変化のある繰り返し」と「対話」で深い学びを得る

他の図形も調べながら、「型」をもとにして説明させていく。「変化のある繰り返し」である。また、この後の時間では、正多角形についても対称の図形かどうかを調べる学習がある。そのときも同じように説明させ、対話をさせていくことで、子どもたちは単なる暗記ではなく意味まで踏み込んだ、深い学びを得ることができる。

（梅沢貴史）

4月

理科　物の燃え方と空気

燃焼の仕組みについて、空気の変化に着目して、物の燃え方を多面的に調べ、空気の入れ替わりと関連づけて捉えるようにする。

ペットボトルで実験する

空気の入れ替わりとろうそくの燃え方の実験でペットボトルを使用する。容器に穴をあけることが容易で、色々な考えを試すことができる。上部が熱で変形することもあるが、実験には支障ない。児童に 500mL のペットボトルを１人１本ずつふた付きで用意させ、底を切り取る。お茶のものだと、底部にくぼみがあり、切り取りやすい。けが防止のために教師がカッターで切る。ペットボトルカッターだと作業は楽である。

穴の開け方を工夫して実験させる

以下のような発問で考えさせる。

> ふたをしめたペットボトルを火のついたろうそくにかぶせると炎はどうなりますか。

【予想される児童の考え】
①消える。
②しばらく燃えても、いつかは消える。

実際にやってみせると、炎は徐々に小さくなり、消えていく。

> 炎が燃え続けるようにします。ペットボトルや粘土にどんな工夫をすればいいですか。

【予想される児童の考え】
①粘土を削って穴を開ける。
②容器に穴を開ける。
③四角い大きな穴を開ける。

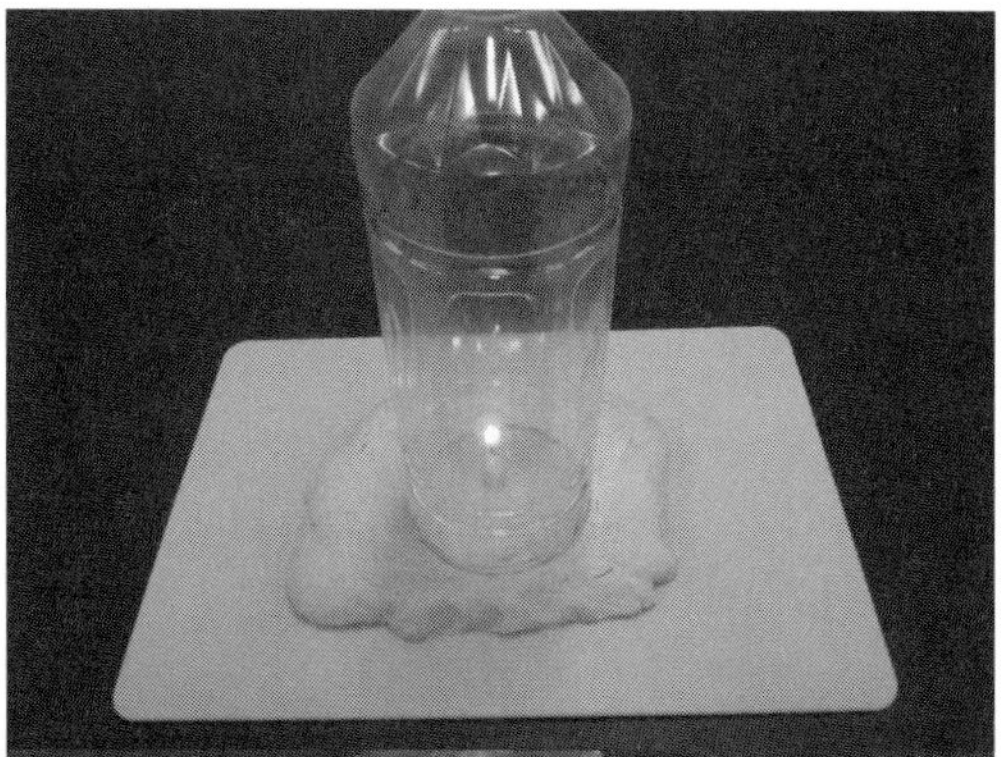

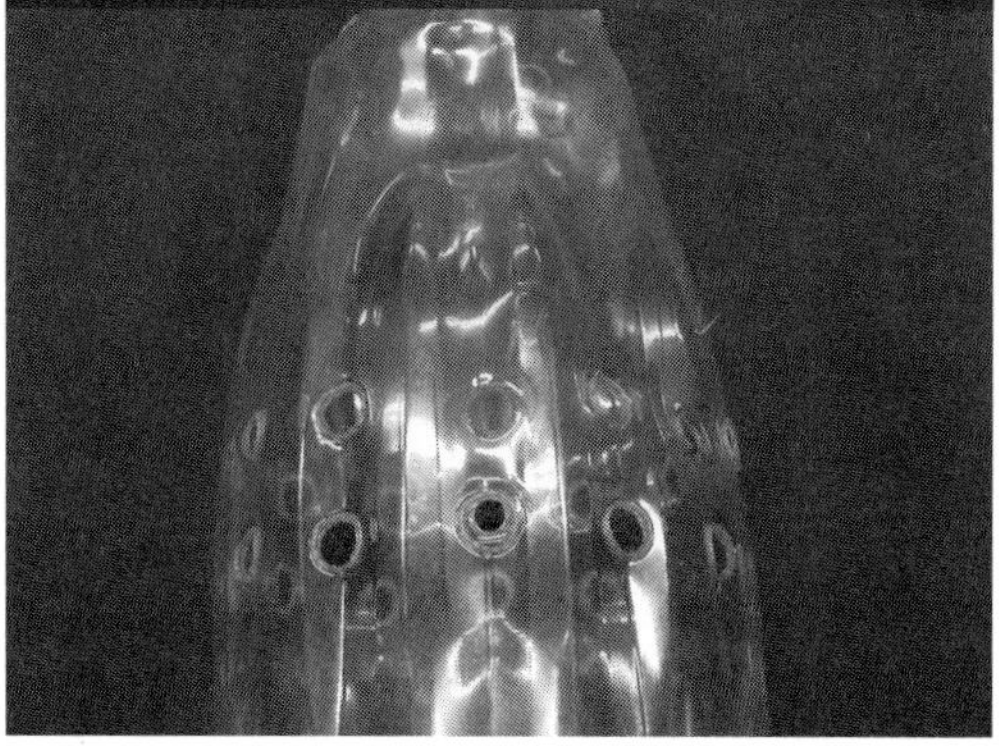

各自の考えを班でまとめ、どの方法が良いか、実験させる。考えた実験方法を班の中で分担し、次々に行わせる。穴は教師がはんだごてを使って開ける。穴をどの部分に、最初に何個開けるのかも考えさせる。はんだごてを使えば簡単に穴を開けることができる。ビニルテープや粘土でふさぐこともできる。実験するときに、空気の流れを確認するために線香を使う。

様々な条件で試すことで、炎が燃え続ける場合と消えてしまう場合があることが分かる。実験結果はＡ４などの用紙を用意し、１枚に１つずつ書かせる。似た実験を分類し、燃え続ける場合と消えてしまう場合の違いを次の時間に検討させる。このような実験で、燃え続ける場合は空気の出入りがあり、消えてしまう場合は出入りがないことが分かる。　（間英法）

音楽　1年間を決める歌唱指導　「つばさをください」

プラチナの１時間

授業開きは、１年間で最も重要な１時間だ。耳慣れた曲『つばさをください』（山上路夫作詞・村井邦彦作曲・加賀清孝編曲）を教材として、「１年間を決める歌唱指導」を始める。

主体的に音楽に関わる態度を養うためには、趣意説明が必要だ。

> 【プラチナの１時間で伝えること：趣意説明】
> 「最高学年として、最高の表現を目指します。そのための力を磨き上げていく１年間です。卒業式で、体育館中に歌声を響かせることができるよう、今日から始めます」

斉唱の仕上げ方は、曲想を感じ取り表現を工夫するとはどういうことか、ちょこっとハモリを積み重ねて合唱に仕上げていく手順は、など、今後子供たちだけでもどんどん進めていけるよう歌唱指導の型を示してできるようにしていく。

第１時　斉唱の仕上げ方

指示「『つばさをください』歌います」

範唱（CD）を聴いて、まねして、歌えるようにする。視唱できる力を持っていたとしても、まずは楽譜を見せず、聴かせることから始める。

指示「自分の場所を取ります」

自分の状態を判断し、歌う場所を決めさせる。判断基準を示してやると、動きやすい。

【判断基準】

①１人で歌う自信がない子

スピーカーの傍で旋律に耳を傾ける。

②だいたい歌える子

教室の真ん中あたりで、覚えて歌えるようになることを目指す。楽譜は見ても良い。

③覚えて歌える子

教室後方より前方に向かって歌う。まだ十分に歌えない子たちへの応援歌になる。

第２時　曲想を感じ取る

発問「曲の感じが、がらっと変わるところは？」

曲の前半・後半で、曲想ががらっと変わる。すぐにわかる。

指示「歌い方の工夫をします」

曲想を感じ取り、歌い方の工夫につなぐ。

歌い込むうちに、曲想を生かすにはどんな歌い方ができるか見つけていく。友達が歌うのを聴き、自分の表現や思いと比較し、その良さに気付いて歌い方を修正していく。

【工夫を言葉にしてみる：例】

「前半は、なめらかな感じがする。ひとつひとつの言葉や長く伸ばす音を丁寧に歌いたい」

「後半は、一気に音が高くなって、弾む感じがする。大空に飛び立つようだ。細かいリズムと長く伸ばす音の対比で、より一層弾む感じを出していきたい」など。

第３時　ちょこっとハモリ

指示「『♪ゆきたい』のところをハモります」

短いフレーズに限定して、ちょこっとハモリを体験させる。

①全員でアルトパートを歌えるようにする。

②教師がソプラノパートを歌う。

③徐々にソプラノパートを増やしていく。

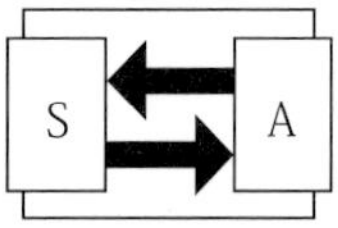

最初は、右図のように、教室の両端にそれぞれのパートが陣取って歌い合わせる。互いの声を聴き合う余裕ができてきたら、近寄り、混じり合って歌いハモりのおもしろさを体験する。

（中越正美）

4月

図画・工作　「ふきのとう」で線描と色ぬりを

線描と彩色の基本を指導したい。「かたつむりの線」と「一発彩色法」である。

『かたつむりの線』とは、かたつむりが這うようにゆっくりと描く長〜い線のことである。線描の基本の1つである。

「一発彩色法」とは絵の具をぬるときには、1度で色をつけることである。そうすることで水彩絵の具の鮮やかな色彩を表現できる。この2つを明確に指導したい。

春を表現することを狙って、「ふきのとう」の絵を描くことで指導していく。

まずは、じっくり観察させる。そして、「真ん中に花がたくさん咲いていますね」と確認して、「1つ1つ同じように見えて、すべて違います。一番の違いは向きです。あっちに向いたり、こっちに向いたりしています」「その中で1つだけ、一番自分の方を向いている花を選びなさい」と指示をして、その1つだけを描かせる（写真1）。

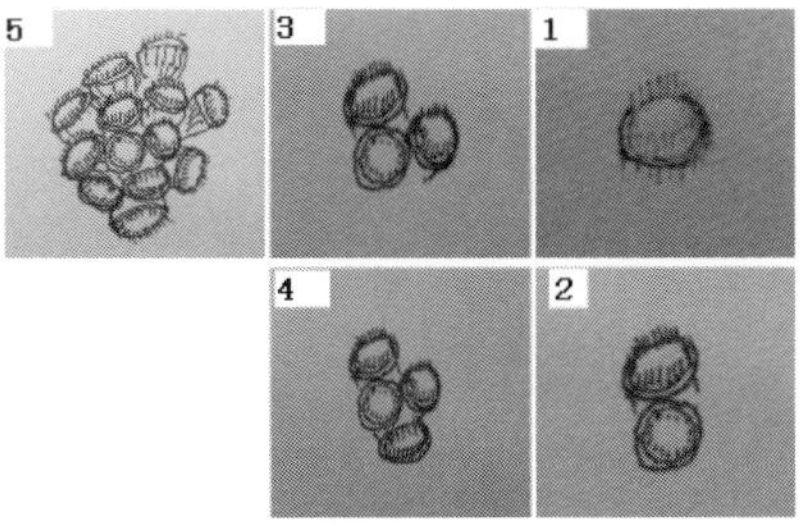
1　2　3　4　5

1つできたら、その隣に1つ描く（写真2）。できたらその隣に1つ(写真3)。それができたら、また1つ隣に（写真4）……また1つ隣に……と花を描いていく。それを繰り返していくと、中心の花ができあがる（写真5）。

次に葉っぱを描いていく。葉っぱを描くときこそかたつむりの線を意識させる。

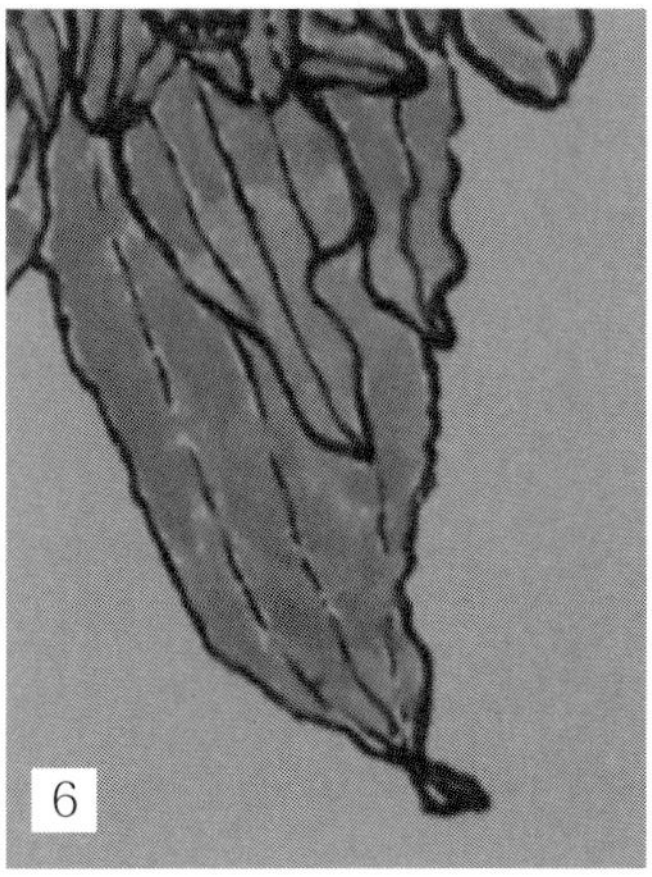
6

写真6のように、ゆっくりと長い線で描くと、粗雑さがなくなってくる。さらに、葉っぱの裏側の描き方も指導をする（写真7）と全体に動きが出てくる。

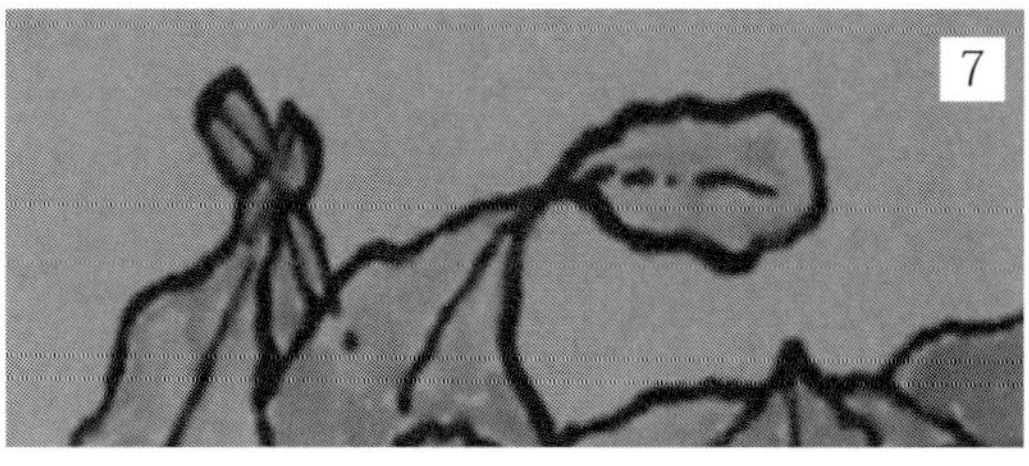
7

線描ができたら、彩色である。パレットに、3種類の黄緑色を作る。水の量で絵の具の濃さを変えていく。「薄く」「中くらい」「濃いめ」の3つである。それぞれ、専用の筆を交換しながら、交互に色をつけていく。一発で彩色を完了させる。決して2度塗りをしないことである。

最後に、簡単に詩を描き入れて、記名ができれば完成である。鑑賞会を行えば、作品の良さを共有できる。色の鮮やかさと線描の確かな作品ができあがる。

（廣川徹）

4月

家庭科　ゆとりのある朝の時間を過ごすアイデアを共有する

1. 自分の生活時間を調べ、可視化する

子ども達の毎日は忙しい。しかし、自分がどのような時間の使い方をしているか、意識している子は少ない。「家族と一緒の時間があるか」「自分にできる家庭の仕事をしているか」という視点で、時間の使い方を振り返る。

「平日」と「休日」の生活時間の両方を、時刻を軸に取った表に書き込ませる。

子ども達から、「平日の朝は、部活の練習もあり忙しい」「休日はゆっくり寝ていられる」「休日は勉強する時間が分散している」「休日は多くの時間をゲームに費やしている」「どちらの日も、家族と過ごす時間は、あまりない」などの気づきが出された。

2. ゆとりのある朝を過ごすアイデアを出し合う

生活時間の使い方を見直し、課題となる「家族と一緒に過ごす時間を増やす」「ゆとりのある朝を過ごす」工夫を考えさせる（本稿では後者のみ取り上げる)。

> 忙しい朝を少しでも、ゆとりをもって過ごせるアイデアを出し合います。

先にノートに書かせ、発表させる。1 つアイデアが出たら、「同じように考えた人？」「付け足しがある人？」と投げかけて、アイデアを広げさせる。

はじめは「余裕をもって家を出る」のような抽象的な意見が、次第に「次の日の持ち物を前の日に用意しておく」「遅くまで起きていないで、早く寝る」「起こされたら２度寝しないで起きる」などの具体的なものに変わっていった。自分の意見をうなずいて聞いてもらえたり、賛同の挙手をしてもらえたりするのはうれしいものだ。

「宿題が終わらなかったら、早く寝られません」「自分には、（そのアイデアは）できません」という意見を出す子もいる。その時には次のように教える。

> 自分が考えていなかったアイデアを友達が出してくれることがあるでしょう。「やってみようかな」「自分ができそうだな」と思ったら取り入れてみるといいですね。「自分にはできないな」と思うアイデアもあるでしょう。「そういう考えもあるんだな」と思って、発表した人を尊重して聞けばいいのですよ。

家庭生活をよりよくするためのアイデアはたくさんある。友だちの意見を批判的に聞くのではなく、「それはおもしろいな」「やってみようかな」と思える子どもを育てたい。

４月は教師が「対話」に対する姿勢を示し、子ども達にも方向を示す時期である。

（川津知佳子）

4月

体育　第1時に語る趣意説明

趣意説明〜そもそも体育とは何か

まずは何をおいても、これなしには体育の授業開きは語れない。伴一孝氏の実践である（教室ツーウエイNo.285、明治図書）。

> 体育の勉強が好きな人は手を挙げなさい。（ほとんどが全員だろう）体育が得意な人、手を挙げなさい。（元気で活発な子達が手を挙げるだろう）六年生では、体育の勉強が少し変わります。
>
> 体育の勉強で、一番大切なことは「丈夫な身体と心をつくる」ということです。「丈夫」というのは、お休みしたり、病気や怪我をしたりしないということです。いくら走るのが速くても、ボールを投げるのが上手でも、学校を休んだり、すぐに病気や怪我をしてしまったりする人は、「体育が上手な人」とは言えないのです。

6年生ともなると、運動の得意・不得意がはっきりとしてくる。最初から、体育苦手……と意欲が低い子も存在しがちだ。そんな状況で、先述の話をすることで「私でも体育が上手になれるかも？」と考えを変えることができる可能性が高まる。極めて大切な話である。

それからの体育は、ことあるごとに、この「原理」に基づいて指導や注意をしていく。例えば「たくさん運動しなさい」「わがままを言わず仲良く運動しなさい」「教えあって練習しなさい」「助け合って練習しなさい」などである。さらに、伴氏の言葉を続ける。

> 「体育は得意だ」とか「体育は苦手だ」という子供達の思いこみを破壊する為の第一手を打ったのだ。これが、これから一年間を通じて「体育の授業」だけでなく、子供達の遊び、集団づくり等を貫く「学級の原理」となる。（中略）
>
> 体育の授業で行うべきは、「運動技能の習得」だけではなく、この「趣意説明」なのだ。向山洋一氏は、これを「授業の腕を上げる法則」の第一にあげている。

マネージメントづくり

体育の場合、発問・指示を出す際、ほとんどが1度集合してという形になる。その集合が遅いと運動する時間が減るし、全体が落ち着かない雰囲気になる。集合のマネージメントができているかできていないかは、授業開きの授業で決まる。「集合！　10、9、8、7、6……」とカウントを始める。教師は「早くしろ！」といった言葉は使わない。次に集合したときの座る姿勢を確認する。「床におしりがついていますか？　おひざは手でかかえていますか？　先生の目とみんなの目、合っていますか？」この3点セットで確認する。さらにバラバラの集合も教える。「集合」と言って両手を広げて「このわっかに入れるように」と指示している。そのあと、「記念写真に写れるように」と言って、全員が教師と目が合うようにずれさせる。そして体育授業における趣意説明をする。キーワードは技能ではなく体験・参加だ。

集合のマネージメントが、できているかできていないかは、1年間の体育の授業を左右するのである。　（桑原和彦）

道徳　子供の夢

4月の道徳のポイント

子供たちには夢がある。

将来、何になりたいのか、どんな道に進みたいのか、という夢である。

その夢を大切に育てていくことも教師の大切な仕事である。

少なくとも子供の夢を壊すようなことをしてはならない。

例えば、将来歌手になりたい子供がいたとする。

その子に対して、「歌が下手だなぁ」などと言ってはならない。

犯罪的行為だ。たとえ、本当に下手だとしても、言ってはならない。

子供のもつ夢を壊す権利は、教師にはない。

「いいなぁ、先生、太郎ちゃんの歌好きだなぁ」「ねぇ、放課後に、先生にだけにもう1回歌ってよ」ぐらい言うのである。

> 子供の夢を教師が知る

これが4月の道徳の授業のポイントである。

4月のオススメ資料

文科省『私たちの道徳』

最初のページは、「これが今の私」である。見開き2ページ。

5年、6年と2回に分けてある。

「これが今の私、のページを開きなさい」

「書きます。夢がかなった人は、自分の夢を紙に書いています」

6年生であるから、公表されるのは嫌がる。多感な時期だ。

「花子さんの夢はピアノの先生だって」などと言ってはいけない。

「大丈夫ですよ。先生は声に出しませんからね」と言う。

もちろん、「将来の夢」がまだ決まっていない子もいる。

「大丈夫です。今から見つかるかもしれませんからね」と対応する。

ポイントは、

> ①紙に書かせること（趣意説明）
> ②公表しないこと
> ③書けない子への対応

の3つである。

対話指導のポイント

このページで、無理に対話をさせなくてもよい。強いてさせるならば、「将来の夢」以外のところがよい。

プライベートなことを公表するのは、6年生の女子は嫌がる。

> 「好きな遊び、好きな食べ物、好きなスポーツ、とか友達に話してもいいよ、というところがあるでしょう」
> 「グループで、伝えてごらんなさい」

> 「もしかして、自分と同じ、好きな食べ物、スポーツ、歌、言葉の人がいるかもしれないよ。自由に立ち歩いていいから、聞いてごらんなさい」

この活動は盛り上がる。

食べ物やスポーツ、歌、言葉ならば、公表してもよい。「え！　花子さんも好きなの？　一緒だぁ！」となれば、友達作りのきっかけにもなる。「将来の夢」で対話は避けたほうがよい。

（林健広）

4月

英語　教科書に入る前に十分な会話の経験を保証する

まずは自己紹介から

６年生最初の授業、まずは誰でもできる簡単な自己紹介から始めていく。

T：Hello.　　C：Hello.
T：I'm ○○.　　C：I'm △△.
T：Nice to meet you.
C：Nice to meet you,too.
T：Bye.　　C：Bye.

全体で会話した後、数名を指名して、教師と子供で１対１の自己紹介を全体の前でする。そして再度全体で練習をし、３人と自己紹介をするアクティビティを行う。

この自己紹介のパーツを毎時間取り入れていくとよい。会話に慣れてきたら、新しい自己紹介を取り入れていく。新学習指導要領では以下の表現例が記載されている。

I'm from（Shizuoka）.
I like（soccer）.
I can（play soccer well）.

例えば、I like soccer. であれば、黒板にハートのイラストを描く。ハートのイラストを指差して「I like」と言い、ボールを蹴る動作をしながら「soccer」と言う。数回繰り返せば、子供は直感的に「先生はサッカーが好きなのだ。」ということが分かる。その後は、「I like ~.」という表現を練習し、自己紹介に加えていく。

少しずつ自己紹介の表現を増やしていくことが大切である。

５年生までの復習を行う

６年生は３・４・５年生でたくさんの会話表現を学んできている。しかし、普段使わない言語であるため、復習をしていかないと忘れてしまう。

復習に最適な教材がある。井戸砂織氏が提案した「瞬間フラッシュカード」である。１枚のカードに１つの会話文が描かれている。例えば右図のように、「How are you?/I'm ~.」が１枚のカードに描かれている。

（NPO 英語教育研究所）

井戸氏の提案した使い方で使用する。

①最初はカードをめくりながらリピートさせる。
②次に Answer パート（以下、A パート）を子供、Ask パート（以下、B パート）を先生が読む。
③次に、A パートと B パートを交代して読む。
④次に、ペアをつくり、ペアで A パート、B パートを決め、読む。
⑤ペアで A パート、B パートを交代する。
⑥ペアでの会話を数人と行う。

５年生までの復習のパーツも毎時間取り入れていくとよい。自己紹介と同様に、会話に慣れてきたら、復習する会話文を増やしていくと、どの子供も取り組むことができる。

十分な会話の経験を積んでから教科書へ

自己紹介や５年生までの復習で、既習の表現を使っての「やりとり」や「発表」を十分に経験させてから教科書に取り組む。

教科書に出てくる Let's Listen には、Do you like ~? の表現や誕生日を言う表現がある。これらの表現も、言ったり聞いたりする経験を十分にしていれば、聞き取ったり、理解したりしやすくなる。

（青木翔平）

4月

総合　環境問題について考えよう

「夜の地球」から（第1時）

まず、「夜の地球」の画像を紹介する（「夜の地球」で検索）。

指示1　この写真を見て「分かったこと・気づいたこと・思ったこと」を箇条書きしなさい。例えば、

①日本の周りが光っている。

②アフリカは光っていない。等

指示2　ペアで書いたことを発表しなさい。→その後、全員に発表する。

【発問1】光っている場所に共通しているのは何でしょうか？

都会・工場が多い。

石油が燃えている。等

【発問2】それらは「環境」にとって良い場所なのでしょうか。その理由も書きましょう。

指示3　理由を班のみんなに紹介しましょう。→班のみんなで理由を話し合うことで対話が生まれる。

環境サイクル図を追試（第2時）

そして、向山実践「環境サイクル図」を追試する。ＴＯＳＳランドにもアップされているのでその概略を書く。

［説明1］私たちは地球の上で生活をしています。「自然」がなければ生きていけません。→「自然」と板書。

［説明2］「自然」の中から「資源」を取り出して私たちは生活に役立てています。→「資源」と板書し矢印で結ぶ。

［説明3］「資源」はそのままでは使えません。人間の生活に役立つように「加工」して「製品」を作ります。→「製品」を板書。「資源」から「製品」を矢印で結ぶ。「人間」を板書。「製品」から「人間」を矢印で結ぶ。

［説明4］製品を使った後は何が残りますか。そう「ゴミ」です。→「ゴミ」と板書し、「製品」から矢印で結ぶ。

【発問1】「ゴミ」はどうしますか？→捨てる。

【発問2】どこに？→自然に捨てる。「ゴミ」を矢印で「自然」と結ぶ。

［説明5］このようなサイクルを「持続可能な生活」と言います。しかし、最近、持続可能でない状況が生まれてきました。例えばこのような物です。→レジ袋・空き缶等を提示。

【発問3】ゴミ問題からどの矢印が途切れてしまいますか？→矢印に①〜④と板書。④である。

［説明6］これらの物は自然に返ることはありません。→④に×をつける。

このように自然のサイクルが途切れる問題が環境問題です。

環境問題について（第3時）

指示1　環境問題について知っていることを箇条書きしましょう。

→①地球温暖化②森林伐採③酸性雨…等

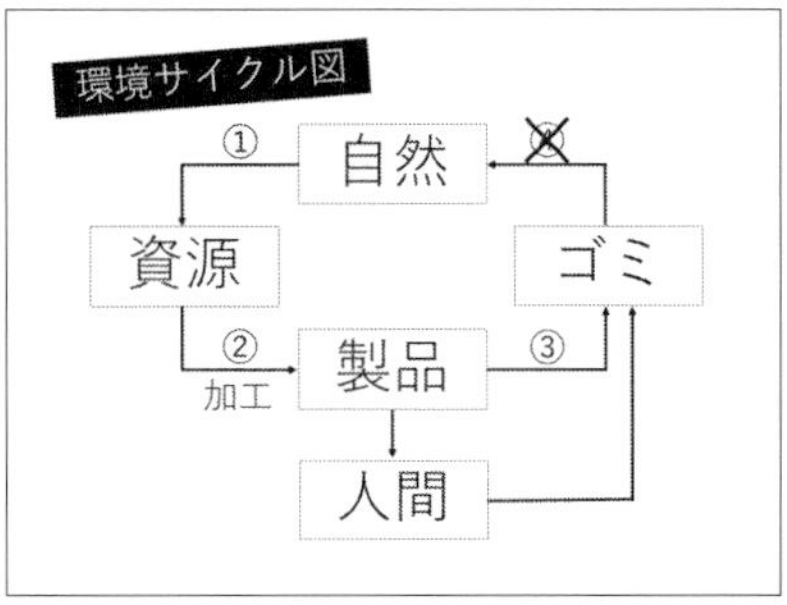

指示2　3つ書けたら、持ってきます。（チェック後）そして黒板に書きなさい。→黒板に書いたことを順に発表させていく。同じものを書いていたら挙手をさせていったり、「これはどんな問題？」と尋ねたりする。

「次からは『環境問題』についてみんなで調べていきましょう」として授業を終える。

（永井貴憲）

5月

国語　「時計の時間と心の時間」説明文の段落要約を指導する

教材解釈のポイントと指導計画

「時計の時間と心の時間」一川誠（光村図書）の授業である。

この作品は、筆者の主張が最初と最後にあるため、「双括型」の説明文である。「時計の時間」と「心の時間」が何を表しているかを見つけ、筆者の主張を短くまとめる（全6時間）。

第1時　音読。意味調べ。
第2時　二つの時間の意味を書く。
第3時　意味段落に分ける。
第4時　「心の時間」の4つの事例を短く書く。
第5時　「心の時間」と「時計の時間」についてまとめる。
第6時　筆者の伝えたかったことを検討する。

授業の流れのアウトライン

第2時で、2つの時間を2段落から抜き出させる。

「時計の時間」……時計が表す時間。
「心の時間」……私たちが体感している時間。

第3時では、この文を5つに分けるように指示する。黒板にそれぞれの考えを書かせ、どれが一番良いのか討論させる。筆者の主張や具体例、まとめなどがどこに書かれているかを探させる。正解は、次のようになる（括弧付き数字は段落）。

(1)　(2)　(3)(4)(5)(6)　(7)　(8)

第4時では、「心の時間」をそれぞれ20字以内でまとめさせる。

(3)感じ方によって進み方が違う時間。
(4)時間帯によって進み方が変わる時間。
(5)環境によって進み方が変わる時間。
(6)人によって感覚がことなる時間。

第6時では、筆者の伝えたかったことを書かせる。

筆者が作品を通して伝えたいことが書かれているのは、何段落でしょう。

1段落と8段落になる。それぞれの段落から筆者の主張を1文で探させる。

1段落……「そして、私は、～」
8段落……「そんな私たちに～」

この2文を比べると、共通しているのは、「時間と付き合う」である。この言葉を使ってまとめる。

「心の時間」を頭に入れ、「時計の時間」を道具として使う、「時間」と付き合うちえが必要である。

ほぼ、最後の1文と同じになる。

学習困難状況への対応と予防の布石

成功体験をどこでつくるのかを考えて指導する。例えば、第4時の20字以内のまとめでは、(5)の場面でその子に指名したい。(3)と(4)で書き方の例示を示し、お手本とさせる。最初の1文を使ってまとめることがわかれば、(5)のまとめは、簡単にできる。

（徳永剛）

5月

社会 学級憲法をつくろう

憲法「3つの柱」と条文を読む

教科書「憲法」部分を範読し、追い読みさせる。

①国民主権 ②基本的人権の尊重
③平和主義

憲法3つの柱の解説をノート1ページにまとめさせる。

その後、前文、第一、七、九、十一、十二、十三、十四、十九、二十二、二十三、二十五、二十六、二十七、三十条等、3つの柱や「権利」「義務」に関係する条文を条文のままプリントして配布。隙間時間等に子供に選ばせ、暗唱させていく。

向山学級憲法を読む

向山洋一氏の1978年実践「学級憲法」の条文を印刷し読ませる。

（例）ここに主権が6年1組生徒一同に存することを宣言し、この憲法を確定する。第一条：他の学級と争い事があっても話し合いで解決し決して争いはしない。

学級憲法を作らせる

日本国憲法を参考に学級憲法を作ろう

これだけで学級は盛り上がる。次の条件を板書する。

1 法律らしく書く。
2 法律に違反することは当然書かない。
3 できるだけ憲法の条文に合うように書く。また、条文にはできるだけ「題名」をつける。
4 できるだけ次の章立てで書く。
前文（1）先生（2）戦争の放棄（3）児童の権利及び義務（4）学級（5）改正（6）最高法規（7）補足
5 できるだけ日本国憲法を読み込み、格好良く憲法を作成すること。

時間は1時間程取った。友達同士でも1人でもやっていいことにした。

ここで条文を暗唱、配布していることが効果的になる。子ども達は条文の資料を元に、学級憲法を構成していった。

実際できた学級憲法

子ども達が書いた学級憲法は全て学級通信に掲載。これを読むだけで何となく憲法の原理みたいなことは理解できる。社会科には関係ないが自治的なクラスにもなってくる。以下は子ども達の作品。

（前文）6A国民は、正当にジャンケンで決められた6A国代表者と先生を通じて行動し、6A国民同士の争いがあった場合、6A国代表者か6A国民か先生の力で止めることを決意し、ここに主権が6A国民に存することを宣言し、この憲法を確定する。

第1章 先生
第1条 先生は6A国の象徴であり、6A国民を導く者である。
第2章 ケンカ
第3条 他国との争いをする場合、公平にせねばならない。
第4条 他国との争いがひどくなった場合、先生を呼ぶ。

（川原雅樹）

5月

算数　「面積の難問」対話で解き方を身につける

低位の子はよくわからない。対話で解き方のステップを身につける

円の面積の終盤で学習する下記のような問題。終盤での学習のため、「やってごらん」と子供に任せたい問題でもある。しかし、低位の子たちは何をしていいかよくわからない。対話を通して、解き方のステップを身につけていくことが必要である（以下のイラストは、独立行政法人教職員支援機構『主体的・対話的で深い学び』を実現するための研修用テキストより引用）。

問題：下の葉っぱの形の面積を求めましょう。

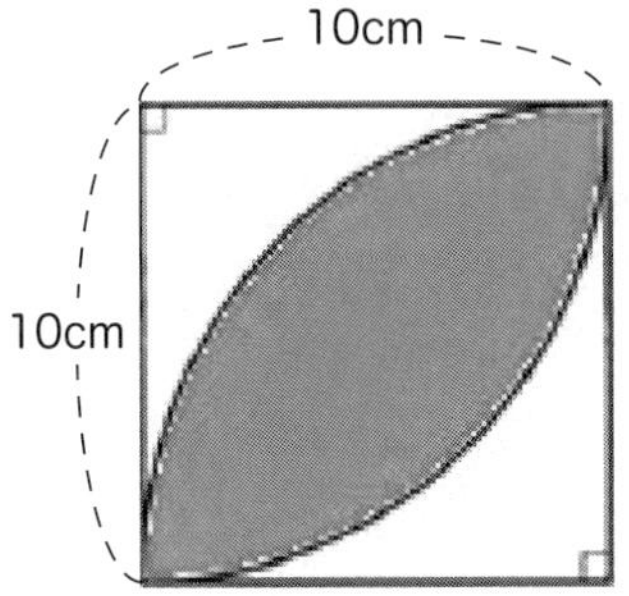

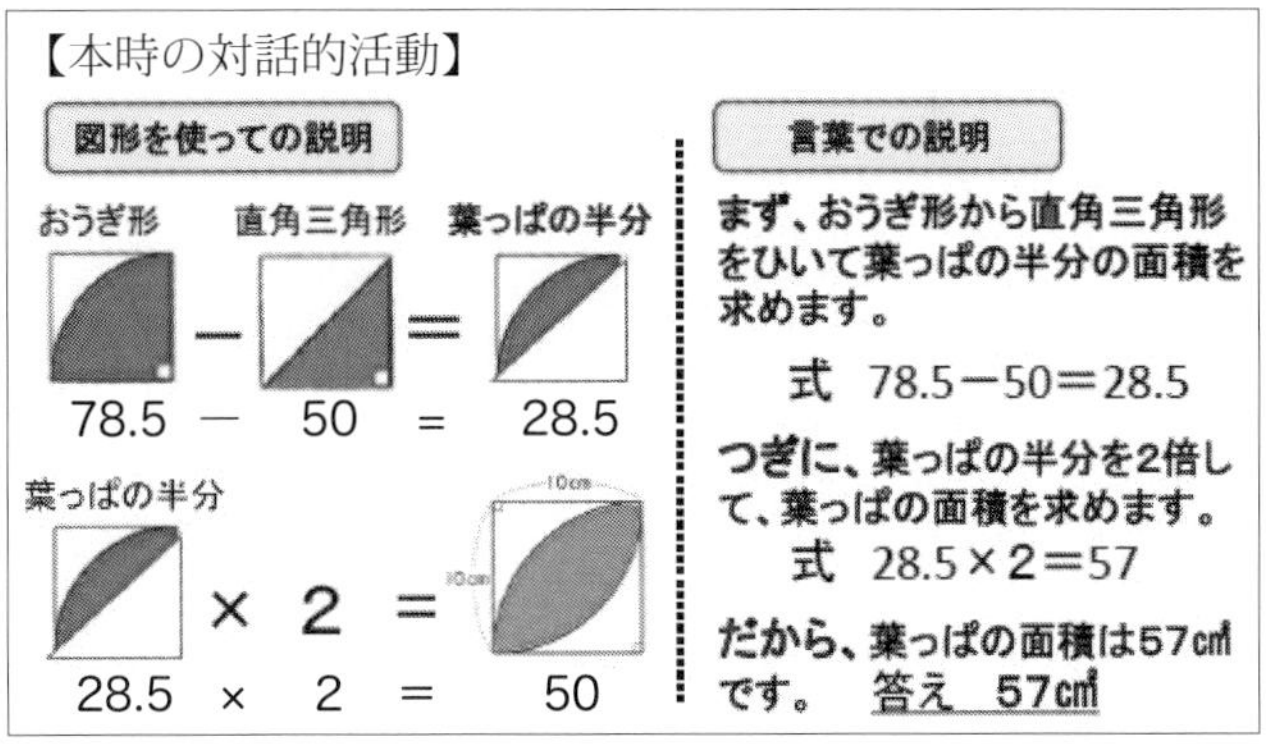

図で考えさせる

発問１：どうやって求めますか。図でかきなさい。

低位の子には見当がつかない。そこで、右の「問題を解くための３つの考え」をヒントとして出す。

（式の部分はなくてもよい）

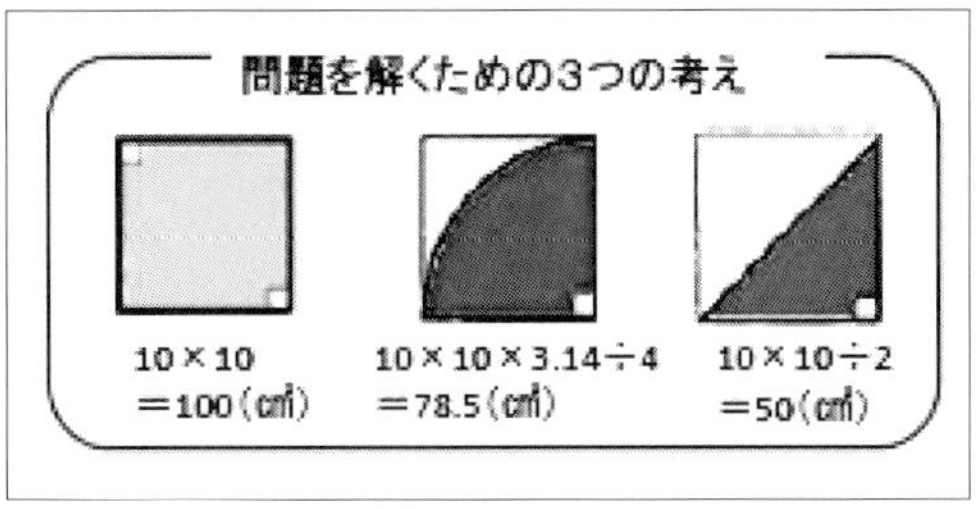

発問２：扇形と直角三角形を使って、葉っぱの半分の面積を求めます。どうしますか。

（扇形から直角三角形の面積を引いて求めます）

図形を使っての説明と、言葉での説明をリンクさせる

上記の「扇形から直角三角形の面積を引いて求める」ということを上位の子は理解できる。しかし、低位の子たちには何のことかわからない。そこで、冒頭の「本時の対話的活動」にあるように、図形を使っての説明と、言葉での説明をリンクさせる必要がある。どうしても難しい場合は、解き方のステップを１つ１つ写させながら、図形と言葉を往復させながら、説明の「ま・つ・だ」くんで、解き方を身につけさせていく。

（梅沢貴史）

5月

理科　呼吸の働きを調べよう

吸気と呼気の成分などを基に、肺を通して血液中に酸素を取り入れ、血液中の二酸化炭素などを体外に排出する働きがあることを多面的に調べ、捉えるようにする。

呼吸は何のために

最初に、教師が普通に呼吸をした状態、1回分でポリエチレンの袋を膨らませて見せる。約500mLでペットボトル1本ほどになる。

体重約40kgの人で1日、何リットルくらいの空気を吸い込んでいるでしょうか。

※標準的なお風呂は200リットル

①お風呂　10杯分（2000リットル）

②お風呂　20杯分（4000リットル）

③その他

正解は③で約10000リットルである。

大量の空気が必要なのはどうしてでしょう。

【予想される児童の考え】

①呼吸しないと死んでしまうから。

②酸素が必要だから。

吸い込む前の空気とはき出した空気に違いはあるでしょうか。

【予想される児童の考え】

①違いがある。

②吸い込む空気には酸素が多く、はき出す空気には二酸化炭素が多い。

実験で確かめる

●実験1「石灰水」

最初に空気を透明なポリエチレンの袋にとり、石灰水を入れる。この場合、石灰水は変化しない。次にクラス全員にポリエチレンの袋を与え、個人実験を行う。十分な石灰水があれば、全員が実験に参加でき、自分のはき出した空気に二酸化炭素が含まれていることが実感できる。

吸いこむ前の空気	石灰水は、白くにごらなかった。
はき出した空気	石灰水は、白くにごった。

〈まとめ〉はき出した空気には、二酸化炭素がある。

●実験2「気体検知管」

気体検知管は高価で、班ごとか、教師の演示実験となる。酸素用検知管は使用すると熱くなるので、やけどしないように注意が必要である。

気体の割合を数字で確認し、酸素から二酸化炭素への変化が分かる。空気中の全ての酸素を取り込んでいるわけではないことも分かる。

	酸素	二酸化炭素
吸いこむ前の空気	21％ぐらい	0.03％ぐらい
はき出した空気	18％ぐらい	4％ぐらい

〈まとめ〉酸素を取りこみ、二酸化炭素を出している。

（間英法）

5月

音楽　文部省唱歌を歌う　「おぼろ月夜」ほか

「素読」のすすめ

６年生で扱う文部省唱歌は、『おぼろ月夜』、『われは海の子』、『ふるさと』の３曲。いずれも、歌詞が難解である。歌詞の意味がすんなりとわかり、そのうえ歌詞に描き出されている情景までをもとらえてしまえる最適な方法が「素読」である。

指示「先生のあとに続いて読みます」

追い読み。テンポよく進める。

指示「全員起立。１回読んだら座ります」

自分の速さで読ませる。

指示「１行交代読み。先生が先」

先生対子ども、男子対女子など変化のある繰り返しですらすら読めるようになるまで続ける。

斉唱～覚えて歌える～

範唱 CD を聴いて、まねして、すぐに歌えるようになる。文部省唱歌は、長きにわたり歌い継がれてきた。覚えて歌えるようにし、後世に伝えられるようにしたい。

曲想にふさわしい歌い方の工夫

曲の山、歌い始め、歌い終わり３点に限定して、歌い方の工夫をさせる。

（１）曲の山を見つけて歌い方を工夫する

発問「曲の山は何段目ですか？」

指示「歌って、さがします」

曲の山は、「歌っていて気持ちが盛り上がってくるところ」であることを教える。何度も歌う中で見つけさせる。この時点で、楽譜を見せて、強弱記号や旋律の動きを手がかりにして見つけさせることはしない。

指示「友達と意見交換します」

自分が見つけたところと、友達が見つけたところが同じなのか違うのか、なぜそう考えたのかなど、意見を交換し合って、曲の山を確定していく。

> 【言語活動：ミニ討論で盛り上がる】
> 『ふるさと』は、曲の山が第３フレーズか第４フレーズかで意見が分かれる。共通事項（旋律の動き、リズム、強弱、歌詞内容など）を手がかりにして検討する方法を教えると、討論が盛り上がる。

指示「楽譜に証拠があります。確認」

なぜそこの部分で気持ちが盛り上がるのか、楽譜には証拠がある。楽譜で確認する。

（２）歌い始め・歌い終わりの工夫

弱い歌いだしをしたいのか、最初から強く歌いだしたいのか、歌い終わりはフェードアウトしたいのか、どんどん強くしていって堂々とした歌い終わりにしたいのかなど、自分なりの思いや意図を持ち、歌い方の工夫をさせる。

工夫につながる歌う技能

（１）歌声づくり

『ゆうやけこやけ』や『冬景色』など高音が響く曲を「ロロロ」で歌う。常時活動として、毎授業時間２～３分程度扱う。声変り期の子には、歌える範囲で参加させる。無理をさせない。

（２）言葉を大切に歌う

言葉の最初の音を丁寧に歌わせる。言葉がはっきりして、情景が浮かぶ歌い方ができる。語頭にくる濁音は、鼻濁音にして歌わせる。

（３）呼吸に気をつけて歌う

フレーズを意識して、１フレーズを一息で歌うようにする。　（中越正美）

図画・工作　1枚の紙から世界で1つの顔

楽しくて誰でもできる作品作りで成功体験を積ませたい。世界で1つだけの顔は簡単かつ、多様性のある作品が生まれる、優れたシナリオである。

顔をつくる

A4のコピー用紙を用意し、2つに折る。折った側からはさみで切っていき、輪郭をつくる。その際、必ず折った方に戻ってくることを指導する。

どんな顔になってもいいが、顔というからには、必ず作る2つの部品を条件とする。

目と口である。目と口は必ず作るようにする。あとは自由である。

目を作るときに注意する。左上写真のように切ると1つ目になる。左下のようにすると普通の顔のように目をつくることができる。

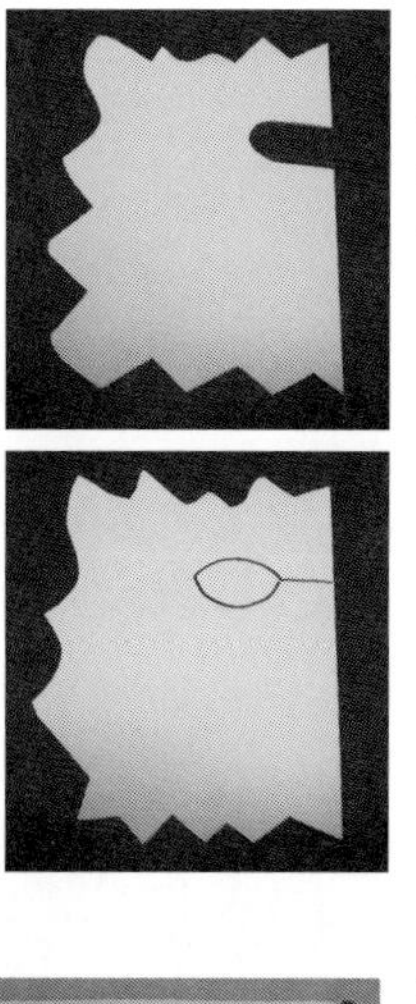

目と口を作ったら角のようなものをつけてもいいし、ひげのような切れ目をいれてもいいし、鼻をつけてもいい。

台紙に貼る

次のように色画用紙を準備する。

①明るい黄色・ピンク・水色（4つ切り4分の1くらい）

②紺・赤・緑（①より縦横1㎝小さい）

完成した作品に似合いそうな色を自分で選択して持っていく。うきあがって①の上に②を重ねると顔がぐっとひき立つ。

台紙に顔を貼るときには、顔全面を台紙に張るのではなく、立体的になるようにする。

顔の両端だけにのりをつけ、山形になるように中央を浮かせて台紙に貼る。そうすると顔が浮き上がって見える。

展示する

「○○君の顔、すごいね！」

「何だかハロウィンみたいで面白い」

「かわいい〜、どうやって髪のところ作ったんだろう？」

子どもたちの間で、自然に会話が生まれる。

（吉岡繁）

5月

家庭科　調理実習では計画書を作成する

1.朝食作りの計画を立てる

６年生、初めての調理単元では、「朝食作り」を行う。班ごとに作る場合と個人で作る場合がある。今回は、班ごとに作る場合の指導の一例を以下に紹介する。

朝食に合う「炒めて作る」おかずを考えます。３つ書けたら前に持ってらっしゃい。

前に持ってきた子から、黒板に１つずつ書く。「スクランブルエッグ」「ほうれん草炒め」など。

今回は２品作ります。「卵のおかず」と「野菜のおかず」です。班で相談します。

調理実習に向けて、計画書を書きます。

計画書には、次のことを書かせる。
①材料（班の人数分）
②作り方
③感想（調理実習後に記入）

班の仲間と相談して計画書を作成する。「材料は何が必要かな？」「もやしも入れようよ」「作り方分かる人？」など、対話が生まれる。

計画書ができたら、班全員で前に持っていらっしゃい。

朝食作り　○班　（名前）

スクランブルエッグの作り方
１．材料（○人分）卵４個……
２．作り方　卵を割って器に入れて……

ほうれん草炒めの作り方
１．材料（○人分）ほうれん草　１把……
２．作り方　ほうれん草を水で洗う。

【感想】朝食作りをしてみて、とても大変でした。いつも朝ご飯を作ってくれるお母さんのために、土曜日は私が作りたいです。

一番書くのが苦手そうな子の計画書を見る。抜けている材料はないか、作り方がおかしいところはないか、など目を通す。「合格」「不合格」を伝える。

「不合格」だった班は、「合格」するまで何度も持ってくる。「合格」した班は、計画書を工夫させる。料理、キャラクター、料理のポイントなどを書いたり、色鉛筆で色塗りをしたりさせる。

2.調理実習のときは、計画書のみ机上に出しておく

調理実習中は、計画書を２枚だけ出す。それ以外は、全て引き出しの中に片付ける。その計画書さえ見れば、材料、作り方などが書いてあるので、調理実習を進めることができる。　（金崎麻美子）

5月

体育　「ビブス」を使った体つくり運動

学校や家庭の中での人や物への衝突によるケガ、道路での交通事故、天災による避難の際の事故……運動能力が高ければ防げたかもしれないことがある。運動能力を高めることは、生きていく力を強化することである。ボディイメージがうまくできていないとよく物にぶつかる。それは左右が分からないことや相手のまねをすることが苦手であることにもつながる。物をよく壊すことは、力加減ができないことが背景にある場合がある。姿勢の悪さは筋肉の調整機能に問題がある。手先の不器用さ（微細運動障害）があると、単にスポーツが苦手というレベルではなく、身辺自立やさまざまな創作活動等に支障をきたすことも懸念される。

体を上手に動かすスキルアップのために、チーム編成によく使用する「ビブス」を使う。このビブスを、教具として使うことで次のような多様な動きを引き出すことができる。

①物をつかむ（捕る）
②物を投げる
③眼球運動を駆使して捕る
④コーディネーショントレーニング
⑤相手に合せて投げる
⑥落下地点まで体を移動させる
⑦パスを回す
⑧ひらひらさせたりするなどして操る

体つくり運動からボール運動、表現運動まで展開することが可能である。

以上の動きを大きく4つに分類する。

①持つ→投げる→静止で受ける
②持つ→投げる→動いて受ける
③人数のバリエーション（1人、2人、6人組）
④動きのバリエーション（前向き、背中向き、横向き、ジャンプ）

全ての動作の基本は、ボディイメージが脳内にマッピングされていないと難しい。「この地点に、腕を伸ばせば、ビブスをキャッチすることができる」といったマッピングである。野球で外野フライを野手が捕球する行為やバレーボールでトスのあがったボールをスパイクする行為等が当てはまる。

ビブスを操作すると、「触覚、視覚、固有覚、前庭覚」という感覚が、刺激に対して臨機応変に反応する。感覚は単体では働かない。ビブスを操作することで、身体を器用に動かすことにつながる。

さらに、2人以上で取り組む運動においては、相手の動きを観察して相手に合わせて動くという感覚を磨く効果が期待できる。この運動は年間に何回か行うことで、次の目標が生まれる。「次は、ジャンプしてキャッチできるようになりたい」「みんなで投げ上げたビブスを全員がキャッチしたい」。

こうした目標があると自主的になり、成功させるポイントを話し合い、対話的になる。友達の成功した場面を見たりして、「なるほど、そう動くとよいのか」と深い学びにつながる。

（桑原和彦）

5月

道徳　自分の役割

5月の道徳のポイント

5月は、行事が始まる。

運動会の練習が始まる時期である。

さらに6年生。

全校の代表として動く場面が、たくさん出てくる。

行事と関連した道徳がよい。

> 自分の役割

他の月も、なるべく行事と関連したものを扱うとよい。

意識するとしないで、その後の行動に大きな差となる。

年間指導計画を作成するときに、行事を意識して組み立てるとよい。

行事「前」がよい。

行事「後」だと、説教になってしまう。

子供たちに感想を書かせると「運動会では自分の役割を意識できませんでした」となってしまう。

行事「前」ならば「運動会では自分の役割を意識します」と前向きな感想になる。

行事「前」が大事だ。

5月のオススメ資料

文科省『私たちの道徳』「小川笙船《しょうせん》」のページがある。読み聞かせした後。

> 「小川の生き方から学んだことを書きなさい」

ノート1ページ書かせる。慣れてくれば、5分でノートを1ページ、書くようになる。

①5分後、黒板に学んだことを、子供たちに書かせる。長く書かせるのではなく、一番自分が大切に思ったことを1～2行で書かせる。

②黒板に書いたことを読ませる。

③「質問や意見があれば、どうぞ」と、いう。

10分から20分程度、意見交流をさせる。

> 「小川から学んだ生き方、キーワードで書きなさい」

弱い物に優しい、技術で人を幸せにした、などが出てくるだろう。それぞれでよい。

対話指導のポイント

自分の役割を書くページもある。「自分の学校に着いて考えてみよう」「あなたの学校にはどのような校風がありますか」「自分の学校をより良くしていくために、あなたにできること、やってみたいことを書きましょう」の欄がある。

その欄に書き込みをさせる。

> 「先ほどの小川のように、誰にだって役割があるのですよ」と話す。

先人の生き方を、自分の学校生活にトレースさせる。

「自分の学校をより良くしていくために」の欄を、自由に発表させる。

「クラスでどれか1つに絞ってみよう」としてもよい。1つに絞ることで子供たちはより真剣に考え、対話する。大事なことは先人の生き方の型を示し、学校生活へトレースさせることだ。

（林健広）

英語 「発表」が多い単元にも「やりとり」を組み込む

Unit2「Welcome to Japan.」

Unit2 は「Welcome to Japan.」、つまり日本を紹介する表現が多い。そのため、「やりとり」よりも「発表」の比重が大きくなっている。対話を充実させるため、新学習指導要領で示されている表現例をもとに、単元の最後に話せるようにしたい「やりとり」を提案する。

Aパターン

A：Welcome to Japan.
B：What do you have in summer?
A：We have summer festival.
B：What food do you have in Japan?
A：We have かき氷.
A：It' s sweet.

Bパターン 【A：愛知県の人　B：大阪府の人　という設定】

A&B：Welcome to Japan.
C：Thank you.
A：You can enjoy Misonikomiudon.
A：It's salty.
B：You can enjoy Okonomiyaki.
B：It's delicious.
A&B：Where do you want to go?
C：I want to go to Osaka.

単元の前半では、「have」を扱い、後半では「You can ~」を扱っていく。

haveをどう授業するか

この単元の「have」は、「所有」を意味する have ではなく、「～がある」を意味する have である。これは 5 年生の「Unit3 What do you have on Monday?」で学習している。なので、5年生で使った状況設定の曜日の部分を季節に変えるだけで十分に対応できる。

例えば、日本に海外の人が来て、夏にはどんな行事があるのか、お互いに尋ねるという状況を設定する。

※視覚教材を作ると直感的に理解させやすい。

①
A：What do you have in summer?
②
B：We have bonodori.
③
B：What do you have in summer?
④
A：We have music festival.

You can ~をどう授業するか

これは、2014 年に井戸砂織氏が福岡県飯塚市立岩小学校で公開した、グローバル子ども観光大使の授業が最適である。

A：Please come to Aichi.
B：Why?
A：You can enjoy food.　□の部分を変えさせる。

子ども観光大使として、自分の県に来てもらうため、自分の県をアピールする、という状況設定である。

学級では、担任が他の県を、児童に自分の県をアピールさせると、とても盛り上がる。自分の県の名物や名所をたくさん言わせることで、どの子も活躍することができる。　（青木翔平）

5月

総合　環境問題について解決策を考えよう

解決策を考える方法

4月では、「環境問題とは何か」「環境問題にはどのようなものがあるか」を確認した。

そこで、5月ではそれらの問題について「解決策」を考えていくようにしたい。グループ分けの方法をいくつか紹介する。

A．自分が調べていきたい問題を自由に選び、調べたい問題が同じ人とグループを組み、調べていく方法

B．4月に出てきた問題から教師がいくつか選び、4人グループ等を作成し、そのグループで調べていく方法

C．Bの方法に「その他」のグループを作り、教師が選んだ問題だけでなく子どもが調べたい問題を選ぶ方法（AとBの折衷案）

調べ方の工夫

下のような「調べ学習カード」を準備すると、どのように調べたら良いか分かりやすい。また、この1枚が小見出しとなり、それをいくつか調べてまとめることでまとめる時にも役に立つ。

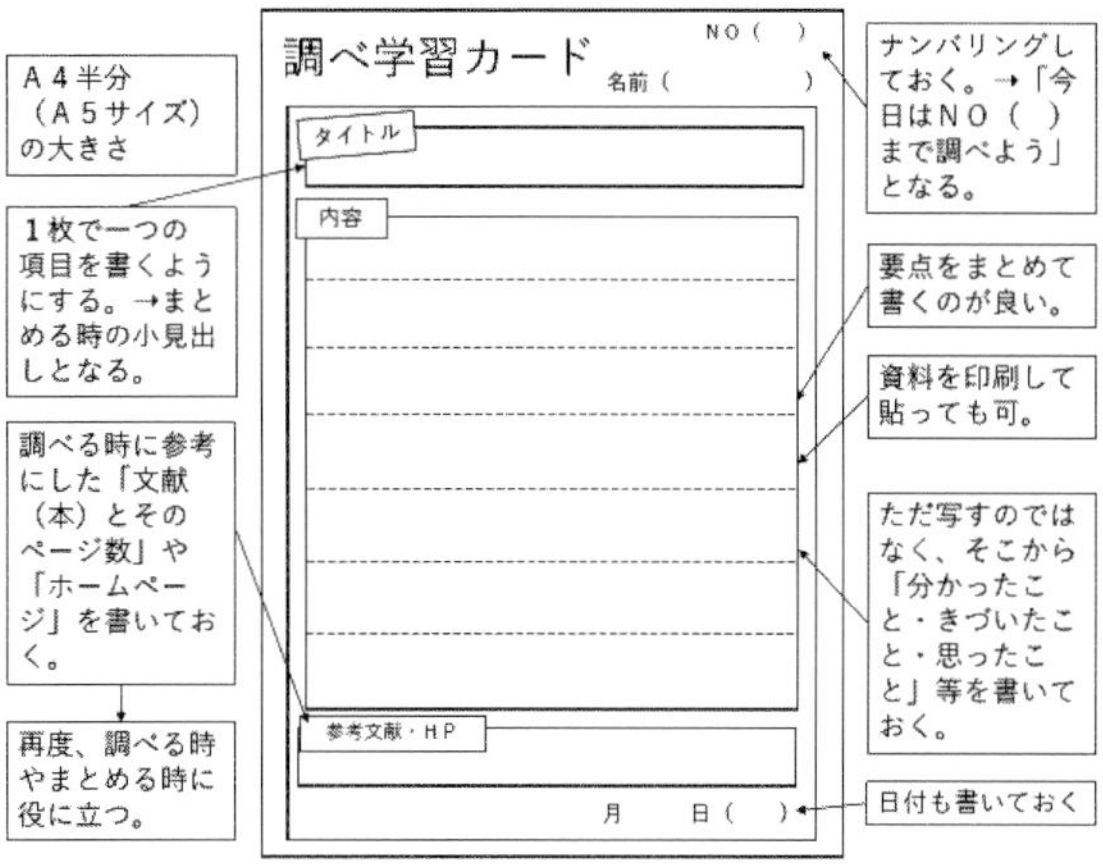
調べ学習カード
NO（　）
名前（　　　）
タイトル
内容
参考文献・HP
月　日（　）
A４半分（A５サイズ）の大きさ
１枚で一つの項目を書くようにする。→まとめる時の小見出しとなる。
調べる時に参考にした「文献（本）とそのページ数」や「ホームページ」を書いておく。
再度、調べる時やまとめる時に役に立つ。
ナンバリングしておく。→「今日はNO（　）まで調べよう」となる。
要点をまとめて書くのが良い。
資料を印刷して貼っても可。
ただ写すのではなく、そこから「分かったこと・きづいたこと・思ったこと」等を書いておく。
日付も書いておく

「PC室」や「図書室」で調べる

調べ方としては「PC室」や「図書室」の本で調べることが多い。

しかし、ただ調べさせるだけでは実りある調べ学習とはならない。以下のようなことを指導するようにする。

まず、ただ調べて写すだけではなく、具体的な解決策をしっかり考えながら調べていくように助言する。

また、調べたこと（インプット）を班のメンバーに共有（アウトプット）させる。そうすることで対話が生まれるだけでなく、お互いの内部情報を蓄積させることができる

おススメのテキスト

「最新環境教育（CO_2等）研究会」が作成しているテキストがある。

このテキストは「基礎テキスト：1冊」と「産業別テキスト：14冊」がある。

「基礎テキスト」では、環境問題の基本的な知識を教えることができる。

「産業別テキスト」は、製紙・鉄鋼・石油・電力・自動車・化学・都市ガス・電機電子等の14冊から選ぶことができる。

どれもダウンロードでき、無料で申し込みもできるので、児童数分を購入することができる。

みんなで環境問題を考えよう
地球温暖化と二酸化炭素

また、これらのテキストを使用したセミナーを全国で開催している。参加費は無料。

セミナーでは、テキストの模範授業やテキストをもとに工夫した環境教育の模擬授業を紹介している。きっと授業づくりの参考になるだろう。

（永井貴憲）

6月

国語　「森へ」要旨を指導する

教材解釈のポイントと指導計画

「森へ」（星野道夫／光村図書）の授業である。

「私と本」の単元にある教材であり、紹介文の例として取り上げられている。

そのため、最後に、自分のおすすめの本の紹介文を書く（全8時間）。

第1時　音読。意味調べ。
第2時　文章構成を考える。
第3〜4時　要旨をつかむ。
第5〜8時　おすすめの本の紹介文を書く。

授業の流れのアウトライン

第2時で、「森へ」を大きく3つに分けさせる。

どこで、区切れるか班で相談させ、発表させる。

その後、討論させ、どの意見がより良いのか、絞っていく。場所や時間の変化に注目させる（括弧付き数字は段落）。

(1)〜(4)　(5)〜(20)　(21)〜(25)

第3時と第4時を使って、作品の要旨を考えさせる。

まずは、前の時間に分けた意味段落を漢字1字で表現させる。

漢字1字を使って、「○の世界」と書きなさい。（向山洋一氏の発問）

書けた人から理由を黒板に書かせ、理由を発表させる。私のクラスでは、次のようになった。

1〜4段落→「音の世界」「海の世界」
5〜20段落→「生の世界」「森の世界」「命の世界」など
21〜25段落→「時の世界」など

「森はゆっくり動いている」とは、どのようなことですか。説明しなさい。

子どもの意見で「木が成長していること」という意見が出てくる。

しかし、もう少し本文全体からの視点で考えさせたい。

「様々な動物が出ている点」「長い年月が経っている点」などから考え、大きく分けて、次のような意見にまとめる。

①森は、様々な生き物によって育まれていること。
②森は、長い時をかけて、生と死が繰り返され、命が続いていること。

学習困難状況への対応と予防の布石

第6〜8時のおすすめの本の紹介文を書くところで、書くのが苦手な子はつまずく。

そのため、教師が簡単な例文を書いて全員にコピーして配布し、視写させる。また、作品のフォーマットを示し、型通りにすれば書けるように指導する。

（例）
私は、（作者）作の（作品名）を読みました。このお話は、（本の内容）という話です。特に印象深かったのは、（場面）の場面です。なぜなら、（理由）だからです。私も（似たような経験）があります。（似たような経験）を振り返ると、（思ったこと）と思いました。私にとって、この本は、（何）です。

（徳永剛）

6月

社会　縄文・弥生　どっちに行きたい？

イラストで2つの時代を比較する

教科書や資料集にある、縄文時代、弥生時代、両方の絵を提示する。

> 2枚の絵を比べて、わかったこと、気付いたこと、思ったことをノートにできるだけたくさん箇条書きにしなさい。

「縄文時代は～だけど、弥生時代は～だ」「縄文時代も弥生時代も～だ」のように比較して書かせる。

「3つ書けたら持ってらっしゃい」

次々意見を板書させる。

> おかしい意見があったら発表しなさい。

これだけで簡単な討論になる。教科書を見ながら反論や意見を言うようになる。

どちらに行って生活したいですか

> タイムマシンに乗っていくなら、縄文時代、弥生時代、どちらに行って生活してみたいですか。

それぞれ時代名を書かせ、挙手。人数を確認する。

> 理由をできるだけたくさん箇条書きにしなさい。

まずは1人で書かせる。教科書や資料集、その他の本等、何を見てもいい。

「もう3つ書いた人？　すごい！」と数を確認しながら褒めていくと、子ども達は次々書くようになる。

> 同じ意見の人同士集まって、更に付け足していきなさい。「縄文の人。周りを見て」「弥生の人。周りを見て」。時間は10分。始めなさい。

これで同じ意見の子供同士の対話となる。

> なぜ他の時代に行きたくないかも付け足しておきなさい。

これで反論の材料も書くことになる。

討論する

> どちらで生活したいか。もう一度聞いてみます。「縄文」「弥生」

人数の少ない方から発表させる。「反対意見があったらメモしておきなさい」とすると反論も出来る。両方終わったら、討論する。

> 反対意見があったらどんどん立って発表しなさい。その意見に反論があったらそれも自由に立って発表しなさい。

第一発言者だけ指名してもいい。最後に再度どちらがいいか挙手確認し、討論は終了。「狩猟→牧畜」「採集→農耕」のキーワードと感想を書かせ終了する。

（川原雅樹）

算数　「逆数」涙ぐんでいた子もできた

子供はなかなか「逆数」の意味を理解できない

逆数は「分子と分母を入れかえた数」なのだが、子供は意外と理解ができない。かつて教えた子の中には、どうしてもわからず、涙ぐんでしまった子もいた。ただ教えるだけでは理解できないのだ。

逆数の定義を、作業を通してつかませる

（以下、第２回向山型算数セミナーでの向山洋一氏の介入授業の追試）

> $\frac{3}{5}$ と $\frac{5}{3}$ のように積が１になる組み合わせについて考えましょう。

（A）　$\frac{3}{5} \times \frac{5}{3} = 1$

（B）　$\frac{\cancel{3}}{\cancel{5}} \times \frac{\cancel{5}}{\cancel{3}} = 1$

指示１：（A）の式をノートに写しなさい。

指示２：これをこう読みます。（B）（約分を理解させるため、斜線を入れる）

「５分の３　×３分の５は、５と５を約分します。３と３を約分します。答えは１分の１で、１です」

指示３：同じようにして、積が１になる組み合わせをノートに書いてごらん。

きちんと斜線を書いているかチェックする。

発問１：積が１になるかけ算の、かけられる数とかける数を比べて、気づいたことを言いましょう。

（「数字が逆になっている」「分子と分母の数字が反対（逆）」「分子と分母を入れかえた数」）

この後、逆数の定義を押さえる。「逆数とは何ですか」の発問をすることで確実に押さえる。

逆数の求め方を「ま・つ・だくん」で説明させる

例えば、整数の「４」、小数の「0.3」などは逆数がわかりにくい。説明させることで理解できる。

$4 = \frac{4}{1} \rightleftarrows \frac{1}{4}$	まず、４を１分の４にします。 つぎに、１分の４の分子と分母を入れかえます。 だから、４の逆数は４分の１です。

$0.3 = \frac{3}{10} \rightleftarrows \frac{10}{3}$	まず、0.3 を 10 分の３にします。 つぎに、10 分の３の分子と分母を入れかえます。 だから、0.3 の逆数は３分の 10 です。

一度指導しただけではなかなか説明できない。何度も説明させることで、身についていく。授業終了時には、どの子もスムーズに説明ができるようになり、問題が解けるようになった。　（梅沢貴史）

6月

理科　植物の中の水の通り道

植物の体の水の行方に着目して、生命を維持する水の通り道のはたらきを多面的に調べ、植物の体のつくりとはたらきを捉えるようにする。

水の通り道を予想し、実験・観察する

ホウセンカを使い、以下のように発問する。

> 根から取り入れた水は、茎の中をどのように通って全体に運ばれるのか。

「茎を縦に切ると水はどこを通るか」と場所を限定する。図と理由を書いて予想させることにより、意見交換をしやすくする。

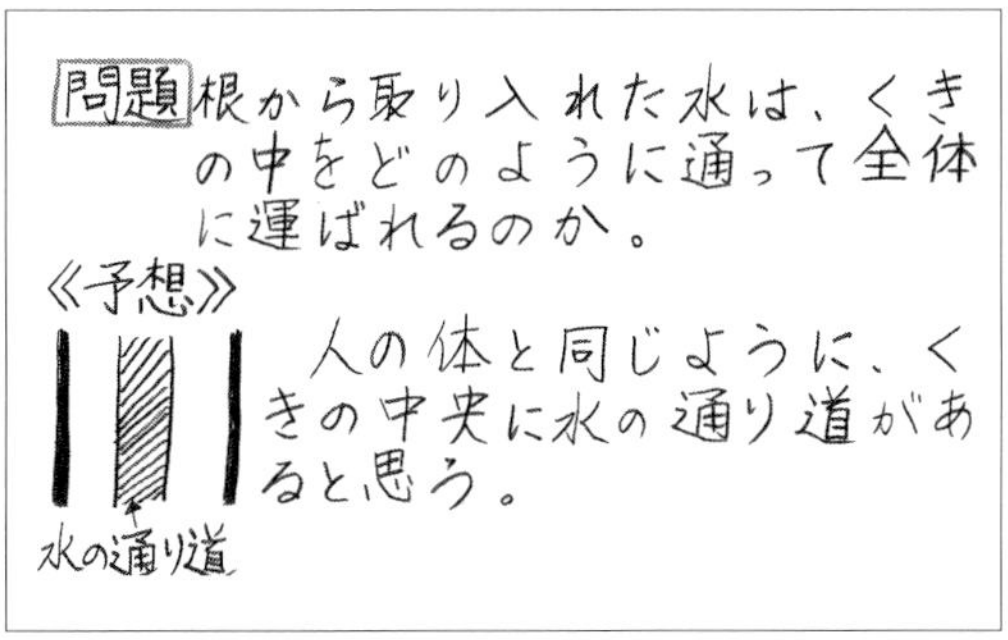

【予想される児童の考え】

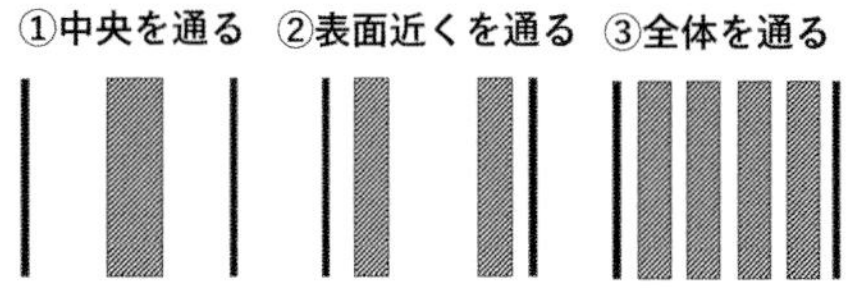

①人の血管のように中央を通る。
②タンポポの茎を取ったときに表面近くを白い液が通っていて、中は空洞だったから。
③全体を通ったほうが、早く水が全体に行く。

意見交換の後、予想を実験で確かめる。植物染色液で作った色水を吸い上げさせ、根や茎、葉が染まったら、中を縦や横に切って観察させる。予備実験を行い、適度に色が染まる時間を確認する（30分ぐらいがよい）。

野菜を使って多面的に調べる

茎の太い野菜を使ってさらに深く調べる。ブロッコリーなら、ホウセンカと同じタイプの水の通り道（道管）となる。アスパラガスは、単子葉類なので全体に道管がある。２種類の野菜を実験・観察した結果をグループごとに話し合ってまとめ、発表・交流活動を行う。

【予想される児童の考え】
①ブロッコリーは、表面近くに水の通り道がある。葉の先まで水が行き渡っている。
②アスパラガスは、全体に水の通り道がある。他の野菜も調べてみたい。
③葉の大きな野菜はどこに水の通り道があるのか。

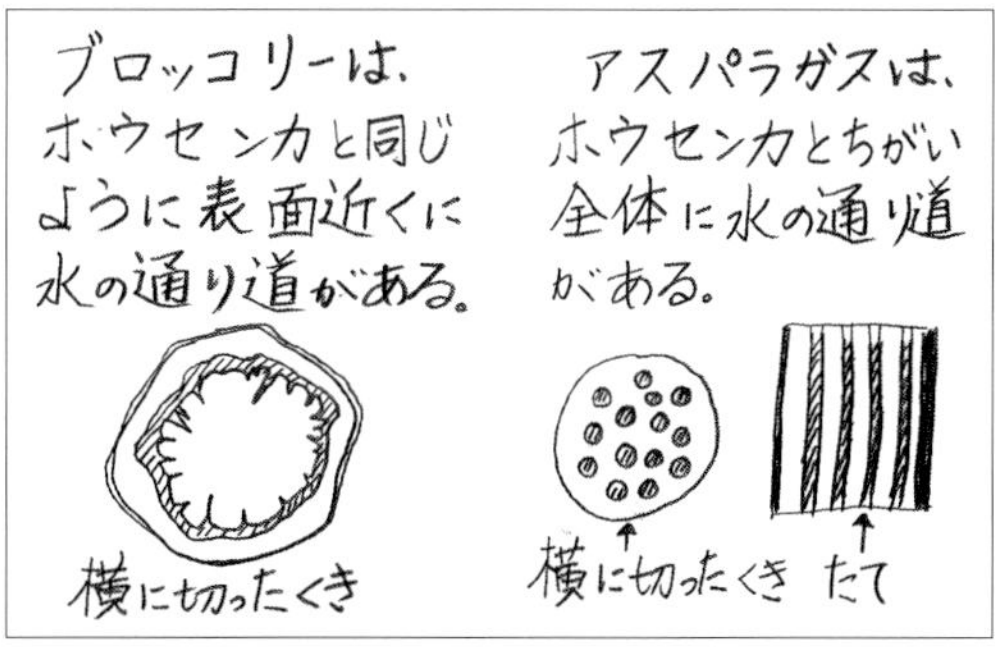

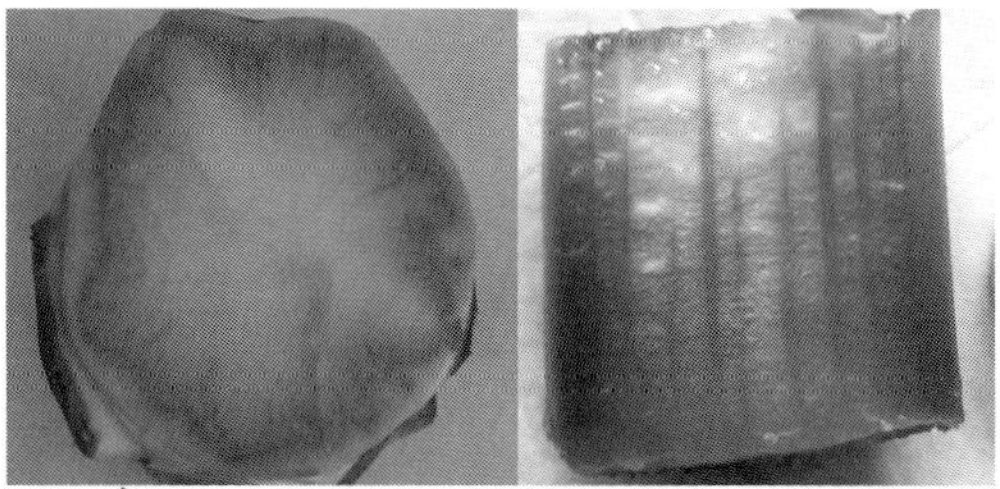
ブロッコリーとアスパラガス

（関澤陽子）

6月

音楽　グループ合奏を楽しもう「ラバーズコンチェルト」

協働して活動する楽しさ

少人数編成のグループ合奏は、１人１人の演奏能力が問われる。自分が受け持ったパートは、責任を持って仕上げなければ、メンバーに迷惑をかけてしまう。合奏が仕上がらない。自分たちの思いや意図を表現に生かしたいという共通の思いのもと、互いに協力し助け合って１つの作品を仕上げる楽しさを味わわせる。

主旋律はリコーダー

（１）曲を聴く

範奏を聴かせる。ＣＤで良い。

（２）新出音の運指（シ♭）

指孔番号（0134）で教える。全員が確実にできるようにする。できているかどうか、隣同士で確認させ合うと良い。

（３）難所取り出し練習

①まずは、教師主導で教える

『ラバーズコンチェルト（主旋律）』で、シ♭が絡む難所は４か所。吹いて聴かせてまねをさせ、吹けるようにする。他の曲でも同様だ。まずは、教師が吹いてみて難所を見つけておくことが成功へのカギになる。

②ペア練習で習熟

時間を限定（５分程度）してペアで練習をする。２人がそろって吹けるようになったら、教師の評定を受ける。合格ペアはミニ先生として、リコーダーが苦手な子をサポートする。運指を見せてまねさせたり、仕上がりを聴いて評定したりする。

（４）通奏・習熟

教えるべきところは教えた。ここからは徐々に手を離す。ペア練習やミニ先生での経験を活かし、グループ（８〜10人程度で編成）で通奏・習熟に取り組む。伴奏は、iPad などで流しっぱなしにする。演奏速度を変化させることができるアプリがあるので便利だ。

８ビートでリズム伴奏

リコーダーがだいたい仕上がってきたら、大太鼓、小太鼓、トライアングルなどで、８ビートのリズムを打つ。

１つのグループがリズム伴奏を担当する。ほかのグループはリコーダーを吹く。ローテーションを組んで、すべてのグループがリズム伴奏を担当するようにする。全員がリズム伴奏を楽しむことができ、リコーダーの習熟も図れる。

【８ビートのリズムと楽器例】

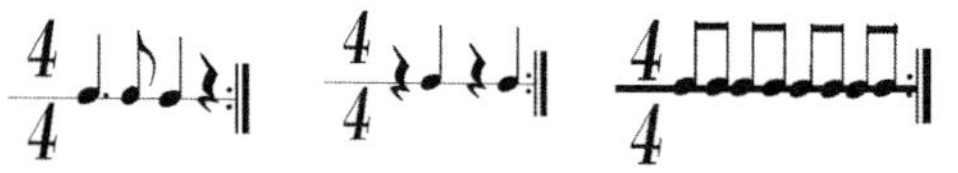

大太鼓　　小太鼓　　トライアングル

パートを決める

リコーダーの音色（主旋律）が十分生かされるよう音量のバランスを考えたり、副旋律・和音・ベース・リズムなど各パートの役割を考えたりしながら、楽器編成をする。実際には、やってみて、聴いてもらって意見をもらい、修正をしながらやっていくのが良い。

教師は、子供の実態に応じてサポートする。各パートの旋律が、「楽譜を見ただけではわからない」という場合には、範奏を聴かせる手立てを取る。

ここでの活動は、自分たちで進める次のグループ合奏（『雨のうた』や『風を切って』など）へとつながっていく。　（中越正美）

6月

図画・工作　物語の絵「百羽のツル」

春の運動会を終えて、落ち着いて学習に取り組ませたい６月におすすめなシナリオである。

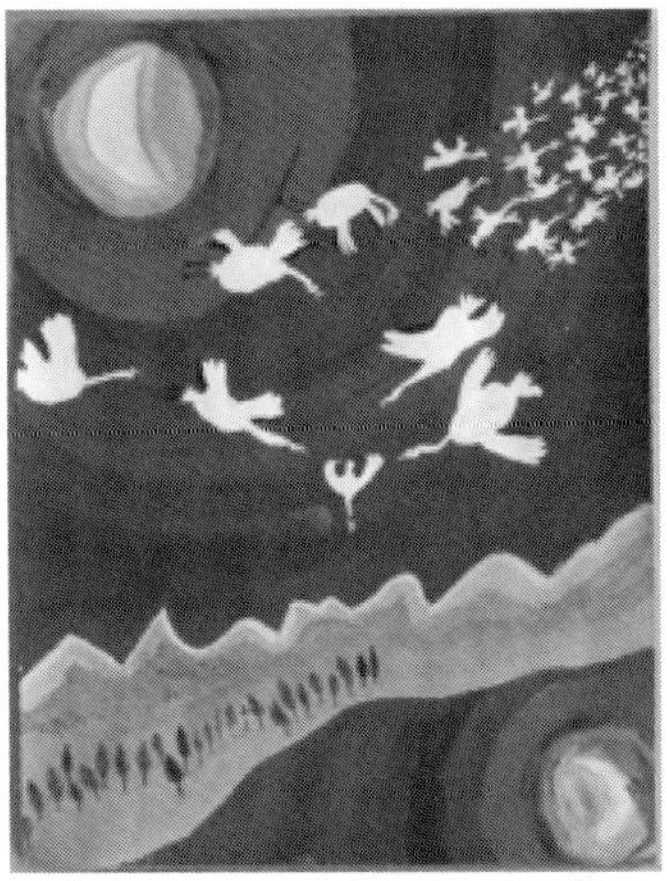

構図を考える

まず、花岡大学の『百羽のツル』の読み聞かせを行い、場面の様子をつかませる。

絵本は、学校になければ、事前に図書館で借りておくとよい。

次に、参考作品を見せて構図を考えさせる。

1　画用紙を縦に使うか、横に使うか。

2　月の位置と下界の風景

参考作品があることで、子どもたちはイメージをしやすくなる。下界の風景は自由であるが、なるべく画面の下に描くようにアドバイスしておく。

黄ボール紙を用意したいが、入手が難しい場合は、黄土色（メーカーによっては、くちばいろ）で、８つ切りから４つ切りの間くらいの色画用紙を用意する。

月と空を塗る

月は黄色に少し白を混ぜたものか白をドロドロの状態にしてしっかり塗る。月の色に少しだけ空の色を入れて塗り、その外側はもう少し濃くして塗る。

これを外へ広げていくことで月と夜空がグラデーションで表現することができる。

空の色には、ポスターカラーのウルトラマリンブルー、ウルトラマリンブルーディープ、プルシアンブルーを用意しておく。ポスターカラーを使うことで、鮮やかになり、鶴の白が映える。

鶴を描く

鶴の描き方を教える。

①胴　②頭　③頭と胴をつなぐ

④尾と足　⑤羽

この順で１羽を描いたら。その鶴に色を塗る。

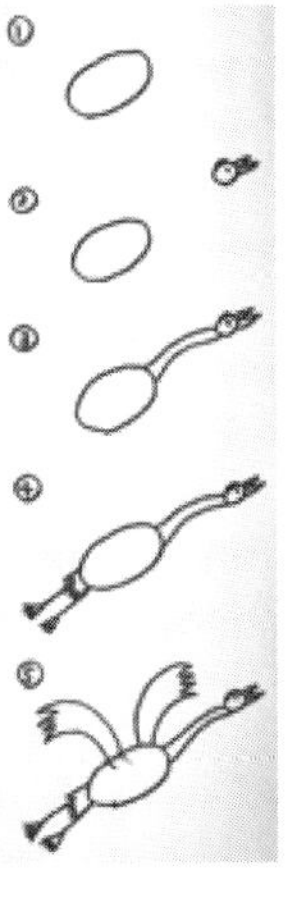

描く順を崩さずに、「大きさ・向き・動き」を考えながら自由に描き、１羽描いたら塗る、を繰り返して仕上げていく。

最後に鑑賞会をする。気に入った作品の「好き・すてき・すばらしい」ところなどを付箋紙に書かせる。付箋紙は用意した上質紙に作品ごとに集約する。

「グラデーションがきれい」

「ツルの大きさに変化があっていい」

「助けにいく様子がよく描けている」

友達からの言葉に顔がほころぶ。

（伊藤夕希子）

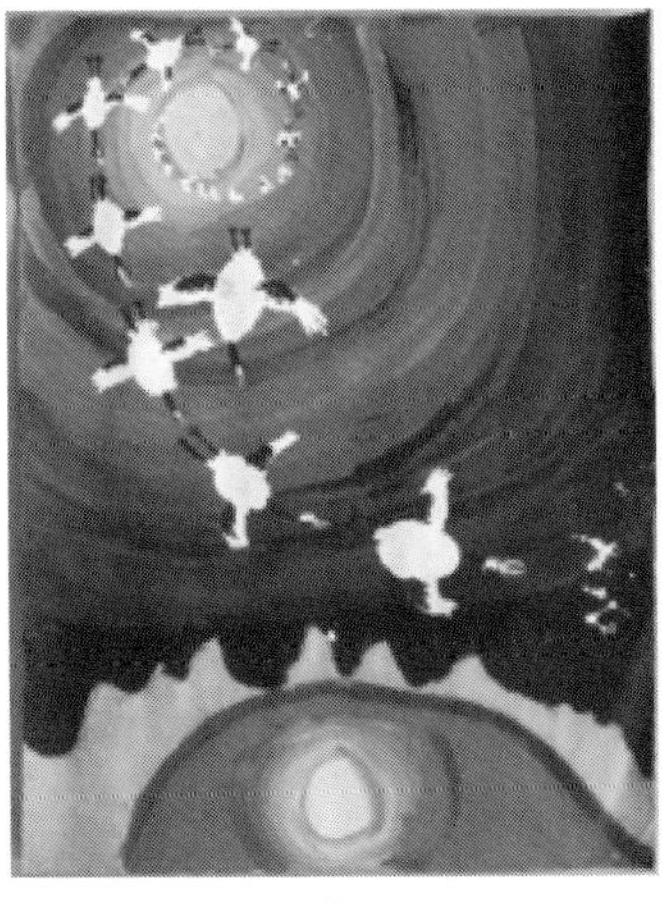

6月

家庭科　自分の担当する掃除場所をきれいにするためのくふうを考える

1.そうじの仕方を見直そう

毎日掃除をしていても、翌日にはゴミが出る。学校をきれいにするには、どうすればいいのか。自分の掃除分担場所をどうすればきれいにすることができるのかを考え、掃除の仕方を考えさせる。

> 自分が掃除をする場所は、どのようなところに、どのようなよごれがあるのか調べます。

①汚れの種類、②なぜよごれるのか、③今までのそうじのしかた、④さらにくふうできること。

①～④について、掃除分担場所が同じ子同士で考えさせる。相談することによって、１人では気付かないことにも、気付くことができる。

例えば、昇降口掃除の場合、

①汚れの種類　　　　　……どろ、すな、ごみ、ほこり。
②なぜよごれるのか　　……靴で出入りするところなので、砂やどろが靴から落ちる。
③今までのそうじのしかた……ほうきで砂をはく。ぞうきんでよごれた場所をふく。
④さらにくふうできること……水を流して、デッキブラシで汚れを流す。

> 掃除担当場所ごとに発表してもらいます。
> 「④さらにくふうできること」を一緒に考えながら聞いてください。

班の発表が終わった後に、「④さらにくふうできること」に新しいアイデアがある場合には発表してもらう。たくさんの意見が出た中で、この日の掃除の時間に行う工夫を決める。

2.掃除の時間に「さらにくふうできること」に取り組む

その日の掃除の時間には、自分たちが考えた「さらにくふうできること」に取り組む。

昇降口は「水を流す」。教室は「クレンザーを使ってよごれを落とす」「ロッカー、窓枠、棚の上を毎日拭く」。廊下は、「荷物をどかして、床を拭く」。

子どもたちは、自分たちが考えた方法に一生懸命取り組んでいた。

> くふうして掃除をした感想を発表します。

「いつもより床がきれいになりました」「昇降口に水を流したら、隅に残っていたほこりを流せました」など、多くの子どもたちが達成感を味わうことができた。今後も掃除の工夫を継続することができるように、掃除の時間後に「どんなくふうをしましたか？」などの確認をする。

（金崎麻美子）

6月

体育　スモールステップで指導するハードル走

向山洋一氏の体育は知的である。そして指示が短い。運動量が激増する。

第1時でハードル1台の跳び方を習得させる。向山氏の実践を軸に、その次の第2時の展開例を示す。

①「しばらくして、全員を集めて、ハードルを二台与えた。そして、出発ラインとゴールラインを書き、その間に二台のハードルを置くように言った。出発ラインから走り出して、二台のハードルを跳んで、ゴールラインに入るのである。相談して二台のハードルを置いていた。もちろんバラバラの置き方である」

ここで、向山型体育の美しさの原型が見られる。出発とゴールの意識である。向山氏のマット指導と同じだ。それは「マットものってから出るまでを、きちんと意識して指導している」という場面である。私は、この1台から2台へつなげるところを、スタートとゴールは確定し、その置き方も横に10列並べ、場を設けた。バラバラにするのは「2台の間隔」である。スタートやゴール位置をバラバラにすることではない。そして、私の立ち位置は全体を見渡せる所となる。

②子どもたちは思い思いに、どこかぎこちなさを浮かべながら2台跳びに挑戦していた。

「3、4回と走るうちに「何か置く場所がポイントなんだよなぁ」などと話し合っていた。質問が来たので、全員集めた。質問とは「ハードルを動かしてもいいのか」ということだった。動かして良い旨を伝え、他の質問を受け付けた。「踏み切り足はちがってもいいのか」と聞いてきた。「ハードルは短距離走の競走だ。速く走れなくてはならない。しかし、どのように踏み切るかはどちらでもよい。決まりはない．速く走れる方法を探すことだ」

大事な定義が示されている。「短距離走であるから速く走れる方法を追求する」ということだ。我流の指導だとどうしても3歩や5歩という形にこだわりすぎて、その型にはめる指導をしがちである。基本的な概念として「短距離走である」ことを教師も自覚し子どもに教えなければならない。そこで私は次の指導を入れた。2人組で走る。片方はハードルを2台跳ぶ。片方はその横をそのまま走るのだ。ハードルを跳ぶ子は必死にただ走っている子を追いかけるように走る。子どもたちが本気になるのだ。これは子どもの力を引っ張り出すことにつながる。一気に短距離走の様に変容する。

③「子どもたちは、ハードルをとりかえて、踏み切りをかえたりして、ためしていた。跳ぶ時は、同じ踏み切り足にした方がいいという結論になったみたいであった。リズムがいいというのである」

ここで主体的・対話的で深い学びが展開される。動きながら試しながらの思考である。誤解しては駄目だ。運動量を確保すること、ごくごく短い時間であることが重要である。第3時以降は、ハードルの台数を増やしていく。（桑原和彦）

道徳　ルーズになる6月　自由とわがまま

6月の道徳のポイント

6月は学級にも慣れてくる時期である。

だからこそ、もう一度、「自律」「責任」をポイントとした道徳の授業をする。

6月のオススメ資料

文科省『私たちの道徳』

「うばわれた自由」のページがある。

読み聞かせした後。

「登場人物は誰がいますか」

（森の番人ガリュー）

（王子ジェラール）

（他の2人の男たち）

「誰がどうした話ですか」

（王子がわがままを言い、最後は牢屋に入った話）

（王子が狩りを禁止されている時間に、狩りをした。ガリューは阻止しようとした）

ここで少し間を置く。

「みんながガリューならば、どんな行動をしますか」

ガリューのように阻止するか、阻止しないかで討論させる。

考え議論する道徳授業である。

「自由とわがままは、どう違いますか」

「ノートに書きなさい」

ノートに、「自由とは～」「わがままとは～」と書かせる。

「この話を読んで、自分がこれからの生活に活かしたいことを書きなさい」

対話指導のポイント

討論で対話をさせるならば、少なくとも5つの定石がある。

■定石①5分以上書かせる時間をとる

いきなり「討論しなさい」が通じるのは、よほど鍛えられたクラスである。2学期後半ならば大丈夫だろう。が、6月は、まだ討論に慣れていない。

発言させる前に、必ず5分以上時間を取る。

■定石②どの子の意見にも丸をつける

「5行書けたら、もっていらっしゃい」と指示する。どの子のノートにも教師が丸をつける。

教師から丸をつけられることで、子供は自信がつく。

■定石③黒板に意見を書かせる

ノートに○を付けたあと、子供にその意見を黒板に書かせる。書かせることで、あとの討論がかみあう。「黒板に、○○くんは、～と書いていますが」と討論が活性化する。また、なかなか書けない子は、黒板の意見を写すことができる。

■定石④少数派から発言させる

意見は必ず少数派から発言させる。なぜか？　少数派は、人数が少ないため、やや不安な状態である。多数派が一気に発言すると、意気消沈する子もいる（やんちゃな男子は余計に燃えるが）。

以上、5つの定石で討論させる。

考え議論する道徳のためには、必須の定石である。

（林健広）

6月

英語　新出表現がないときは、既習をレベルアップさせる！

既習の対話を長くする

Unit3「He is famous. She is great.」では、新出の表現がない。そこで、既習の表現を使ってやりとりを行う。さらに、既習の表現を組み合わせて、対話を長くしていく。以下に例を示す。

１時間目

A：Do you like soccer?
B：Yes, I do.
A：Do you have a soccer ball?
B：Yes, I do.
A：Can you play soccer?
B：Yes, I can.

２時間目

A：Do you like soccer?
B：Yes, I do.　I like soccer.
A：Do you have a soccer ball?
B：Yes, I do.　I have a soccer ball.
A：Can you play soccer?
B：Yes, I can.　I can play soccer.

３時間目

A：Do you like soccer?
B：Yes, I do.　I like soccer.
A：You like soccer!
A：Do you have a soccer ball?
B：Yes, I do.　I have a soccer ball.
A：You have a soccer ball!
A：Can you play soccer?
B：Yes, I can.　I can play soccer.
A：You can play soccer!

表現を増やしていくときには、ALT の先生とのやりとりを、児童に見せるとよい。その後、増やした部分をリピートさせるなど、口頭練習を行う。

語順に気付かせる学習

「『主語 ＋ 動詞 ＋ 目的語』の文の語順に気付く」ということが単元の目標となっている。そのため、We can の中では、絵カードを置く学習がある（以下、イメージ図）。

週２時間なら毎時間の最後に５分～１０分で行うとよい。週１時間とモジュールであれば、モジュールのうち１回を「絵カードを置く学習」にあてるとよい。丸々１時間を「絵カードを置く学習」に当てるのではなく、５分～１０分の短い時間を使い、授業のパーツの１つとして繰り返し指導をしたい部分である。

また、We can の中では、絵カードを置き換えるのは「目的語」の部分である。小林智子氏は2017 年の日本教育技術学会で、「動詞」をなぞる活動について提案された。それを参考に、以下の学習を提案する。

①目的語のカードを置く活動
②動詞のカードを置く活動
③I より後を選んでカードを置く活動

このようにすることで、スモールステップの中、ゲーム感覚で語順に気付かせることができる。

最初は先生と児童で行い。できるようになってきたら、グループで先生役を作り、グループで取り組ませるとより盛り上がる。　（青木翔平）

総合　環境問題についてまとめよう

5月では環境問題で解決する方法を「調べ学習カード」で調べていくようにした。そこで、6月にはその調べたことをまとめていく段階に入る。

まとめる流れを示す

まず、どのようにまとめていくかの流れを伝え、見通しをもたせておくことが大切である。以下、基本的な流れを挙げる。子ども達の実態に合わせて変えていくのも良いだろう。

①タイトル（テーマ）
②テーマを選んだ理由・きっかけ
③調べ方の説明（何を使ってどんなふうに調べたか）
④調べて分かったこと
（「調べ方学習カード」より）
⑤まとめ（感想・新しく疑問に思ったこと・次に取り組みたいテーマ）
⑥参考資料の紹介

可能ならば、2と3の間に「結果の予想（どんな結果になるか予想してみること＝仮説）」を入れても可。

下のように「まとめ方の流れ」の通り取り組ませると、どの子もスムーズにまとめることができ、さらにレポートのまとめ方の型も習得できるようになる。

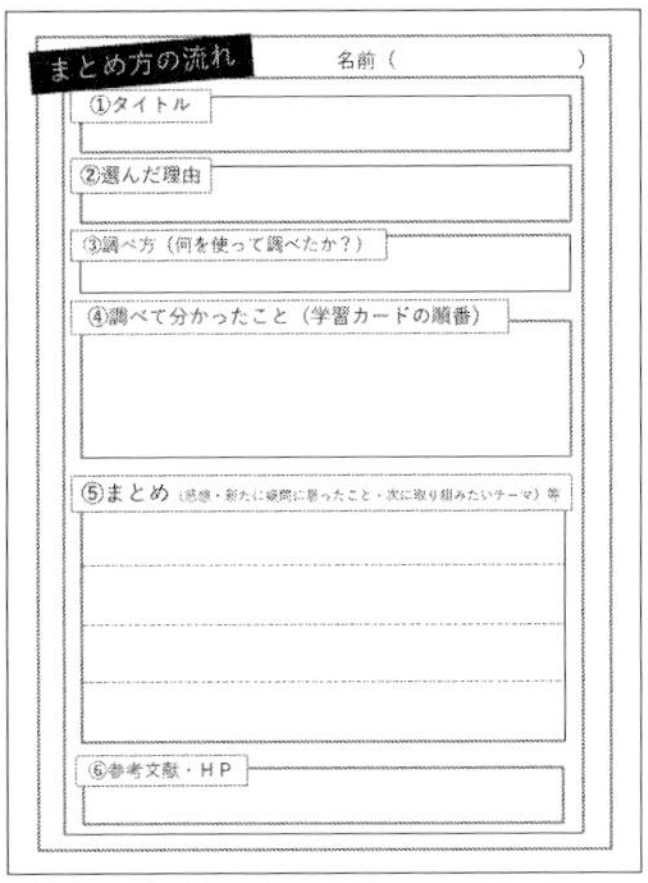
まとめ方の流れ
名前（　　　　　　　）
①タイトル
②選んだ理由
③調べ方（何を使って調べたか？）
④調べて分かったこと（学習カードの順番）
⑤まとめ（感想・新たに疑問に思ったこと・次に取り組みたいテーマ）等
⑥参考文献・HP

「調べ学習カード」を組み合わせる

④「調べて分かったこと」の項目では、5月に「調べ学習カード」で集めた情報を集約し、それらを並べたり整理したりしていく。また、学習カードの順番を整理しておく。

それぞれが小見出しになっているので、まとめる際のレイアウトがしやすくなる。

「まとめ方のレイアウト」を示す

6年生ということもあり、可能であれば1人でまとめるようにし、発表できるような機会をつくりたい。

左のように「まとめ方のレイアウト」を用意し配布しておくと、どの子もイメージができ、まとめやすくなる。

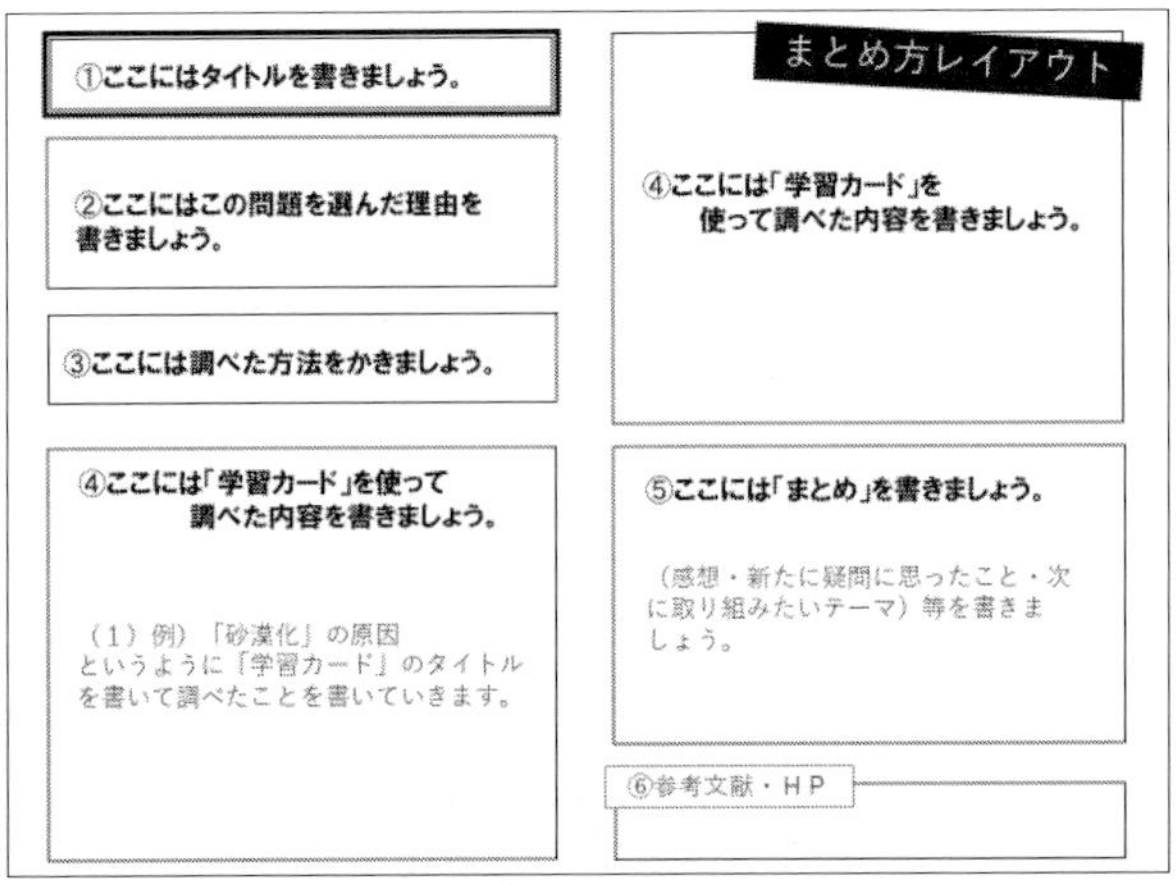
まとめ方レイアウト
①ここにはタイトルを書きましょう。
②ここにはこの問題を選んだ理由を書きましょう。
③ここには調べた方法をかきましょう。
④ここには「学習カード」を使って調べた内容を書きましょう。
（1）例）「砂漠化」の原因
というように「学習カード」のタイトルを書いて調べたことを書いていきます。
④ここには「学習カード」を使って調べた内容を書きましょう。
⑤ここには「まとめ」を書きましょう。
（感想・新たに疑問に思ったこと・次に取り組みたいテーマ）等を書きましょう。
⑥参考文献・HP

グループで途中結果を対話する

まとめをしている途中で、それぞれのグループのメンバーがどのように進んでいるかお互いに対話する時間をもつ。

そこで、グループ内での進行状況をチェックしたり、友達のまとめ方を参考にしたりすることができる。（永井貴憲）

7月

国語　「ようこそ、私たちの町へ」構成と割付を指導する

教材解釈のポイントと指導計画

「ようこそ、私たちの町へ」（光村図書）は、パンフレットを作る学習である。

体験学習や校外学習とセットにしてすすめていくのが良い（全9時間）。

第1時　計画を立て、構想を練る。
第2時　全体の構成を考える。
（総合などの時間で、見学を行う）
第3〜4時　調べ学習をする。
第5時　ページの割付を考える。
第6〜9時　おすすめの本の紹介文を書く。

授業の流れのアウトライン

私の学校では、毎年、鎌倉に見学に行くことが決まっているため、題材を鎌倉に設定した。

鎌倉の町の魅力を誰に伝えるか話し合いをし、5年生に伝えるために、パンフレットを作ることになった。

「じゃらん」などの観光ガイドを班ごとに印刷し配布する。

読んだ人が、行きたくなるような工夫が載っています。できるだけたくさん探しなさい。

どんな工夫があったか発表させ、全体のイメージがもてるようにする。

第2時では、全体の構成を決める。教科書の例を参考にし、表紙や目次、紹介する寺や神社などを割り振る。6年生なので、1人2ページは書くように伝えた。

見学では、班ごとに学校のカメラを貸出し、パンフレットで使うための写真を撮ってくるように伝える。アップとルーズなど、撮り方も指導しておく。

第5時では、割付について班で話し合う。まずは、教科書の例から、できるだけ工夫を見つけ出させる。次に、キャッチコピーをどこに入れるのか、アクセス情報を入れるのかなど、話し合わせる。こうすることで、パンフレットにある程度の統一感が出るようになる。

第6時からの書く段階になると、細かく頻回に持って来させ、次の観点でチェックをする。

①小見出しが工夫されている。
②分かったことが書かれている。
③分かりやすく書かれている。
④写真や図が効果的に使われている。
⑤デザインが工夫されている。

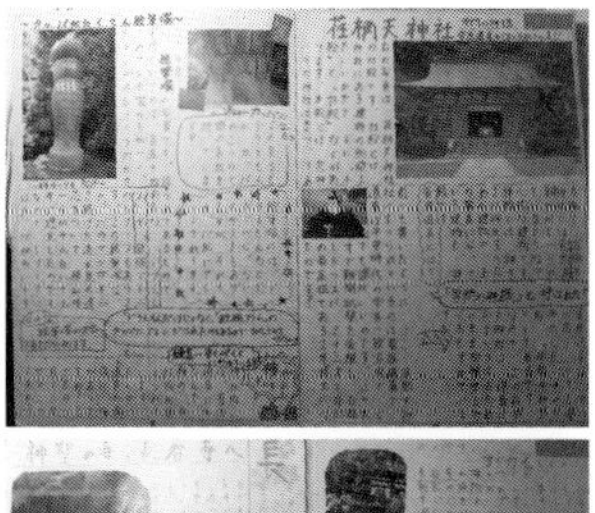

学習困難状況への対応と予防の布石

「鎌倉の大仏」など書きやすいテーマで書かせる。TOSSメモを使い、1枚につき、1項目書かせていく。例えば、「思ったこと」「歴史」など書かせる。次に、TOSSメモを紙に貼り付けていき、全体の割付を決める。最後は、TOSSメモを外し、直接、紙に書き込ませていく。お手本を提示し、真似して良いことを伝える。

（徳永剛）

7月

社会　古墳時代　無理矢理働かされた？

グーグルアースで古墳を見る

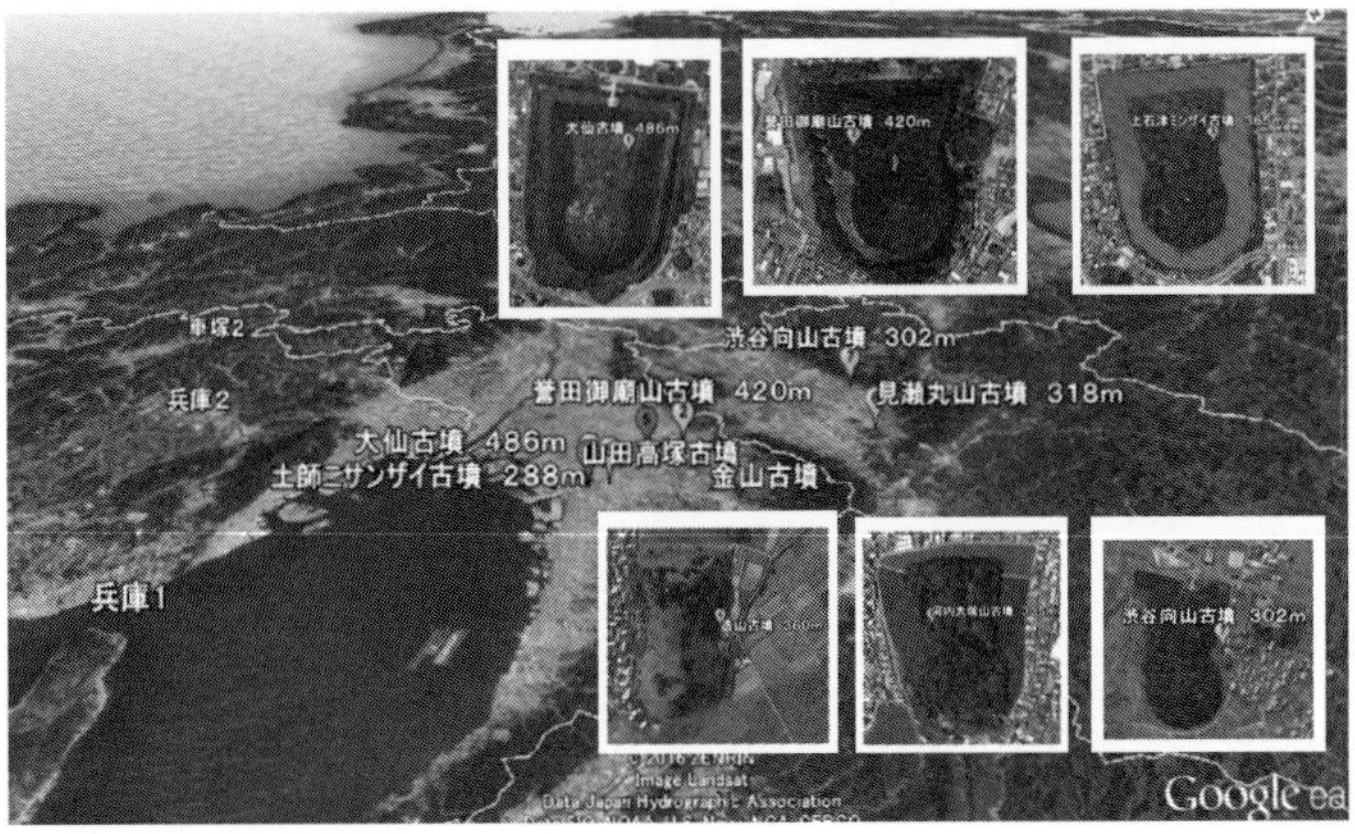

グーグルアースで近畿地方の主な古墳を見ていく。「大山古墳」「誉田御廟山古墳《こんだごびょうやま》」「上石津ミサンザイ古墳」が古墳の大きさベスト3なので検索すると良い。

周りの家と自然に比較し、子ども達はその大きさに気がつく。

> 古墳とは何か教科書や資料集で調べなさい。

当時の豪族の墓だとすぐにわかる。

古墳作りのイラスト

教科書や資料集の「古墳作り」のイラストを提示する。

> 絵を見て、わかったこと、気付いたこと、思ったことをノートにできるだけたくさん箇条書きにしなさい。

「たくさんの人が働いている」「指揮している人がいる」「お堀を掘っている」等、作業に関係することがたくさん出る。

> 日本一大きい大山古墳を作るのにどれくらいの時間がかかったのでしょうか。

予想でいい。建設会社「大林組」の計算によると「15年8ヶ月、のべ７９６万人」の人員が必要だったそうだ。当時の人口は３００～５００万人だったこと（予想）を告げると更に子ども達は驚く。

無理矢理か無理矢理でないか

> 働いている人たちは無理矢理でしょうか。無理矢理ではないでしょうか。

意見を書かせ討論する。イラストから判断して「無理矢理」とする子、かかった年月と人数から「そんな長い時間、たくさんの人数を無理矢理働かせるのは無理だ」など出る。

このお墓が仁徳天皇陵だとすると「民のかまど」（天皇が町を見てかまどから煙が上がっていないのを見て税を免除した話）の話をするのもいいだろう。

当時、田畑を開墾した土を、農耕を指導した人の墓を作るために使用した説を話してもいいだろう。

もちろん両方を一説として紹介し、再度意見を聞き授業終了とする。

（川原雅樹）

7月

算数　対話と面積図で「文章題」を攻略

文章題のとき、整数ならば立式ができても、分数になったとたん、「あれ、かけ算かな？　わり算かな？」と立式で迷う子たちが続出する。対話と、数直線に面積図をかきこむことで攻略する（二重数直線に面積図をかく実践は、山口県の河田孝文氏の追試である）。

問題：下の文章題を解きましょう。

①１ｄＬで板を $\frac{9}{10}$ ㎡ぬれるペンキがあります。
このペンキ $\frac{7}{5}$ ｄＬでは板を何㎡ぬれますか。

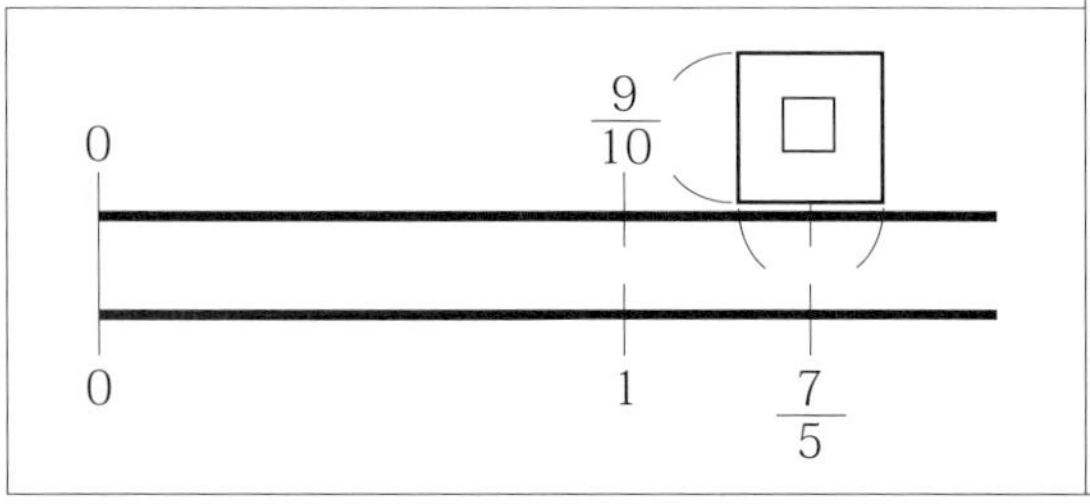

【本時の対話的活動】

まず、「１」の斜め上の数を四角で囲みます。

つぎに、この四角形の面積を求めます。

「たて」にあたる数は、$\frac{9}{10}$ です。「横にあたる数は、$\frac{7}{5}$ です。$\frac{9}{10}\times\frac{7}{5}=\frac{63}{50}$

だから、答えは、$\frac{63}{50}$ ㎡です。

数直線から、面積図をつくる

指示１：面積図をつくります。まず、「１」の斜め上の数（この場合は□）を四角で囲みなさい。
発問１：この四角形の面積を求めます。「たて」にあたる数はいくつですか。（$\frac{9}{10}$ です）
発問２：「横」は？（$\frac{7}{5}$ です）
指示２：面積を求める式をノートに書きなさい。（$\frac{9}{10}\times\frac{7}{5}=\frac{63}{50}$）
指示３：答えを書きなさい。（$\frac{63}{50}$ ㎡です）

わり算になっても、同じように解ける

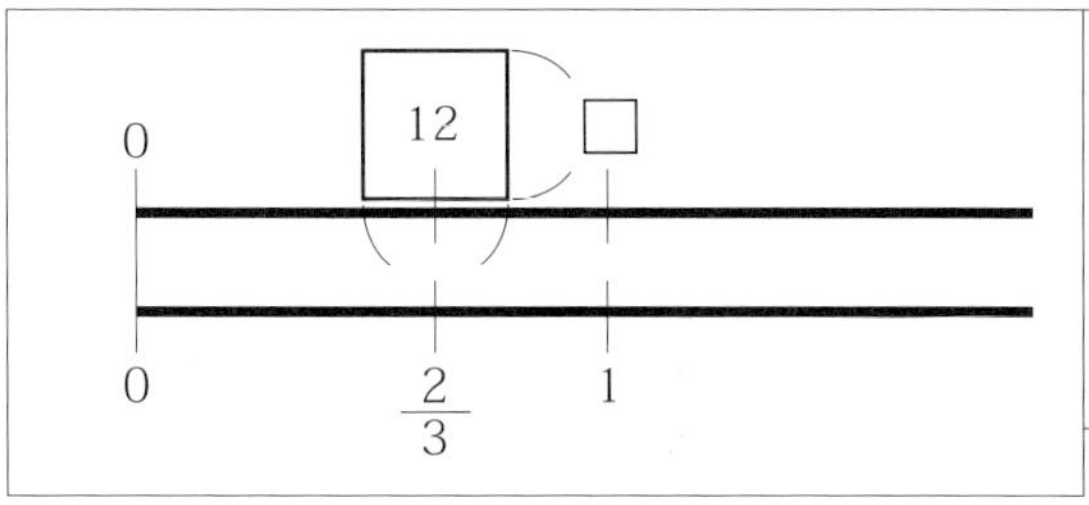

式　$\square\times\frac{2}{3}=12$

$\square=12\div\frac{2}{3}=18$

答え　18 ㎡

左上のような問題でも同じように解ける。一度ではなかなか理解できなくても、何問か繰り返すことで、だんだんできるようになる。

（梅沢貴史）

7月

理科　食物を通した生物どうしの関わり

様々な動物の食べ物に着目して、生物同士の関わりを多面的に調べ、生物には食う食われるという関係があるということを捉えるようにする。

食べ物のもとをたどるとどうなるか

ノートにカレーライスの絵を描く。その材料を考えてノートに書かせ交流する。

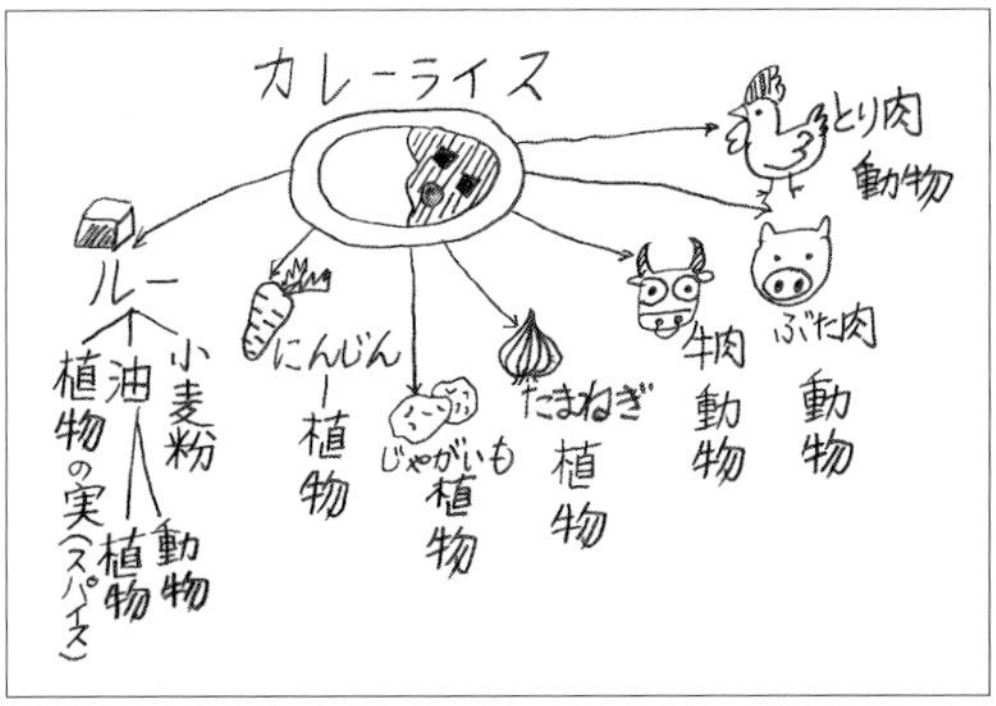

動物については、えさを考えさせ追加する。全ての食べ物が植物にいきつくことを確認する。

次に先生の朝食として、「魚」「卵かけごはん」を出し、先ほどと同様に食べ物のもとをたどらせる。そして次の発問をする。

> 魚は何を食べているのでしょうか？

【予想される児童の考え】
①小さな魚
②水草
③お互いに食べ合っている。
④小さな生き物

水の中の小さな生き物を観察する

小魚は水の中の小さな生き物を食べる。魚が食べているものをたどると、小さな生き物にいきつくことを確認する。実際に水中の小さな生き物を顕微鏡で観察する。

A　魚の水槽のフィルタ

フィルタの汚れの中に小さな生き物がいる。

B　田んぼやビオトープの水

水草近くの水をすくいストッキングやろ紙に水を通す。10 回くらいくり返すと生き物がたまってくる。

C 田んぼの土に水を入れて 10 日くらい待つ。

田に水がない時期なら、水槽に土と水を入れておく。ミジンコなどが泳ぎ始める。

肉食動物の食べ物のもとをたどる

教科書を参考に肉食動物の食べ物のもとをたどる活動をする。そして、生物同士に食う食われる関係があることを確認する。そして「サメ」の食べ物のもとを班で考えさせる。

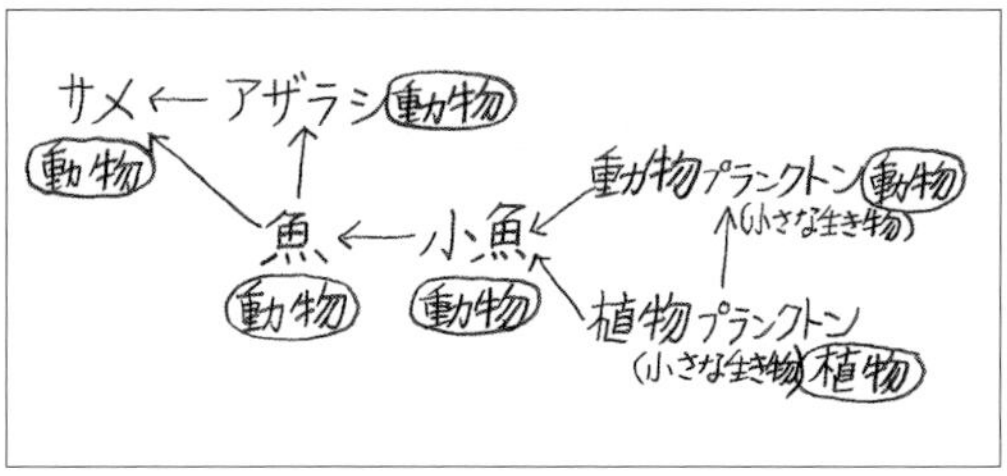

考えを交流すると上記のようになる。海にも小さな生き物がいる。

植物は、養分をつくりだし、草食動物は植物を食べ、肉食動物は他の動物を食べ、養分を取り入れている。生き物には食う食われる関係があり、このような関係を「食物れんさ」ということをまとめる。

（蔭西孝）

7月

音楽　オーケストラのひびきを味わって聴く

６年生は、オーケストラ

音色・音のひびきに関しては、３年生で金管楽器、４年生で木管楽器、５年生で弦楽器と吹奏楽、と学習が進んでいる。６年生では「管（金管楽器・木管楽器）弦（弦楽器）楽〜オーケストラ」のひびきを鑑賞する。音色・音のひびきに関する学習内容を、確実に身につけさせる。

『歓喜』を聴く

『組曲王宮の花火の音楽』から『歓喜』（ヘンデル作曲）は、同じ旋律（テーマ）が楽器編成を変えて３回繰り返される。

１回目は、弦楽器により演奏される。ホルンの演奏が際立つ２回目は、金管楽器と木管楽器により演奏される。３回目は、オーケストラ（管楽器と弦楽器）による演奏（＋打楽器）になる。それぞれに、演奏される楽器のひびきが聴き取り易くなっている。オーケストラのひびきを味わう活動は、この曲から始める。オーケストラの仕組みを理解するのに最適の曲だ。

『威風堂々第一番』

エルガー作曲。ＣＭなどでよく流れている、耳慣れた旋律だ。

指示「聴き取った楽器をノートに書きます」

管楽器・弦楽器・打楽器の音色を聴き取らせたい。できるだけたくさん書かせる。

指示「10個以上書いている人から発表です」

最もたくさん書いた子に発表させる。自分の聴き取りと比較させながら発表を聞かせる。

指示「他に言える人？」

まだ発表されていない楽器を次々と言わせていく。出し尽くす。

発問「オーケストラで演奏されていますか」

その理由をノートにまとめる。発表する。

『木星』

管弦楽組曲『惑星』から『木星』（ホルスト作曲）を聴く。３曲目だ。ここでは、特徴的なホルンの音色や６台使われているティンパニの音色に気づかせたい。

発問「聴こえてきた金管楽器は何ですか？」

聴いた音から楽器を想定し、教科書に掲載されている演奏の写真や巻末にある楽器の写真などを手掛かりにして楽器を確定する。

時間に余裕があれば、管弦楽組曲『惑星』から、『木星』以外の曲も聴かせる。音色や音の重なり以外にも、リズムや速度、旋律、強弱などに気をつけて聴かせ、聴き取ったことを伝え合い共感し合えば、鑑賞の楽しさは広がっていく。

『ハンガリー舞曲第５番』など

ブラームス作曲。曲想の変化がはっきりとしている曲だ。先の管弦楽組曲『惑星』で学んだことを生かした意見交流ができる。

また、オーケストラ演奏とピアノ連弾の２種類を聴かせて、音色の違いによる曲想の変化について比較させることも楽しい活動になる。

学習の整理

オーケストラの楽器配置図などを使って、それぞれの楽器の音色について整理する。
トランペットは『トランペット吹きの休日』、ホルンは『ホルン協奏曲』、クラリネットは『クラリネットポルカ』など、既習の曲を使って整理する。楽器の写真を見せて曲を聴かせると効果的だ。

（中越正美）

図画・工作　しっかり描いてポスターにする

ポスターの描き方を学ぶ。コンクールに応募するためではなく、ポスターを作る手順を指導する。

部分完成法

部分完成法で1つ1つ積み上げるように制作をして行く。主調色で仕上げた電柱の絵を例に手順を示す。

まずは、電柱を1本、線描する。支柱の向きや太さ、トランス、電線の方向など1つ1つていねいに描いていく。

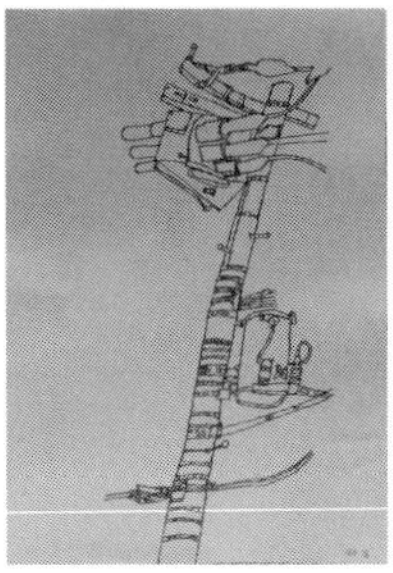

線描ができたら、中心となる1色を決めて、色をつける。中心の色を黄色にした場合は、黄色の他に、赤や緑を少量混ぜて、変化をつけていく。電柱に色をつけて完成したら、もう1本、電柱を描く。電柱の高さや傾きに変化をつけるとさらに良い。

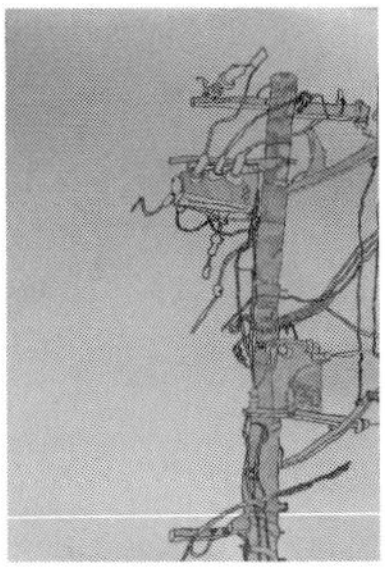

ここでも、細かいところまでていねいに描く。手前の線と向こう側の線の重なりも意識する。

2本目の線描ができたら、同じように色をつける。電柱ができたら、それを電線で結び、後ろの風景も同じようにていねいに描く。色も電柱と同様に中心となる色に他2色を混色していく。青の場合は、緑や黄色。赤の場合は、黄色や青で混色する。こうして、主調色で描いた電柱の絵が完成する。

これだけでも、絵としては十分評価ができる。この絵を使ってポスターを描いていく。

ポスターにするには、伝えたいことを文字情報で伝えなければならない。文字を入れる場合の注意点は、

①絵の中心を避けた位置に入れる。
②文字は、太く、大きめに入れる。
③文字は直接絵に描く方法もあるが、切り取って貼り付けるなど、方法を選択できるようにする。

このように、絵と同様に部分を完成させてから次の部分を描く。そこが完成してから、次の部分を描く。絵が完成してから、言葉や文字の位置、大きさを考えて、入れていく。1つ完成してから次、ということを考えポスターを作ると良い。

全体のトーンと文字の色についても、試行錯誤して配置を決めていくとコンクールで役に立つ。

（廣川徹）

7月

家庭科　暑さをしのぐ工夫を出し合い、実験・観察で確かめる

1.暑さをしのぐための涼しく過ごす工夫を考えさせる

涼しく過ごすためにどんな工夫ができるでしょう。

ノートに書き出させてから、全員が自分の考えを伝えあう場を作るために、グループで話し合う時間をとる。その後、グループで出た意見を発表させ、クラス全体で意見を共有する。

・かき氷、冷たいものを食べる→「食」　・窓を開ける、グリーンカーテン→「住」
・白い服を着る、半袖、半ズボン→「衣」　・エアコン、扇風機、うちわ→「道具」

出た意見は、上記のように分類し、涼しく過ごす工夫の中の、「衣」（着方）の工夫と「住」（住まい方）の工夫について詳しく学習することを確認する。

2.実験・観察で涼しく過ごす方法を確かめる

涼しく過ごす工夫について、本やインターネットで調べるだけではなく、実験や観察も取り入れて学習する。例えば、住まい方では、校内の涼しいところ・暑いところ調べや霧吹きを利用した蒸発冷却を体感する実験などがある。着方では、布の通気性の実験がおすすめだ。

実験・調査の結果は、全体で確認し、気づいたことを交流させる。実際に調べたり、ためしたりすることで、日差しを遮ることや風通しを考えることの意味に気付く。

座学だけではなく、実際に体験させることで、子どもたちは、涼しく過ごす工夫に対して興味を持続して学ぶことができる。また、体験という共通の土台があることで、後の話し合いでもお互いの意見がイメージと結びつき、具体的に意見を交流することができる。

（平眞由美）

実験・観察2-1
涼しいところと暑いところの違いを確かめよう

方法　涼しいところと暑いところの違いを観察したり温度を測ったりして調べる。

1場所の特徴を観察する。目を閉じて様子を感じる。

2温度を予想してから、気温と周りの温度を測る。

3風の強さや向きを確かめる。

実験・観察2-2
涼しくする方法を体感しよう。（蒸発冷却実験①）

方法

手を霧吹きでぬらしたときとぬらしていないときの涼しさの感じ方の違いを確かめる

7月

体育

「手のかき」と「カエル足」をわけて指導する平泳ぎ

子ども達には、まず第一に、体の力を抜いて浮かぶように指導する。

> 水の中で幽霊になりなさい。

上手な子どもに模範してもらい、それを真似させる。これにより一度沈んだ体が水面に浮かぶことを体感させる。そこまで脱力して待つことが必要だと認識する。次に、だるま浮きの練習をさせる。25mを泳げるようにするためのポイントは「呼吸力」にある。呼吸力をつける目安として「だるま浮き十秒」とする。だるま浮きができるようになったら、息継ぎを1回→2回→3回→5回とさせていく連続だるま浮きを行う。

そして、平泳ぎの練習である。ヘルパーをつけさせて、次のように指示する。

> キックはしません。下半身は幽霊、ダランとしておきます。

キックをさせないで、手のかきだけで何度も泳がせる。手のかき方は、次のようにする。

①手を伸ばす
②ハートを描くようにかく
③顔の前で拝む

実際に言葉に出しながらやってみせ、陸上で何度も練習させる。手のかきが上手になってきたら、陸上で呼吸の練習を行う。その時は、上半身を前に傾けて、次のように言いながら行う。

> ブク（拝む）→ブク（伸ばす）→パッ（ハート）

ブクは水中の中で息を吐き、パッは顔を上げて息を吸う。

手をかきながら「ブク　ブク　パッ」と言いながら練習をする。

それでも、手のかきがはやくなってしまう子がいる。次のように指示する。

> 息つぎの後、4秒間手を伸ばしなさい。

教師が側についてカウントしてあげたり、手を引っ張ってあげたりする。時間が明確になり、子どもたちの意欲づけになる。

手を伸ばす回数を増やしていくことで、少しずつ泳ぐ距離が伸びていく。

> 単元の指導計画
> 第1時　呼吸力を診断する。
> 　　まずは浮くことから始める。
> 第2時　キックをしない平泳ぎ。
> 第3時　自然なキックの平泳ぎ。
> 第4時　平泳ぎの完成（かえる足）

（桑原和彦）

7月

道徳　夏休み前に生活習慣

7月の道徳のポイント

7月だ。もうすぐ夏休み。

夏休み帳に、1日の生活予定を書かせるときでもある。その前に、道徳で「節度、節制」を教えておく。

7月のオススメ資料

おススメ資料は2つ。

1つ目が、三浦雄一郎さん。

三浦さんはもう一度エベレストに登るために、不摂生だった生活を改めた人物である。

狭心症で余命3年であったが、生活を改め、エベレストに登る。

まずは、エベレストの動画を見せた。

風は強い。

寒い。

健康な人でもなかなかいけない山であることを話した。死んでいく人もいることも話した。

「みんなら登れますか」

多くの子が無理だという。

「三浦さんが登りました」

「何歳だと思いますか」

子供たちは口々にいろんな答えを言う。

「70歳。世界最高年齢記録です」

「三浦さんは、どんな生活をしていたのでしょうか」

子供たちは「毎日体力づくりをしていた」という。

「そうですね。毎日毎日、運動していました。しかし、その前は違います。三浦さんは、65歳くらいのときの肉体年齢は80歳くらい。まさにメタボ中のメタボでした。飲み放題食べ放題、焼肉が大好きだったそうです」

「三浦さんは言います。一番大事なのは、日常生活だ。毎日1時間以上は歩いていますよね。例えば、駅のエスカレーターとか階段の下りを、三浦さんはできるだけ歩くことにしています。こうして日常の生活に気を付け、エベレストに登ったのです」

「三浦さんの生き方から学んだことを書きなさい」

その後、文部科学省『私たちの道徳』へ進む。

基本的な生活習慣について考えさせるページがある。

「データを見て思ったことや、自分の生活習慣について考えたことを書きましょう」「健康で安全な生活を送るための望ましい生活習慣には、他にどのようなものがありますか」「規則正しい生活を送るための望ましい生活習慣には、他にどのようなものがありますか」

これらの欄に書き込みをさせていく。

三浦さんの生き方を学んだあとだからこそ、子供たちは真剣に書いていく。

モデルとなる実在の人物を紹介し、そのあとで自分たちの生活を振り返らせるとよい。

対話指導のポイント

夏休み前だから、各自が書いた生活習慣をグループで見せ合いをさせる。

「友達の生活習慣が節度あるかどうか検討しなさい」と指示する。

楽しい夏休み前だ。意見もわいわいと楽しいものになる。教師もにこにこしながら、グループの話を聞いていく。

（林健広）

英語 視覚教材を使い、直感的に理解させる

地域にどのような施設があるか尋ねる

以下は Unit4「This is my town.」の単元目標の一部である。

> 地域にどのような施設があるのか、また欲しいのか、さらに地域のよさを聞いたり言ったりすることができる。

よって、ダイアローグをメインにして、やりとりを行う。

> A：What do you have in (Nagoya) ?
> B：We have (Nagoya castle) .

〈授業の流れ〉

（1）単語練習【単語は実態に応じて変える】

Nagoya castle、zoo、park、pool など

（2）状況設定【単語は実態に応じて変える】

お互いの町にはどんな施設があるのか聞いたり言ったりする。（以下のような視覚教材を作ると、子供の理解の補助となる。）

A：What do you have in (Nagoya) ?	
B：We have (Nagoya castle) .	

（3）答え方の練習

最初は「Everyone, What do you have in Nagoya?」と尋ね、2人程指名し、名古屋にある施設を言わせる。この時、左下のような、視覚教材を作っておくと、「名古屋城のような場所を言えばよいのだ！」と直感的に理解させることができる。

T：Repeat. We have Nagoya castle.

C：We have Nagoya castle.

T：We have Higashiyama zoo.

C：We have Higashiyama zoo.

※1by1 で個人に言わせてもよい。

（4）尋ね方の練習

教師に続いてリピートさせる。

（5）アクティビティ

３人と会話させる。

やりとりを長くしていく

２時間目以降は、既習内容の「Where are you from?/I'm from ~.」を会話の最初に入れる。そうすることで、より本物の会話に近づく。

さらにやりとりを長くしていくには、井戸砂織氏が提案した、「つなげる指導」がとても有効である。つなげる１例を示す。

> A：Do you like books?
> B：Yes, I do. I like books.
> A：Do you have library in Nagoya?
> B：Yes, I do. We have library.
> A：Do you want more library in Nagoya?
> B：Yes, I do. I want more library.

また、会話の A パートをなくすと、「発表」となる（加藤心氏提案）。

> I like books. We have library. I want more library.

「やりとり」の経験をたくさんすることは、「発表」の練習にもつながっていくのである。（青木翔平）

7月

総合　環境問題について発表しよう

7月では6月でまとめた環境問題について発表する。

発表の方法を決める

発表の仕方はその前段階のまとめの形式によって異なる。

班でまとめて発表する場合、模造紙を使い発表することになるが、その場合は順に発表したり、ポスターセッションで発表する方法等がある。

また、1人でまとめた場合、画用紙にまとめたものを視聴覚機器を使って、テレビに映し発表する方法がある。

ここでは1人でまとめた場合の発表の仕方を紹介する。

発表の練習をする

制限時間（1～2分程度）を設定し、発表練習をする。

1人で発表練習をした後、すぐにみんなの前で発表するのは負担が大きい。

そこで、次のようにレベルアップしながら練習をすすめていくと負担なく発表ができるようになる。

①1人で練習をする。
②ペアで発表し合う。
③グループで発表し合う。
④全体で発表する。

④までに「教師の前で発表する」という時間を設定しても良い。また、お互いに良かった点やアドバイスを言うようにすると対話も生まれる。

発表の内容を工夫する

ただ、書いていることを発表させるのではなく、内容を工夫させる。

例えば、

- クイズ形式（QA方式・3択方式）
- ペープサートを使う
- 写真やグラフを印刷してそれを提示
- 劇形式
- ニュース形式　　等

工夫することで視聴する側も興味をもって視聴することができる。

発表内容を評価する

発表する際は、視聴する側はただ聞くだけではなく、その内容を相互評価できるようにする。

下のようなシートを用意し、相互評価を行う。

発表後に感想を発表し合う。その際、「声が大きかった」等の発表の仕方に終始する場合がある。

発表内容について感想を書かせるようにした方が良い。「観る・観られる」の関係によって適度な緊張感が生まれ、対話的な活動につながる。

プレゼンチェックシート　名前（　　　　　）

	名前	評価（1～10）	感想（内容について）
1	山田　一郎	8	砂漠化の原因が森林伐採の影響だという事が分かった。四コマ漫画が良かった。
2	佐藤　次郎	7	地球温暖化の原因が二酸化炭素にあるという事が分かった。クイズ形式で面白かった。
3	山下　洋子	9	森林伐採が環境にどのような影響があるのかイラストを使っての説明が分かりやすかった。
4			

良かった子に、再度発表させる

全員の発表が終わったらその中から3人程度、発表が良かった人を挙げさせる。上位3～5人程度の発表を再度聞かせる機会を設ける。

このように良いモデルを示すことで、次に発表する時の参考となり、全体のレベルアップを図る。

（永井貴憲）

9月

国語　「未来がよりよくあるために」反論の書き方を指導する

教材解釈のポイントと指導計画

「未来がよりよくあるために」（光村図書）は、意見文を書く学習である（全8時間）。

> 第1時　「未来」についての討論をする。
> 第2時　意見文の書き方を知る。
> 第3～4時　根拠となる資料を探す。
> 第5～8時　意見文を書く。

授業の流れのアウトライン

第1時に、どんな未来になってほしいか意見を出させる。

「平和な未来」という意見が出たので、次のように発問する。

> 今の日本は、平和ですか。

ノートに○か ×を書かせる。理由もノートに短く書かせる。

【平和である】
- 戦争をしていないため。
- 当たり前の暮らしができる。

【平和でない】
- ミサイルが飛んでくる。
- 貧しい人がいる。

さらに多様な意見を出させるため、次のように指示をする。

> 今の日本が平和かどうか、できるだけ様々な角度から考えなさい。

キーワードだけ、黒板に書かせ、順番に討論していく。

- 自然災害
- 非核3原則
- 死亡率（病気）
- 犯罪
- 環境問題
- 人工知能　など

話が途切れたら、「話題を変えてもいいですか」と、子どもに言わせ、次の話題で討論を続ける。

あらゆる角度から、平和について考えることで、内部情報を増やしていく。

第2時では、意見文の書き方を身につけさせるため、教科書の例文を扱う。

> ①範読をする。
> ②「意見」「根拠となる出来事・資料」「予想される反論と、それに対する考え」「意見とまとめ」の4つに構成がなっていることを確認する。
> ③視写する。

学習困難状況への対応と予防の布石

教科書の例文は文字数が多い。そのため、視写するのが大変である。例文に編集を加え、文字数を600字程度にしたものを配布するのが良い。

また、意見文を書かせる上で、一番難しいのは、「予想される反論・それに対する考え」である。

フォーマットを教えて、それに沿って書くように伝える。

A という意見があるかもしれない。しかし、B と言えるのではないだろうか。

予想される反論は、子どもに合わせて教師が決めてもよい。

（徳永剛）

9月

社会　鎌倉・室町時代　武士のおこり

武士が生まれた訳を予想する

「歴史の勉強は、貴族の時代からお侍、「武士」の時代になります」

> なぜ貴族の世の中から武士が生まれたのか予想してノートに書きなさい。

「貴族のお金を盗む人がいたからガードマンとして」「力で世の中を支配しようと考えた人が出たから」等、様々な意見が出るだろう。

土地開墾は無理矢理か

> 貴族の時代の少し前から人口も増え始め、食糧が足りなくなりました。そのため平安時代くらいから新しい田や畑を開墾（新しく開発する）しなければいけなくなりました。みんなが当時のえらい人だったら、農民に無理矢理開墾させますか。それともごほうびをあげて開墾させますか。ノートに意見と理由を書きなさい。

「無理矢理」「ごほうび」、それぞれ挙手確認して意見を書かせる。

> 同じ意見の人同士集まって、更に意見を付け足しなさい。

その後、討論。意見が途絶えたら次のように説明する。

> 最初は無理矢理でしたが、村ごと逃げる等の出来事があり、ご褒美にしました。
> まずは開墾した人から三代、開墾した人の子供の子供の時代までその土地はあげることにしました（三世一身法）。
> しかし、最後は返却するので結局途中で怠けてしまいます。そこで開墾したら永久にその土地は「ごほうび」としてもらえるようになりました（永年私財法）。

> ごほうびで開墾させると、お金持ちが有利になります。理由を書きなさい。

これも相談させると良いだろう。

「開墾する人を雇う」「開墾した土地を買い取る」ことができたからです。お金持ちがたくさんの土地を持つことが出来るようになります。

再度、武士のおこりを考える

> なぜ土地が増えたら武士が生まれたのか、考えをノートに書きなさい。

黒板に次々に意見を書かせ、発表・討論する。次のように説明する。

「土地の取り合いが生まれガードマンが必要となります。それが武士の始まりです」

その後、「土地を守るため鍛錬しているイラストを読み取らせる。鎌倉時代も室町時代も土地のために武士が働いていること（ご恩と奉公）、その後、室町時代、元寇により、その関係が崩れ時代が終わったことを補足し、授業は終了する。

（川原雅樹）

算数　「拡大図と縮図」を対話で理解させる

「形が同じで大きさが違う図形」を見分けることは、子どもにとって非常に難しい。以前受け持ったクラスでレディネステストをしたところ、33 人中２人しか正確に答えることができなかった。しかし、対話的活動を取り入れたところ、討論が起こった。テストでもクラス平均 90 点以上になった。

問題：色々な台形があります。A と形が同じとみることができるのは、B ～ F の図形のどれでしょうか。

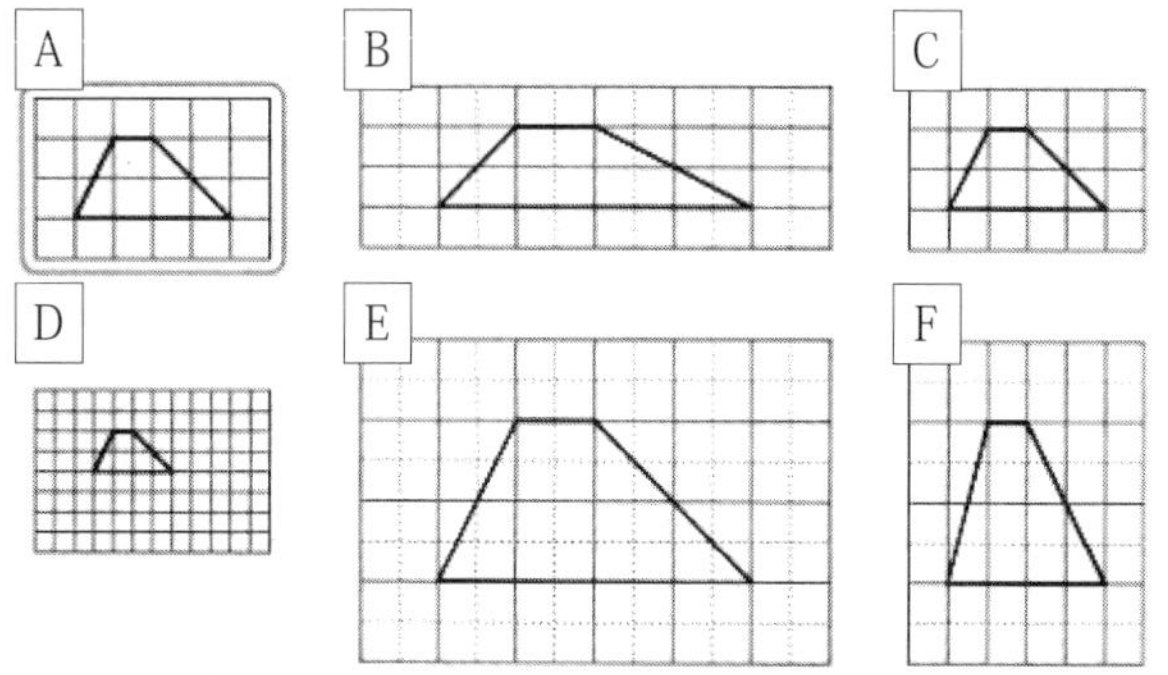

【本時の対話的活動】
指示：A と形が同じ台形はどれですか。選びなさい。選んだら、理由も書きなさい。
(C は A と形が同じであると言えます。なぜなら、対応するどの辺の長さの比も等しく、対応するどの角の大きさも等しいからです)

意見と理由を発表させる

まず「本時の対話的活動」にある指示を出す。このとき、理由も書かせることで「何となく」という回答を防ぎ、知的になる。しかし、理由が書けない子もいる。その際は、早くできた子に、上記の「本時の対話的活動」のように例示させる。

次に全員に発表させる。上記の「本時の対話的活動」を１つの型として発表させていく。すると、意見が分裂する箇所が出てくる。私のクラスでは「B」と「F」の意見が「同じ形」「違う形」と分裂した。

「B」が「同じ形」だという理由……「B」は横の長さがどちらも２倍の長さになっているから。
「F」が「同じ形」だという理由……「F」はたての長さがどちらも２倍の長さになっているから。

討論から深い学びを得る

ここから討論になった。問題のコピーを拡大したものを黒板に貼っていたため、子どもたちは次々に前に出てきて意見を言い始めた。「横の長さが２倍というだけでは、同じ形とは言えません」「いや、対応する辺が１：２になっているから、同じ形です」「ですが……」。時には、黒板に図をかいたり、拡大したコピーにかき込みをしたりして、意見を発表し、討論しながら学びを深めていた。

最終的には、子どもたち自身で、対応する「どの辺」も２倍、もしくは$\frac{1}{2}$の長さの関係になること、対応する角の大きさも同じ、という原理を見つけ、深い学びを得ていた。

（梅沢貴史）

9月

理科　月の形の見え方

月と太陽の位置に着目して、月の形の見え方と太陽の位置関係をモデルや図で表して多面的に調べ、月の輝いている側に太陽があることや月の形の見え方は太陽と月との位置関係によって変わることを捉えるようにする。

ヘッドアースキャップで実験する

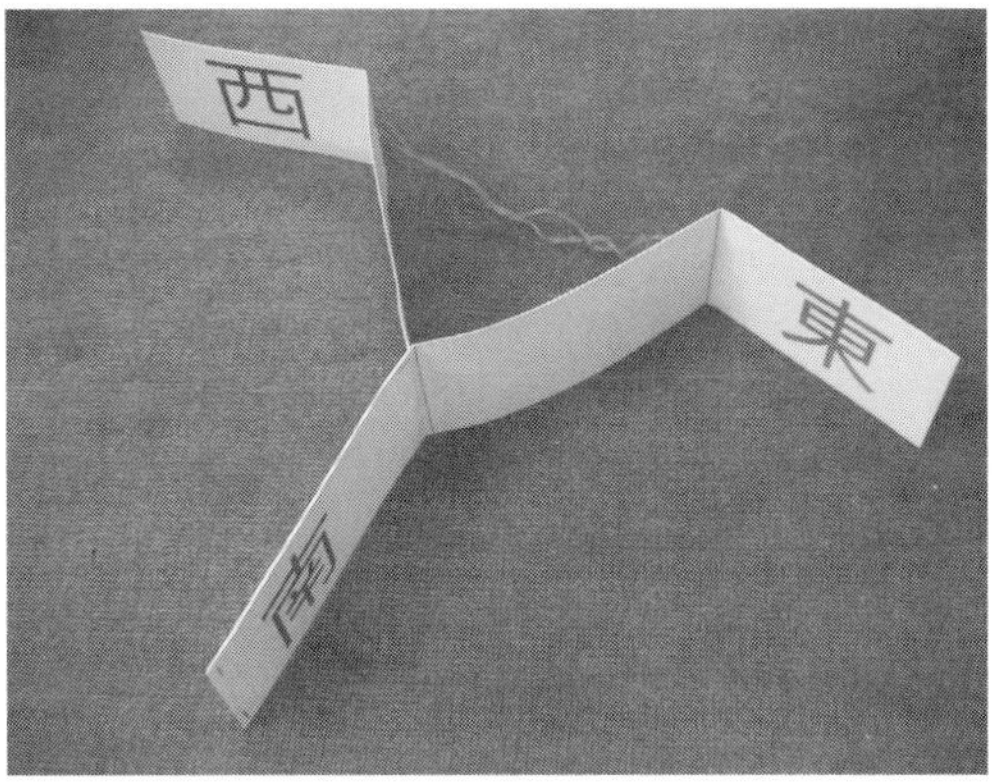

ヘッドアースキャップとは、自分の頭を地球とするモデルで、観測者の正面の方位が南であることを意識させるためのかぶり物である。実験の前にこれを作り、かぶって実験すると、方位が意識できて分かりやすくなる（作り方は、TOSSランド№8858205を参照)。

月の形の変わり方を実験で調べる

ボールや電球を使い以下のような実験を行う。

ボールに光を当てて、月の形が変わって見える理由を調べよう。

「電球の明かりを太陽」「ボールを月」「観察する人を地球」と考えて実験する。また、図のように右を西、左を東、正面を南と考える。今は、西に太陽があるから夕方である。

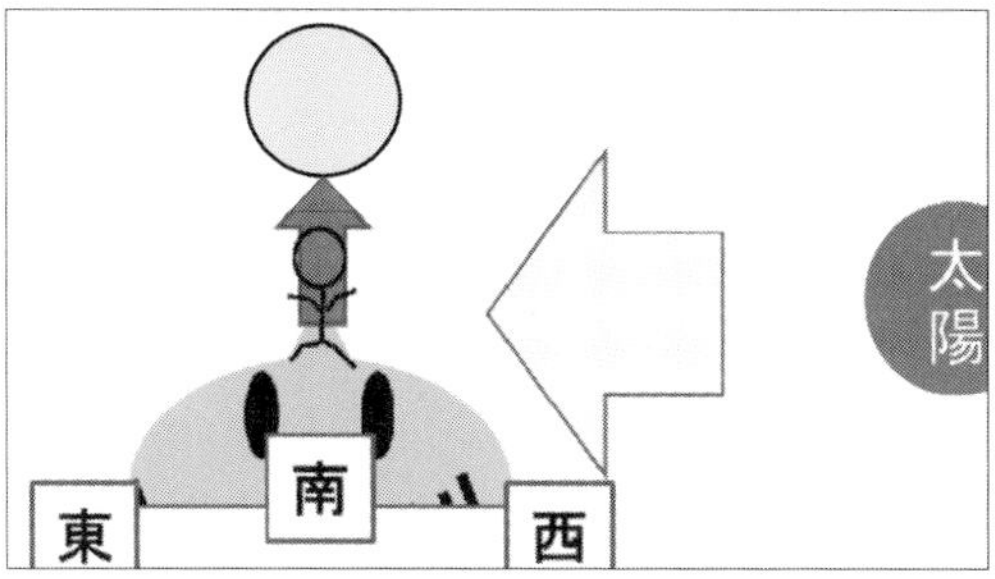

以下のように発問する。

夕方、南にある月は、どんな形に見えるか。

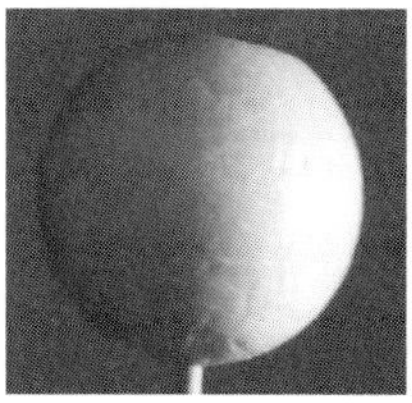

写真のように、正面の南にある月は、半月に見える。

この後、どこに月となるボールを置いて実験をするかをグループごとに計画を立て、結果を予想してから、引き続き実験を行わせる。

【予想される児童の考え】

①夕方西に見える月は、半月より月が細くなると思う。

②夕方東に見える月は、太陽と反対側だから光が多く、半月より大きな月になると思う。

③月の位置が東から西に動くときは、形がどうなるのだろう。

このように、実験の１つを全体で確認してから始めると、全く実験せずに予想させたときに比べ、根拠のある予想をすることができる。

実験後、グループで話し合い、考察を以下のようにまとめさせる。「月と太陽の位置が日によって変わるため、太陽の光が当たる月の明るい面の形が変わって見える」。　　（関澤陽子）

9月

音楽　創作　「リズムをつくってアンサンブル」

まずはお手本どおりにやってみる

（１）趣意説明

説明「リズムアンサンブルをつくります」

説明「この通りにやれば大丈夫です」

創作は、これまでの積み上げが成否を左右する。拍の流れに乗る力や拍の頭を感じ取る力などがついていないと難しい。苦手意識を強く持つ子がいるかもしれない。

教科書には「お手本リズム」と「お手本アンサンブル」が掲載されている。その通りに進めれば、うまく行くようになっている。まずは、それぞれの「お手本」を見せて、「こんなのを作る」という最終形を示し、見通しをつけさせてから始める。

（２）手順を説明

説明「３人組を作ります」

指示「１人１個、リズム楽器を選びます」

皮を張った楽器（太鼓・タンブリンなど）金属でできた楽器（鈴・トライアングルなど）木でできた楽器（カスタネット・クラベスなど）、それぞれの楽器の音色を考慮して選ぶ。

指示「リズムを選びます」

お手本には、３種類のリズムが示されている。その中から自分が打つリズムを１つ選ばせる。

（３）グループ活動

指示「練習開始」

３人組で、「お手本」のリズムアンサンブルが演奏できるよう練習を進める。練習場所や練習方法など、すべて３人で話し合って決める。やってみて、音量バランスや音色を考慮しての楽器変更もありとする。

（４）練習の成果発表

拍の流れが保てるよう、クラベスやカスネットなどで拍打ちを入れる。教師が担当する。

リズムをつくる

お手本通りにやってみることで、見通しがたった。次は自分たちオリジナルのリズムをつくる。自分達に合ったコースを選ばせグループで活動させる。難度レベルを示すと分かり易い。

【難度レベル１】つくるのは難しい

「お手本」通りのリズムでやる。楽器選びや演奏方法を工夫して楽しむコース。

【難度レベル２】一からつくるのは難しい

「お手本」リズムを元にして、一部をリズム変奏して楽しむコース。

【難度レベル３】２小節分らくらく創作できる

拍の流れに乗ることができ、楽器を打ち鳴らしながら２小節分のリズムをつくることができる。３人のリズムが重ならないよう、調整もできる。創作を心から楽しむコース。

つくったリズムで「お手本アンサンブル」

２小節分のリズムがつくれたら、グループで「お手本アンサンブル」にとりかかる。お手本通りに演奏する。うまくできるようになったところから、どんどん発表させていく。なかなかうまく進められないグループの参考になる。

どうしてもうまくいかないグループは、教師がサポートする。この段階までは、どのグループも到達できるようにする。

「オリジナルアンサンブル」をつくる

繰り返し、呼びかけと答え、楽器の増減などの工夫を加えて、「オリジナルアンサンブル」をつくる。「お手本アンサンブル」を参考にすれば、子供たちだけで進めることができる。互いに聴き合い、意見交流をする。

（中越正美）

9月

図画・工作　遠近のある風景で写生会作品

第1幕

写生会では遠近のある風景をテーマとする。事前に学校周りから植物をいくつか採集してきて、教室に持ち込んでおく。

描き始める位置を指導したあとは、植物を描く。ただ描けばいいのではなく、可能な限り詳細に、丁寧に描くように指導する。写真のように、花びらや葉っぱの1つ1つを丁寧に線描させる。

まずは1つ完成させる。1つが完全に完成してから、もう1つの植物を描き入れる。2つの植物が重なるように描くと画面に動きが出る。こうして植物の線描ができあがる。

第2幕

植物の部分を完成させる。「部分完成法」という。絵の具の量を調節しながら、線描した油性ペンの線を踏まないように丁寧に色をつける。植物が足りないと感じた時には、もう1本の植物をここで付け加えて描いておく。

第3幕

植物の向こうにある景色を描き入れる。先に完成している近景の植物の向こう側にある風景になるので、植物の向こう側を意識して線描をする。写真のような建物であれば、やや低めに全体を入れると、空の面積が増えるので、遠近を表現できる。遠景といえども「かたつむりの線」でゆっくりと描いていく。

第4幕

近景の草を描いていく。次に、中景の建物にも色をつけていく。そして、遠景の山や建物を描いたり、空に色をつけていく。

全体で10時間程度を要して完成となる。制作途中では、子ども同士で作品を見せ合って良いところを見つけたり、教師と対話をしてよりよい作品の完成まで根気よく取り組ませていく。

（廣川徹）

9月

家庭科　取り扱い絵表示を読み取り、洗濯の仕方を考える

1. 手洗いと洗濯機洗いの違いに気付かせる

洗濯実習の１回目は、靴下の洗濯がおすすめだ。片方は手洗い、もう片方は洗濯機で洗うことで手洗いと洗濯機洗いの違いに気付くことができる。

> 手洗いと洗濯機洗いにはどんな違いがあるでしょう。

手洗い：細かいところまで洗える／汚れが落ちやすい／手間がかかる
洗濯機：全体を洗える／汚れが残ることがある／１度にたくさん洗える／洗濯中別のことができる

それぞれの特徴を確認した後で、生活にどう生かすか考え、友達と意見を交流することで、「汚れがひどい時には、手洗いをする」「普段は洗濯機を使い、時間がある時は手洗いをする」といった工夫に結び付く。

また、ここで、洗濯機洗いと手洗いの違いを知ることが次の学習にいきる。

2. 取り扱い絵表示調べで洗濯の仕方を考えさせる

２回目の洗濯実習はシャツを扱う。大きめの衣類の洗い方と取り扱い絵表示について学習するためだ。取り扱い絵表示は、2016 年 12 月より表示方法が世界で共通に使用されている ISO（国際規格）の記号に合わせて変更になっているので注意が必要だ。

> 自分のシャツの取り扱いの注意は何でしょうか。
> シャツの取り扱い絵表示を見ながら、取り扱いの注意を書き出しましょう。

取り扱い絵表示の説明の一覧表を用意し、シャツの絵表示と照らし合わせながら書き出していけるようにする。

今までの衣類と新表示の衣類どちらにも対応できるように、JAS の取り扱い絵表示だけではなく、ISO の取り扱い絵表示の一覧も用意しておく。

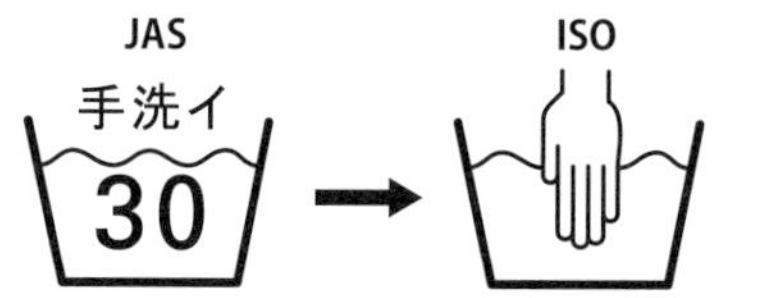

手洗いの取り扱い絵表示

> ペアの人と交代して洗濯をしましょう。見ている時は、ペアの人のいいところを書きます。

ペアを組ませ交代しながら洗濯させることで、互いに見合うことができる。はじめにどんなことに注意して洗濯するか伝えあっておくと、意識も高まり、相手の工夫にも気付きやすくなる。洗濯実習を水遊びで終わらせないためには、視点を持たせることが大事だ。（平眞由美）

9月

体育　イメージ語で動きを上達させるとび箱運動

まず、前転の練習を行う。マット1枚でまっすぐ回れるようになったら、マットを1枚ずつ重ねていき、徐々に高さをつけていく。その時に、

> マットに頭をつけないで、前転しなさい。

と指示する。頭がマットについていると、跳び箱での練習に移行した時、安定した前転動作ができない。重ねたマットで上手に前転ができるようになるポイントは、

> ひざをまげ、ピーンと伸ばした時に前転する。

ことである。タイミングが分からないと、いつ前転したらよいか分からず頭からマットにつけようとする。ひざをピーンと伸ばすことで上体が起きて助走がつく。

複数枚のマットでできたら、跳び箱での練習に移る。最初は、1段を2つ縦につけて並べた状態から始め、少しずつ段を高くしていく。ステップを示す。①跳び箱1段を2つ縦に並べる。②跳び箱1段と跳び箱2段。③跳び箱2段。④跳び箱3段。跳び箱での練習では「両足で強く床を蹴って、腰を上げる」ことがポイントだ。そこで、

> 跳び箱で前転する前に、跳び箱の前でトントン、トーンとお尻を高く上げてから回りなさい。

と、指示する。師範を見せるとよい。上手にできるようになった子には膝を伸ばした台上前転の練習をさせる。

さらに、「首はね跳び・頭はね跳びの発展技」である。「首はね跳び」「頭はね跳び」が上手にできるには、「せばめていた腰の角度を勢いよく広げる動作」の習得が不可欠だ。そのためのステップを示す。

①マットで「ゆりかごからのはね動作」。
②エバーマットで「ゆりかごからのはね動作」。
③マットで「前転からのはね跳び」。
④4段程度の跳び箱の前に低い跳び箱（2段程度）をつなぎ、低い跳び箱の上で踏み切ってから、台上前転の練習。
⑤手前の跳び箱の高さを低くしていく。
⑥4段の跳び箱1つでの「首はね跳び」「頭はね跳び」。

（桑原和彦）

道徳　2学期にむけて　希望

9月の道徳のポイント

9月。2学期にむけて希望にわいている。「希望」「夢」をポイントにした授業をする。

9月のオススメ資料

文部科学省『私たちの道徳』「希望と勇気をもってくじけずに」というページがある。内村航平選手、豊田佐吉、森光子、向井千秋の各氏。

力のある資料だ。

このような資料は、あれこれ教師が話さないほうがいい。

感動が薄れる。

教師は読み聞かせをするだけでよい。

読み聞かせをしたあとで、

> 「学んだ生き方を書きなさい」

ノートに1ページ書かせていく。

さらに「ヘレンと共に　アニー・サリバン」の話もある。

子供たちには、多くの人物の生き方を紹介していく。たくさんの人物の生き方を知ることで、子供たちのそれぞれに、参考になる生き方がある。

実在の、そして優れた人物は、1人でも多く紹介したほうがよい。

読み聞かせをしたあとだ。

> 「誰が出てきましたか」

(アニー・サリバン)
(ヘレン・ケラー)
(お父さん)
(お母さん)

> 「誰がどうした話ですか」

(アニー・サリバンが、ヘレン・ケラーに1つ1つ教えていった話)

「サリバンはヘレンのわがままをなおそうとします。しかし、『サリバン先生の教え方は厳しすぎる。あれではヘレンがかわいそう』と陰口を言われます」

> 「みんながサリバンなら、どうしますか」

このまま厳しく教える、優しく教える、2つの意見で議論させる。

> 「ヘレンは、大学から博士号をもらうほど立派になりました。サリバンの夢はかなったのです。サリバンの夢がかなった理由を、文章から探しなさい。線を引きなさい」

夢をかなえた人物を扱うとき、この夢をかなえた理由を捜させる指示は、有効である。

(目標を立てた)
(周りから陰口を言われても続けた)

というような夢をかなえるための法則が、導き出される。

> 「サリバンから学んだ生き方を書きなさい」

対話指導のポイント

対話させるには、様々な意見が必要だ。みんな同じ意見ならば対話する必要はない。

教師が日頃から、様々な意見を受けいれる態度が必須のポイントである。

（林健広）

9月

英語 過去形の意味は状況設定で理解させる

動詞の過去形をどのように授業するか

この単元で注目したいことは、やはり過去形の扱いである。新学習指導要領では、以下の過去形を扱うように示されている。

動詞の過去形（went、ate、saw、enjoyed、was）

これをどのように教えていくのか。

先行実践を井戸砂織氏が行っている。井戸氏は、「夏休み明けの学校で夏休みの思い出を話す」という状況設定で授業をした。夏休みで会えなかった友達と、夏休みにしていたことを話す姿は、学校生活でよく見られる。過去形を教えるにはうってつけの状況設定である。

〈授業の流れ〉

（１）単語練習【単語は実態に応じて変える】

かき氷、watermelon、melon、など

（２）動詞の練習

eat と ate の違いを直感的に理解させる。カレンダーに授業日の日付と食べる動作のイラストを出して、「eat」をリピートさせる。次に、授業日の前日の日付と食べる動作のイラストを出して、「ate」をリピートさせる。「今日より昔は言い方が違うのだ」と直感的に理解させる。

下の図は go と went を教えたときの視覚教材である。このよう教材を作ると、子供は直感的に理解しやすくなる。

①	②
	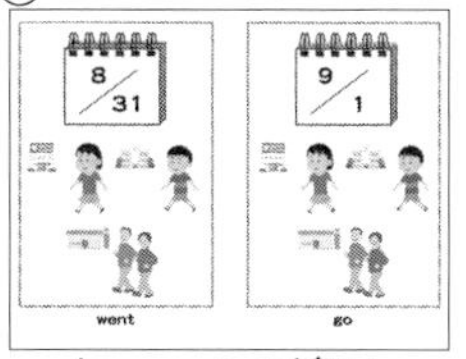
go の単語練習	go と went の違い

（３）状況設定

夏休み明けの教室で、夏休みの思い出について言ったり聞いたりする。

A：How was your summer vacation?	
B：I ate かき氷 .	

（４）答え方の練習

子供に「How was your summer vacation?」と尋ね、何を食べたのか数人に言わせてから、「I ate ~.」を全員でリピート練習するとよい。

（５）尋ね方の練習

尋ねる文章が長いため、「How was」と「your summer vacation」で区切り、リピート練習をするとよい。「How was」は２拍、「your summer vacation」は３拍、つなげて「How was your summer vacation?」を言わせる時は４拍で言うと、リズム良くリピートさせることができる。

T：How was　　C：How was

T：your summer vacation

C：your summer vacation

T：How was your summer vacation?

C：How was your summer vacation?

(６) アクティビティ

３人と会話させる。　（青木翔平）

総合　プログラミングについて知ろう

プログラミング教育とは

新学習指導要領で新しく加わった学習が「プログラミング教育」である。プログラミング教育は、教科としては位置づけられていないが、各教科や総合的な学習の時間を使って学習をすることになる。

このプログラミング教育こそ、「主体的・対話的で深い学び」を実現できると考える。子ども達が意欲をもって取り組む中で、何度もトライアンドエラーを繰り返しながら、教材や友達と対話し、学んでいくことが出来るからである。

プログラミング教育の目標は次のことである。

> 子供たちにコンピュータに意図した処理を行うように指示することができるということを体験させながら、将来どのような職業に就くとしても、時代を超えて普遍的に求められる力としての「プログラミング的思考」などを育成するもの
> （「小学校段階におけるプログラミング教育の在り方について（議論の取りまとめ）」より）

プログラミング的思考とは、「自分が意図する一連の活動を実現するために、どのような動きの組み合わせが必要であり、1つ1つの動きに対応した記号を、どのように組み合わせたらいいのか、記号の組み合わせをどのように改善して行けば、より意図した活動に近づくのか、といったことを論理的に考えていく力のことである。

プログラミングについて知る

まず初めにプログラミングについて知ることを学習する。

自動ドアの図を見せて次のように問う。

> 自動ドアは、人が来ると開きますね。最初に働くところはどこでしょうか。

最初に働くところは「センサー」である。しかし、センサーがあればドアが開くのではない。

次に働くところを尋ねる。次に働くところは「制御装置（コンピュータ）」である。

> コンピュータがあれば、ドアが開いてくれるのではありません。人があらかじめコンピュータに、どのようにすればよいのかを教えているのです。これを「プログラミング」と言います。

身の周りのプログラミングされているものを探す

次に、身の周りにあるプログラミングされているものを探す。例えば、洗濯機がある。洗濯機では、洗濯物の量を量り、自動で水の量を調整している。他にも、身の周りにはたくさんプログラミングされているものがある。いくつ見つけることができるか、グループで競争させると良い。

私のクラスで実践したときには、テレビやエアコンなど50個以上のものが出された。それほど身の周りにはたくさんプログラミングされているものが存在している。そして、それは今後さらに増えることが予想される。たくさんプログラミングされているものがあることを知り、次月の「プログラミングをしてみよう」の学習につなげていく。

（畦田真介）

10月

国語　「やまなし」対比を使った主題の読み取り方を指導する

教材解釈のポイントと指導計画

「やまなし」（宮沢賢治／光村図書）の授業である。向山洋一氏の「やまなし」実践を参考に指導計画を立てた（全９時間）。

第１時　音読。初発の感想を書く。
第２時　音読。語句調べ。
第３時　「イーハトーヴの夢」を読む。音読。語句調べ。
第４時　前書き後書きの検討をする。
第５時　対比を検討する。
第６時　色を検討する。
第７時　色が象徴しているものを検討する。
第８時　「やまなし」とは、何を表しているかを考える。
第９時　主題を検討する。

授業の流れのアウトライン

第４時では、前書き・後書きを扱う。幻灯とは、フィルムなどに強い光を当てて、レンズで幕などに拡大映像を投映して見せるものである。

スクリーン（幕）の位置は、どこか。

このように発問することで、語り手の視点を検討させることができる。

①川　②部屋　③語り手の頭の中

そこで、「私の幻灯」の「の」について分析する。

ア所有格の「の」：私の指
イ所属の「の」：学校の先生
ウ同格の「の」：兄の一郎

「私の幻灯」の「の」は、ア～ウのうち、どれに一番近いか討論する。「の」によって、解釈が異なる。

私のクラスでは、頭の中という意見が多かった。幻灯を自分自身と捉えていた。

第５時では、５月と12月を比べて、できるだけ多くの対比を列挙させる。次に、一番重要な対比を検討させる。

私のクラスでは、「かわせみとやまなし」という意見が多かった。

それぞれが何を象徴しているか聞くと、「死と生」を表しているという子がいた。対比と象徴をセットで教えると良い。

対比されている色は、なにか。

できるだけ多くの色の対比を列挙させる。次に、色が何を象徴しているのかを考えさせる（赤→死　青→恐怖・人生　黒→死　黄金→幸福・平和）。

色が何を象徴しているかわかれば、この作品の主題がみえてくる。

第10時では、今までの時間で学んだことから主題を考えさせた。

・日常の中にある命のつながり
・困難の中にある命の大切さ

学習困難児への対応と予防の布石

色が何を象徴しているのか考えるのは、難しい。

例えば、赤が象徴するものを問うと、「トマト」と答える子がいる。

象徴とは、「目で見えないものを見えるものによって、表していること」と定義する。

鳩は「平和」、白は「純粋さ」、など例示する。「目で見えないもの」とすることで、「象徴」の意味が捉えやすくなる。

（徳永剛）

10月

社会　戦国時代　時代を代表する人物

時代の特徴をつかむ

> 鎌倉・室町時代の特徴を一言で言いなさい。

様々な意見が出るだろう。教師が「ご恩と奉公の時代」と一旦まとめる。

> 戦国時代の特徴を一言で言いなさい。

これも様々出ていい。「下克上」とこちらも教師が一旦まとめておく。

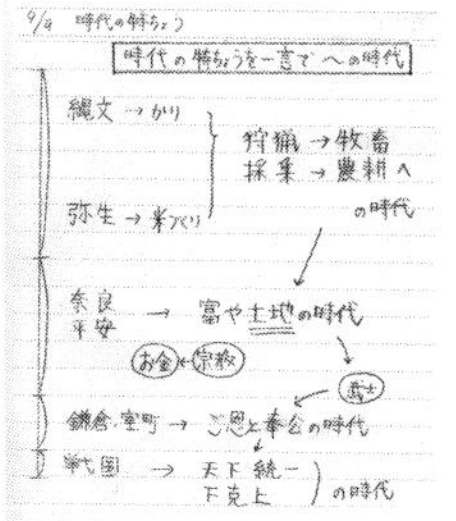

どちらも出るのが難しい場合は「縄文時代は狩猟と採集」「弥生時代は牧畜と農耕」など、時代を遡り、教師が例示するとよいだろう。

時代を代表する人物を選ぶ

> 時代を代表する人物を1人選びなさい。

教科書や資料集巻末の人物ページから選ばせる。例えば「織田信長」等となる。

人物調べ

同じ人物を選んだ子供2〜3人でグループを作らせる。

> 選んだ人物について次のことを調べて、FAX用紙にまとめていきなさい。
> ①人物名　②似顔絵　③年表
> ④その人がやったこと　⑤その他

B4で1〜2枚程度にまとめさせる。できたら、全員分集め印刷製本して資料

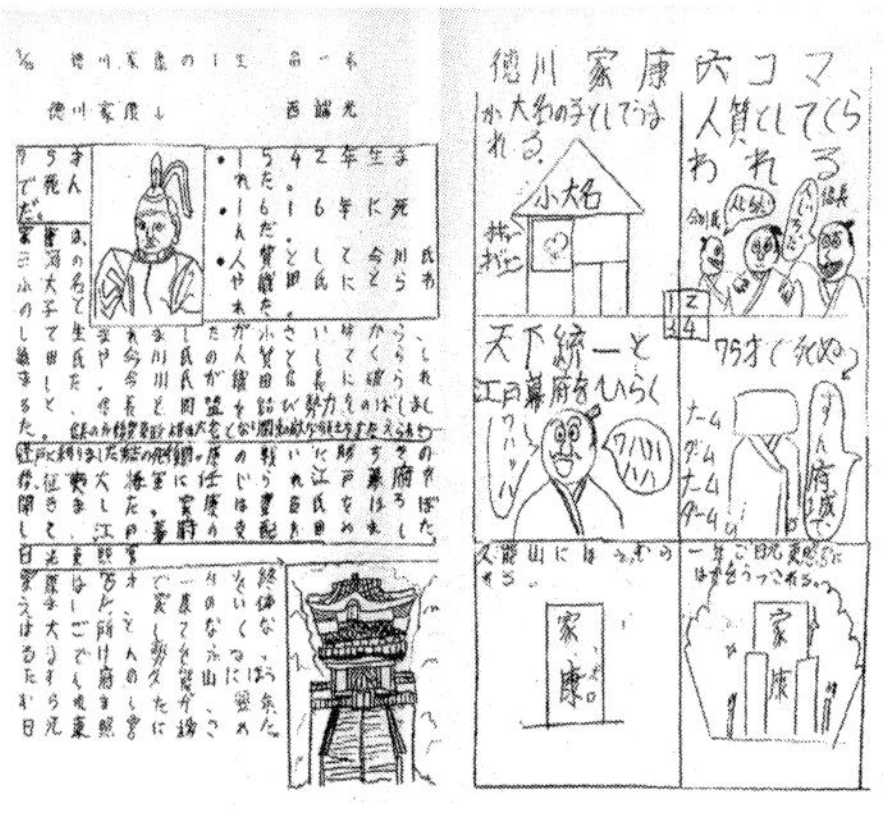

集にする。

子供の人数分配布し、ざっと全て読ませる。

どのように生きようとしたか

> ①その人は時代をどのように生きようとしましたか。一言で書きなさい（例：戦で天下統一しようとした）。
> ②それを証明するエピソードを5つカードに書きなさい（例：鉄砲を使った）。
> ③グループで似ているものを集めなさい（KJ法）。
> ④一番代表的なエピソードを1つ選んで黒板に書きなさい。
> ⑤おかしい意見があったら発表しなさい（簡単な討論）。
> ⑥戦国時代について、誰か1人、人物を選んで説明しなさい。

黒板には、信長の鉄砲隊のこと、秀吉の懐草履のこと、家康の関ケ原のことなど、時代を代表する出来事が揃う。これらのエピソードを読んでいくだけでも、戦国時代の「下克上」というキーワードが浮かび上がる。

（川原雅樹）

10月

算数　「グラフを読み取る力」を高める

全国学力・学習状況調査算数 B 問題（いわゆる学テ算数 B 問題）では、グラフを読み取る問題がほぼ毎年出題されている。しかし、子どもたちはなかなか読み取ることができないことが多い。向山洋一氏の「わかったこと、気づいたこと、思ったことを、ノートに箇条書きにしなさい」の指示で、子どもたちのグラフの読み取る力を高める。

問題：下のグラフは、まいさんと姉さんが同じコースを同時に出発したときの、走った時間と道のりを表しています。このグラフから、どんなことが読み取れますか。

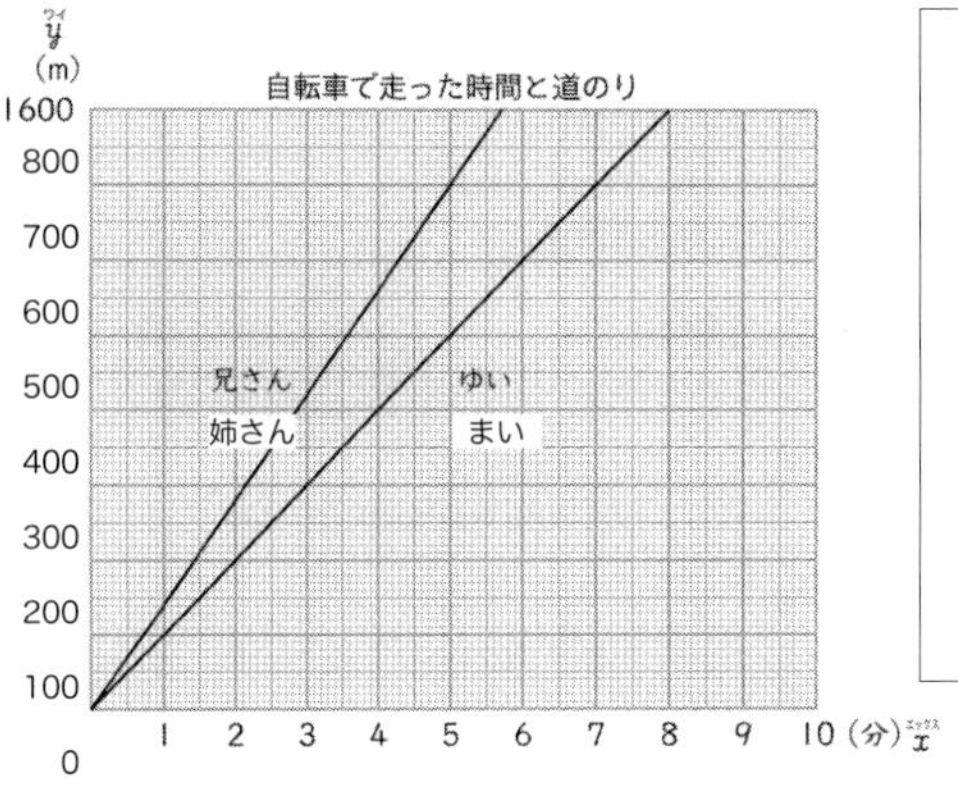

【本時の対話的活動】
発問：「わかったこと、気づいたこと、思ったことを、ノートに箇条書きにしなさい」
（まいさんより、姉さんの方が傾きが大きいです）
（姉さんの方が速いと思います。なぜなら、同じ２分後の道のりが、姉さんは 300mで、まいさんは200mだからです）

グラフ読み取りの基本の発問

向山氏の以下の発問は、社会科だけでなく、算数のグラフの読み取りでも扱うことができる。

発問１：表題は何ですか。（自転車で走った時間と道のりです）
発問２：縦軸は何を示していますか。（走った道のりです）
発問３：横軸は何を示していますか。（走った時間です）

「わかったこと、気づいたこと、思ったことを、ノートに箇条書きにしなさい」の指示

慣れていない子たちは最初はよくわからないため、早く書けた子に例示をさせる。なお、例示にする意見は「姉さんの方が傾きが大きいです」などの「見ればすぐにわかるもの」がよい。

次にノートに書けたら発表させる。「本時の対話的活動」にあるよう姉さんとまいさんを比べている意見もとり上げる。すると、「５分間で走った道のりは姉さんが 700mで、まいさんが 500mです」など、様々な意見が出てくる。たくさんほめる。

その上で、練習問題や、先生問題を出題する。子どもたちはほとんどの問題が解けるようになる。このこともたくさんほめる。

（梅沢貴史）

理科　土地のつくりと変化

土地やその中に含まれる物に着目して、土地のでき方を多面的に調べ、地層ができた要因について、より妥当な考えを表現するとともに、地層は、流れる水の働きによってできることを捉えるようにする。

地層ができるしくみの予想

水の働きでできた地層の特徴を確かめる実験を行う。前の時間に学んだ地層の写真や図を見せて発問する。「水の働きでできた層には、大きいつぶが下にあり、その上に小さいつぶが重なっているものがあります。それはなぜだと思いますか」。予想を発表させ、対話の中から問題意識を持たせる。

【予想される児童の考え】
①最初に川の上流の石が積もったと思う。
②大きい石の方が早く沈むからだと思う。

「水の中に砂とどろの混じった土を流し込んで層のでき方を調べます。結果の予想とその理由を書きなさい」。下記のような選択肢を与えて、予想させてもよい。

A　砂が最初に沈み、次にどろが沈んで２つの層になる。

B　どろが最初に沈み、次に砂が沈んで２つの層になる。

C　砂とどろが混じって沈み、１つの層になる。

砂よりもどろの方が重いと思っている児童がいる。そういった考えも出させる。

実験で確かめる

【実験１】といを使う

といに砂と泥の交じった土を置き、水を流す。ビーカーを使うと、少ない土で厚みのある層ができ、準備も後始末も簡単にできる。

飽和食塩水を使うと、水よりも早めにどろを沈めることができる。

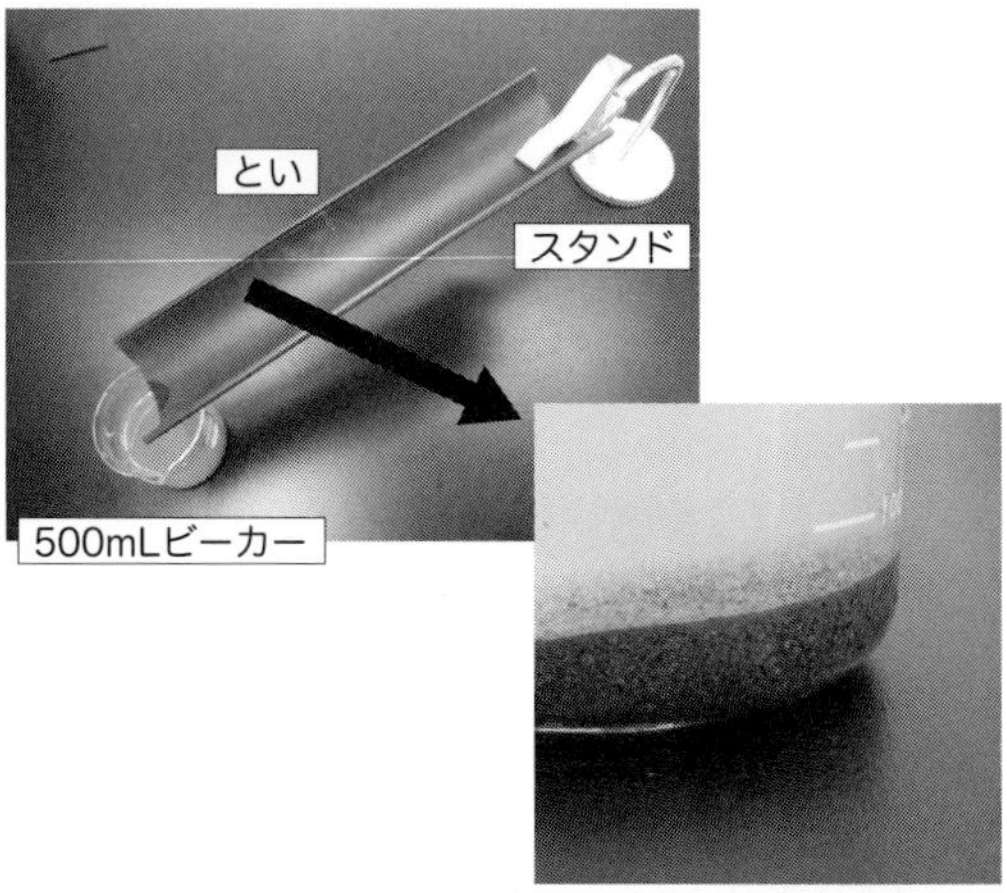

【実験２】細い筒を使う

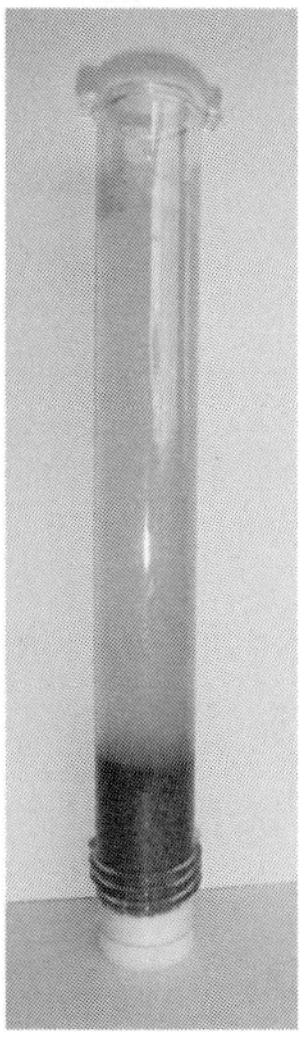

教科書では空き瓶を使っているが、透明で細い筒を使うと少ない土で、砂と土のどちらが先に堆積するかを見ることができる。

写真は、４年生の学習で使う空気でっぽうの筒。底がないので、砂や土が取り出しやすく、後始末が簡単にできる。

メスシリンダーも細くて見やすい。ペットボトルなら炭酸飲料のものを使うと、凹凸がなく観察しやすい。

実験１の後、土が沈むのを待つ間に実験２を行う。完全に沈んでいなくても、砂の層の上にどろがうっすらと積もってきたら、結果をノートに書かせる。

５年生で学習した「侵食」「運搬」「堆積」という言葉を使って考察を書かせる。（上木朋子）

10月

音楽　和音の美しさを味わおう　「星の世界」ほか

和音　響きを感じ取る『星の世界』

３部合奏・合唱などで、Ⅰ・Ⅳ・Ⅴ・V_7、４つの和音の響きを感じ取る。

【第１コマ】（５分）

指示「『星の世界』を歌えるようにします」

範唱（CD）を流し、聴いて、まねして、主旋律を歌えるようにする。

【第２コマ】（５分）

指示「どちらか１つ選んで練習します」

主旋律以外の２つのパート（副旋律）をリコーダーで吹けるようにする。周りと相談して、同じパートに偏らないようにする。練習中から２部の響きを感じ取ることができる。

【第３コマ】（５分）

指示「合わせます」

主旋律をオルガンなどで弾き（すぐに弾ける子に任せる）リコーダーと合わせる。３つのパートが重なり合う響きを感じ取ることができる。

指示「主旋律に挑戦」

主旋律をリコーダーで吹いてみる。リコーダー３部合奏になると、より一層美しい響きを感じ取ることができる。

【第４コマ】（10分）

指示「３部合唱をします」

児童の実態に合わせて取り組む。リコーダーでリードを取れば、３部合唱も楽しめる。お互いの声を聴き合うことができるよう立ち位置を工夫する。

M：メゾソプラノ
A：アルト
S：ソプラノは、ＭとＡを円周上にぐるりと取り囲むように配置する。

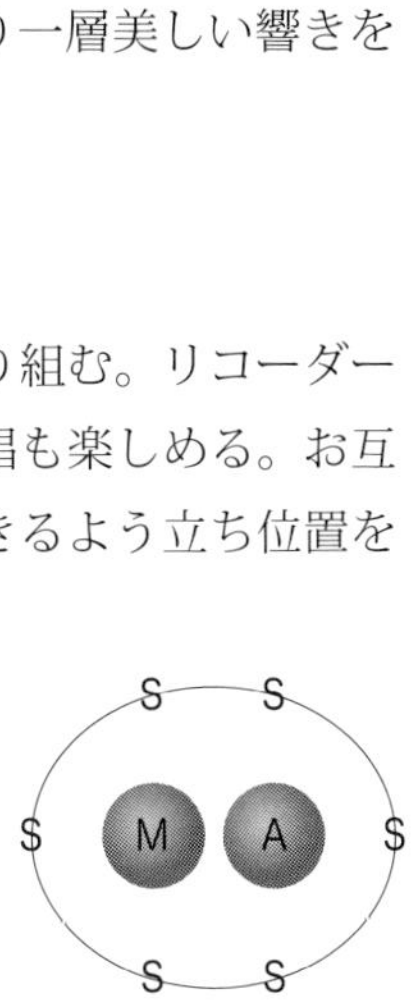

【第５コマ】（20分）

指示「インスタント合奏をします」

自分がやりたいパートを選び、そのパートに合う楽器を選んで練習。リズム伴奏をつけても良い。曲想に合った楽器選びを工夫する。

クラスを２つに分け、互いに聴き合う。選んだ楽器は曲想に合っているか、音のバランスは取れているか、曲の山は表現されているか、３点にしぼって検討。意見交流。意見に沿って修正し、合奏を仕上げていく。

創作「和音の音で旋律づくり」

和音の中の１音をつないで、４小節の旋律をつくる。手順は、「お手本」どおりにやってみる、オリジナルをつくる、つくった旋律に工夫を加える、の３ステップ。

（１）響きの移り変わりを確認

和音にベース音を加え、響きの移り変わり（Ⅰ→Ⅳ→Ⅰ→V_7→Ⅰ）を聴いて確かめる。

（２）お手本通りにやってみる

教科書に載っている「お手本の旋律」をリコーダーで吹いてみて、見通しを立てる。

（３）オリジナルをつくる

Ⅰ→Ⅳ→Ⅰ→V_7→Ⅰの流れに沿って和音の中から１音ずつ選び、音をつないで旋律をつくる。リコーダーで旋律の動きを確かめながら自分の思い通りの旋律に仕上げていく。一斉に吹いて個々に違う旋律でも心地よく響くのは、同じ和音からできた旋律であることを確認する。

（４）工夫を加える

リズム変えやリズム伴奏を工夫する。なめらかな感じ、はずむ感じ、ロック調になど、自分なりの思いや意図をもった演奏になるよう工夫していく。

（中越正美）

10月

図画・工作　光を使った工作　ランプシェード

学習発表会を終えて、学級としてのまとまりがでてくる10月。素敵な思い出作りとなる工作である。

模様をつくる

８つ切りの半分程度の白画用紙を人数分用意する。

縦に半分に折り、はさみで切り込みを入れていく。折り目側からでもいいし、開く方側から切り込みをいれてもいい。

ただし、気をつける点が３つある。

①白画用紙を筒状にして、下側にライトを入れるので、下４分の１程度は切らないようにする。

②切り込みが近すぎると、ちぎれてしまうので、ある程度離して切り込みを入れる。

③最後に色画用紙をセロテープで留めるので、平らな場所をいくつか残しておく。

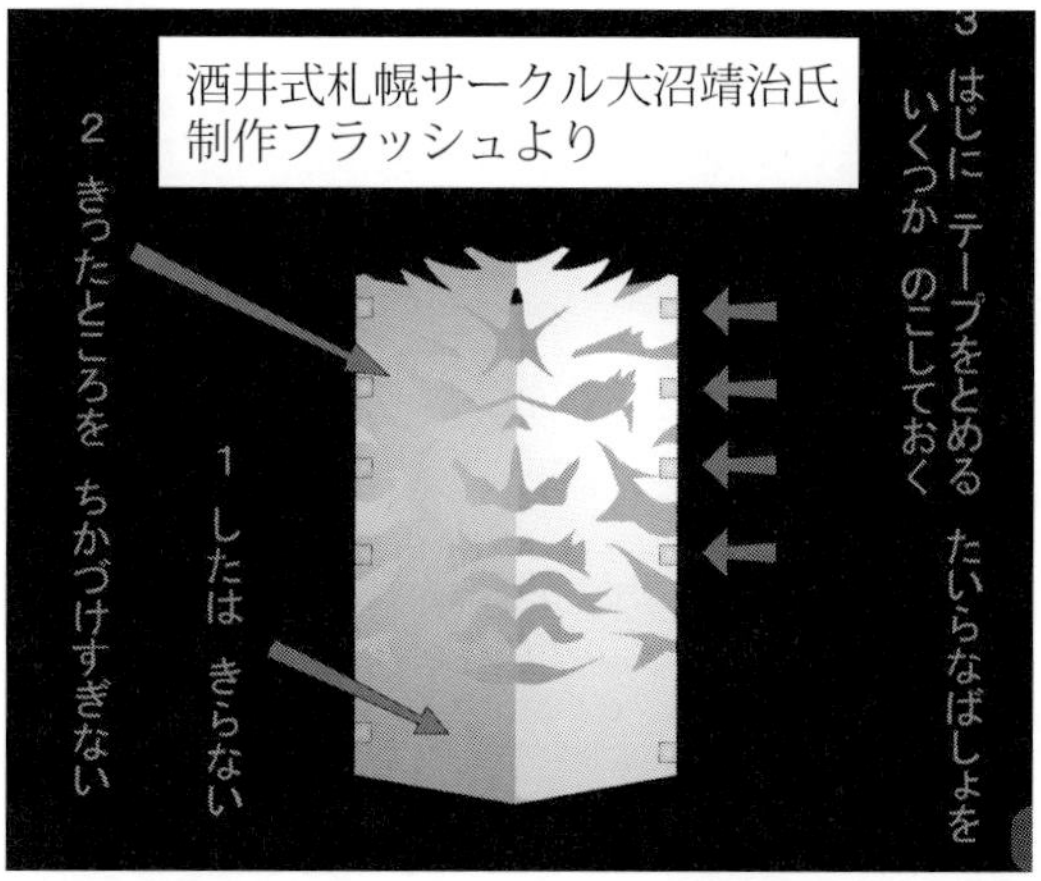
酒井式札幌サークル大沼靖治氏制作フラッシュより
3　はじに　テープをとめる　たいらなばしょを　いくつか　のこしておく
2　きったところを　ちかづけすぎない
1　したは　きらない

以上３点の見本を提示したり、実際に演示しながら教える。面白い切り方や工夫を褒めて、意欲を高める。

ランプシェードを完成させる

白画用紙と同じ、８つ切り半分程度の大きさの色画用紙を用意する。色は、赤・桃・黄・緑・青・紫。

この中から好きな色を１つ選ばせる。

先ほど作った切り込み入り白画用紙と色画用紙をセロハンテープで留めて、筒状にする。

鑑賞する

最後に鑑賞会をする。

真っ暗になる部屋にランプシェードを並べる。私は厚い黒いカーテンがある理科室で行った。

「それでは電気を消します。5・4・3・2・1！」

子どもたちからも、自然にカウントダウンの声が出る。

「ゼロ！　うわぁ〜！」

「きれい〜」

あちこちで、自然に鑑賞会が始まる。

（吉岡繁）

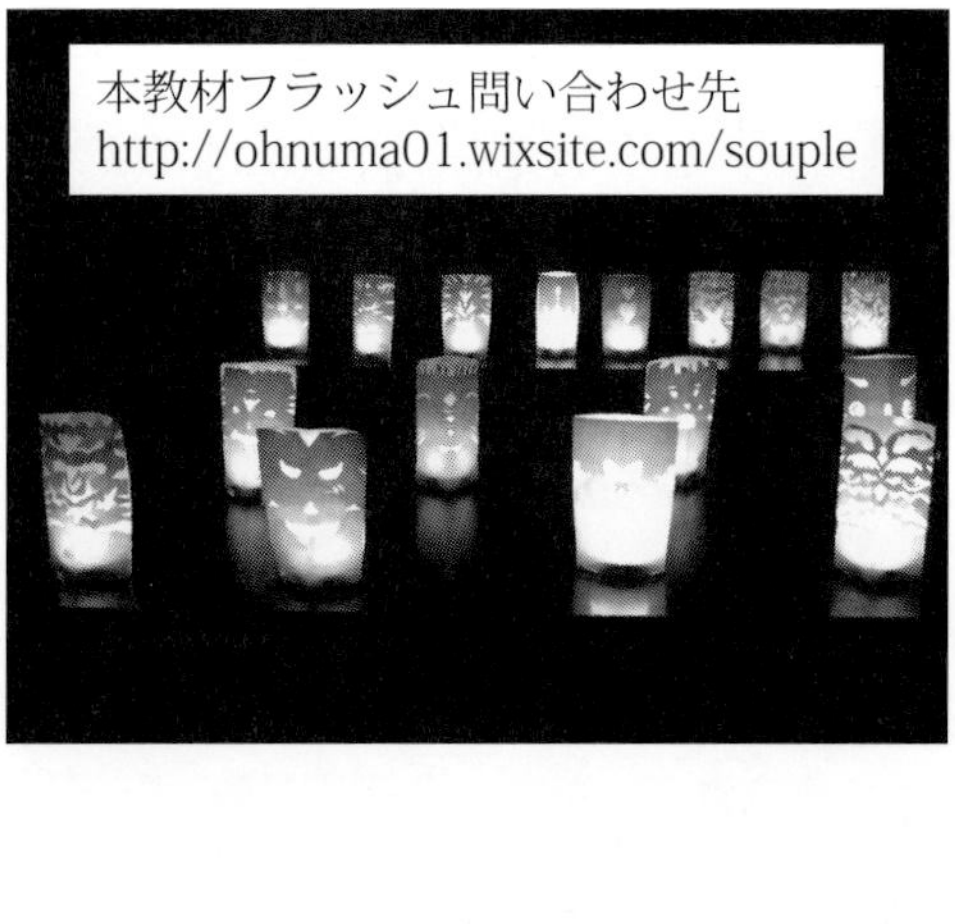
本教材フラッシュ問い合わせ先
http://ohnuma01.wixsite.com/souple

10月

家庭科　生活が楽しくなる作品をミシンで作って発表会

1. ミシンの使い方を復習する

（『新・授業づくり＆学級経営』５年生篇／第８章「家庭科」10月のページ参照）

クラス全体でミシンの使い方を確認する。忘れている人がいたらペアや班ごとになって教え合う。

2. ミシンで作りたいものを考える

６年家庭科で、ミシンの学習の集大成であることを伝え、自分のもの（バッグや小物、身につけるもの、エプロンなど）を作らせたい。次に、

①使う目的を考える。
②形を考える。
③大きさを決める（入れ物であれば、ものが出し入れしやすいようにゆとりを加える）。
④布の種類（厚手・薄手）を決める。
⑤作り方を調べたら材料や用具を準備する（１. 布を断つ。２. 布に印をつける。３. ミシンで縫う）。

マイバッグを作ります。使わない時は小さくたためるようにしたいです。布の種類は、厚手がよいですか、薄手がよいですか。理由も考えてみよう。

形や大きさを決めるとき、それが目的に添ったものであるか、用途に応じたものであるかを十分に吟味させる。

3. かならず「できあがり図」を書いておこう

形、大きさなど、あらかじめ具体的な数値を「出来上がり図」に書きこんでおく。また、製作途中で工夫したことがあれば、その都度、記録しておく。この記録は、後々発表会で活かされる。

4. 発表会をしよう

マイエプロン、マイバッグなど、子ども達の作品が出来上がったら、最後の１時間は発表会を企画する。教室の真ん中にランウェイを作り、ファッションショーのように次々に子ども達を歩かせる。その際、歩きやすいように、子ども達のリクエスト曲を BGM として流すとよい。担任や空き時間の先生方にも、前もって発表会開催の旨、声を掛けておき、教室に観に来ていただくようにする。司会者は、先ほどの「出来上がり図」にある各自の工夫点を読み上げ、１人１人の作品の見せ場をたっぷり作る。観客席にいる子どもにとっては、この時間が鑑賞タイムとなる。小学校生活の思い出となるように発表会を大いに盛り上げたい。

（白石和子）

体育　多様な動きを引き出す ろく木運動

肋木《ろくぼく》を使った体育を指導したことがあるだろうか？　肋木は、多様な動きを高めることができるスーパー器具である。全学年で指導可能である。

ここでは、腕支持感覚や逆さ感覚を軸に取り上げる。

腕に体重をのせる

> 肋木の下から3本目に足をかけます。肘を伸ばして、腕で体を支えます。目線をあげると肘が伸びやすいです。10秒間に挑戦します。成功したら、ゆっくり足から下ります。

子ども達には、かけられる一番高い所に足をかけさせる。安全面の配慮として降りるときに、手押し車のように前進する事が大切である。ひざを打たないように気をつけさせたい。

横への移動を経験させる

①逆さになって横歩き

> 肋木の下から3段目に足の甲をのせます。足をのせる位置は自分の頭くらいの高さにします。横に移動していきます。腕で床を横に、足で肋木を横にずらしながら移動します。

一方通行で次々に行う。反対側を入り口にして、反対方向に進む。

さらに、あおむけになっての横移動などバリエーション可能である。

②回転しながら横移動する

> 肋木に向かってすわります。手を腰より後ろにつきます。両足を肋木にのせます。（①の姿勢になる）片手に体重をのせながら、おへそを先生の方へ向けます。次に、片手に体重をのせながら、もとの姿勢に戻ります。

ギッタンバッコンと下向き→仰向き→下向き→仰向きと回転して進む。かなりの腕支持力が鍛えられる。

足でよじのぼって倒立する

> 肋木に向かってすわります。足の位置を高くして、腰を床から離します。足の位置を高くしながらだんだん肋木に近づきます。さらに足を上のバーにもっていきます。体重を両手にかけましょう。倒立です。

倒立の練習には肋木は最適だ。特に腕支持の練習をしながら逆さ感覚も培われていく。自分のできる高さに合わせて足でよじのぼることができる。（桑原和彦）

10月

道徳　人権参観日　命

10月の道徳のポイント

10月。勤務校では人権参観日がある。

命に関する授業がよい。

10月のオススメ資料

文部科学省『私たちの道徳』

「自他の生命を尊重して」

ここにも力のある資料がそろっている。

「人類愛の金メダル」

東京オリンピックの話だ。

ヨット競技で相手チームを助けたために、メダルを取ることができなかったキエル兄弟の話である。

まずは読み聞かせをする。


「登場人物は誰ですか」


（キエル兄弟）

（オーストラリアのウィンター選手）


「誰がどうした話ですか」


（キエル兄弟が、ウィンター選手を助けた話）

ここで、オリンピックについて話す。
①4年に1回しか開催されないこと。
②この1回にむけて、厳しい練習を毎日してきたこと。
③メダルをとると、名誉であること。
ここまで話し、発問する。

「みんながキエル兄弟ならば、助けるか、レースを続けるか」


考え議論する道徳授業である。

林学級では、ほぼ半分、半分に分かれた。

（人の命の方が大切ではないか）

（それはそうだけど、レースも大事だ。係りの人がいるだろうから、その人に連絡すればよい）

（もし仮に、それでメダルを取っても、うれしいのだろうか）

白熱した議論となる。

教師はどちらの意見が正しいとは言わない。判定しない。

ディベートではない。

討論に勝ち負けはない。

この後、「自分の命を見つめてみよう」のページ進む。

「赤ちゃんの頃」「入学式前」「低学年の頃」「今の私」を書き込ませていく。

ただ、家庭の事情で、書かせるのが難しいときは、「今の私」だけでよい。

なかには、両親とも本当の親ではない、という家族もいる。

そのような子供がいる場合は、授業で赤ちゃんの頃は扱わない。

子供の心を傷つけてまで、してはならない。

対話指導のポイント

対話のポイントは、討論前の発問である。


発問前に、オリンピックの情報を4つ話した。このような内部情報が必要である。

内部情報がなければ、子供は判断することは難しい。子供たちが考える足場となる情報を教師が用意しておく。ヨットレースの動画でもよい。

子供たちに考える足場を事前に用意しておくことが、教師の仕事である。

討論が活性するかどうかの分岐点だ。


（林健広）

英語　オリンピック・パラリンピックで会話しよう!

Unit6「What sport do you want to watch?

この単元では、オリンピック・パラリンピックを題材として扱う。2020 年に日本でオリンピックが開催されるため、子供にとって関心の高い教材である。

ここでは、以下の対話文を基本として進めていくとよい。

> What do you want to watch?
> I want to watch ~.

〈授業の流れ〉

（1）単語練習【単語は実態に応じて変える】

Judo、Wheelchair Tennis、などスポーツ

（2）状況設定

まず、オリンピックが日本で開催されることをおさえる。その後、何のスポーツが見たいか言ったり聞いたりする。

In Japan , We will have TOKYO OLYMPICS!	
A：What do you want to watch?	
B：I want to watch Judo.	

（3）答え方の練習

子供に「What do you want to watch?」と尋ね、見たいスポーツを言わせる。「I want to ~」は既習内容であるが、子供が「I want to watch ~.」と言えなくても大丈夫である。挑戦して、英語を話したことを褒めたい部分である。

「I want to watch Judo」、「I want to watch Wheelchair Tennis」など、挙手で確認し、見たいスポーツに関してリピートさせる。

(4) 尋ね方の練習

教師に続いてリピートさせる。

(5) アクティビティ

３人と会話をさせる。

２時間目以降、やりとりに慣れてきたら、答え方の情報を増やしていくとよい。

①	②

A：I want to watch Judo on Monday.	A：I want to watch Judo on Monday evening.

このように、曜日と時間帯を少しずつ加えていくとよい。

やりとりを長くした後のアクティビティでは、新聞のテレビ欄を持ち、友達に見たいスポーツを尋ねるという活動をさせると、子供達はより盛り上がる。

（青木翔平）

10月

総合　プログラミングをしてみよう

プログラミングをしてみよう

９月には、まずプログラミングについて知る学習を行った。10月は、そこから実際にプログラミングを体験してみる。教材や友達との対話を深めていく。

プログラミングというと、難しそうに思えるが、実際にはそうではない。現在のプログラミングは、非常に分かりやすく簡単に体験できる。

ただ、実施の際に注意すべきことがある。それは次のことである。

> プログラミング教育とは、子供たちに、コンピュータに意図した処理を行うよう指示することができるということを体験させながら、将来どのような職業に就くとしても、時代を超えて普遍的に求められる力としての「プログラミング的思考」などを育むことであり、コーディングを覚えることが目的ではない。
> （「小学校段階におけるプログラミング教育の在り方について（議論の取りまとめ）」より引用）

あくまでプログラミング的思考を身につけることが目的となる。

Ｈｏｕｒ　ｏｆ　Ｃｏｄｅ

実際にプログラミングを体験してみるのだが、お勧めのサイトがある。それは、Ｈｏｕｒ　ｏｆ　Ｃｏｄｅ（ＵＲＬ：https://hourofcode.com/au/ja）である。パソコンがあれば、どの子でもプログラミングを体験することができる。このサイトをつかってプログラミングを体験してみる。

まずは、全体指導を行い、全体でやり方を確認する。その後、サイトの課題を進めてみる。その際にポイントがある。それは、２人組でさせること。「子ども同士で教え合う」ようにさせるのである。

プログラミングを体験させながら、次の３つの考え方を身につけさせたい。

> ①順次
> １つ１つの命令を順番に実行していく。
> ②条件分岐
> ある条件を満たすかどうかで、実行の流れを分岐させる。
> ③反復
> 命令のかたまりを繰り返す

全体で体験をした後、３つの考え方を確認すると良い。

日常とプログラミングを結びつける

最後には、日常とプログラミングを結びつける活動を行いたい。例えば、お掃除ロボットは、壁にぶつかると方向を変える。これはどのようなプログラムがあるのだろうか。「まっすぐ動く」「壁にぶつかったら、右か左にまがる」「まっすぐ動く」の繰り返しであることが分かる。プログラミングを体験することで、そのプログラムを理解できるようになる。

日常の出来事もプログラミングの考えを使えば分かりやすくなる。例えば買い物。お店に行くときは「前に一歩進む」の繰り返しであるし、お店では「もし○○が売っていたらAをする。売ってなかったらBをする」という条件分岐の考えである。日常の複雑な課題もプログラミングの考え方を使い、１つ１つ分解していけば良いことを確認する。

（畦田真介）

11月

国語　「『鳥獣戯画』を読む」事実と意見の違いを指導する

教材解釈のポイントと指導計画

「『鳥獣戯画』を読む」（高畑勲／光村図書）の授業である。単元名は、「筆者のものの見方をとらえ、自分の考えをまとめよう」となっている。まず、事実と意見の違いをおさえる必要がある（全5時間）。

> 第1〜2時　音読。語句調べ。
> 第3時　事実と意見の違いを知る。
> 第4時　絵を見て、文章を書く。
> 第5時　筆者の意見に対して感想を書く。
> （武田晃治実践　追試）

授業の流れのアウトライン

まず、事実と意見の違いを見つけることができるようにする。

> 次の内容は、事実か意見か。
> ①東京タワーは、333ｍである。
> ②東京タワーは、高い。

①は、事実だが、②は事実ではない。なぜなら、スカイツリーと比べたら、高いとは言えないからである。これは、意見である。

同じように、「先生は人間である」「先生は、男である」「先生は、かっこいい」など、変化のある繰り返しで聞いていく。

次に、著者の「意見」が書かれている部分に線を引かせる。

> 最も重要な「意見」は、どれですか。線を引きなさい。

『鳥獣戯画』は、だから、国宝であるだけでなく、人類の宝なのだ」の部分になる。著者が「人類の宝」と言っている理由を70字以内でまとめると次のようになる。

「鳥獣戯画」は、12世紀の作品では世界に例を見ないほど自由闊達に描かれた作品であり、先祖達が大切に保存し伝えてきたものだから。（63字）

第4時では、絵に吹き出しを入れ、何を言っているのかを分析させる。

> 蛙がなんと言っているのか、絵に吹き出しを書きなさい。

見ていた蛙が3匹いるので、①②③と番号をふる。

立っている①の蛙には、4通りの解釈が出た。

「⑴手加減しろ（優しさ系）」
「⑵どんまい！（応援系）」
「⑶やぁ〜い！（冷やかし系）」
「⑷やりすぎだよ！（突っ込み系）」

様々な意見が出され、想像を広げることができる。②③も同様に扱う。

学習困難状況への対応と予防の布石

事実と意見について、視写をして学ぶことができる教材がある。村野聡氏が作った「向山式２００字作文ワーク」である。

インターネットで検索すると、無料でダウンロードできる。

1枚のイラストを見て、事実と意見をそれぞれ1文ずつ書くようになっており、スモールステップになっている。

分からない時は、すぐ横に答えが載っているので写すことができる優れものである。

（徳永剛）

11月

社会　江戸時代　最も大切な策は何か

江戸時代の政策

始めに教科書「江戸時代の政策」部分をざっと読んでいく。教師が読み、子供が立って読むの繰り返し。

①江戸時代を支配した一族は何家ですか。（徳川家）
②徳川家は徳川の世の中を長続きさせるために何をしましたか。教科書を見ながら全て箇条書きにしなさい。
③その中で最も重要な政策は何ですか。1つだけ選んで○をつけなさい。

「江戸城を建てた」「鎖国」「参勤交代」「関ヶ原の戦い」「キリスト教禁止」等様々出る。それぞれ挙手確認する。

ノート見開き2ページにあなたの選んだ政策をまとめなさい。

教科書をざっと読んだだけなので、まだ内部情報が少ない。まとめさせることで討論の布石ともする。同じ政策を選んだ子ども同志集まってまとめても、自然と対話が生まれるだろう。

討論する

あなたが調べた政策について、次のように作文に書きなさい。「徳川家の政策で最も重要なのは○○である。理由は○つある。1つ目は……」

書けない子は同じ意見同士を集めて、友達の真似をさせる。もしくは教師が次のように教え必ず全員書かせるようにする。「江戸城の人、あなたたちは江戸城を建てると、参勤交代でそこにお金をかけなくちゃいけないから、他の大名の力がなくなると考えたのでしょう。もしそうだったらそのように書いてください。もし違ったら違うことを書いてくださいね」これで書けない子は真似して書く。重要なのは全員意見を持つことである。書けた子には反論も書かせておく。

意見を言って、おかしいなと思うことがあったら、どんどん反論してください。

これで討論していく。

江戸時代はどんな時代か

江戸時代は一言で言ってどんな時代かノートに1つ書いて持っていらっしゃい。

ずらっと黒板に書かせる。「大名支配の時代」「鎖国&キリスト教禁止の時代」「徳川独裁の時代」「武士が強かった時代」などが出る。「おかしい意見があったら発表しなさい」で簡単な討論にもなる。

江戸時代の不満は、どうたまっていきましたか。

教科書や資料集から調べて箇条書きにさせる。「身分差別」「武家諸法度」「飢饉」等が出るだろう。

戦国時代と江戸時代、とっちが好きですか。

理由を書かせ、簡単に討論する。「戦い」「平和」「身分差別」等の重要キーワードが出てくるだろう。

（川原雅樹）

11月

算数　比例の利用は「一目でわかる図」で

教科書によくある「考えましょう」「説明しましょう」の問題において、ただ「考えなさい」「説明しなさい」ではなく、「一目でわかる」の指示をすることで、考えや説明の質を高めることができる。

問題：画用紙 10 枚の重さをはかったら、63g でした。このことをもとにして、この画用紙 200 枚を全部数えないで用意する方法を考えましょう。

枚数　x（枚）	10	200
重さ　y（g）	63	□

画用紙の枚数と重さ

【本時の対話的活動】
発問：「先生が一目で見てわかるようにかきなさい」
（まず、63÷10＝6.3 で 1 枚あたりの重さを求めます。
次に、200×6.3＝1260 で 200 枚の重さを求めます。
だから、1260 g 分の画用紙を用意します）

「先生が一目で見てわかるようにかいてきなさい」

上記は向山洋一氏の指示である。「一目で見てわかる」という条件をつけることで、子どもたちはよりわかりやすく自分の考えを書くことになる。いろいろな考え方を出させ、できたら持ってこさせて良いと思う考えを黒板に書かせる。以下のようなやり方が考えられる。

枚数　x（枚）	10 →×20	200
重さ　y（g）	63 →×20	□

まず、200÷10＝20 をします。
次に、比例の考え方で、63×20＝1260 を求めます。
だから、1260g 分の画用紙を用意します。

枚数　x（枚）	1	←÷10　10	200
重さ　y（g）	6.3	←÷10　63	□

（1→200：×200、6.3→□：×200）

まず、63÷10＝6.3 で 1 枚あたりの重さを求めます。次に、200×6.3＝1260 で 200 枚の重さを求めます。
だから、1260g 分の画用紙を用意します。

評定する

ただ考え方を出させ、説明させて終わり、ではない。教師は基準をもとに評定をする。例えば、「矢印などわかりやすく表現できているか」「式と答えが入っているか」「『×20』などのキーワードが書かれているか」。1つできていたら「A」、3つできていたら「AAA」の観点で評定をする。評定することで、次のときはさらに質の高い考えや説明ができるようになる。

（梅沢貴史）

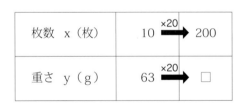

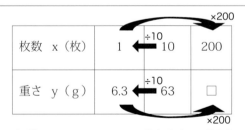

11月

理科 土地の変化による自然災害

土地の様子に着目して，火山の活動や地震による土地の変化を多面的に調べ、過去に起こった火山の活動や大きな地震によって土地が変化したことや将来にも起こる可能性があることを捉えるようにする。

昭和の災害の記録から学ぶ

岩手県宮古市に200以上ある石碑の写真を見せて以下のように発問する。

> 石碑には、「ここより下に家を建てるな」と書いてある。どういう意味だろうか。

考えを発表させた後、説明する。「津波がここまで来たので、ここから下には、家を建てるな」という意味であることを話す。さらに、石碑ができた理由も説明する。

「この地区は1896年と1933年の２度の三陸大津波に襲われ、生存者がわずかで壊滅的な被害を受けた。そのため昭和大津波の直後、住民らが石碑を立て、それより高い場所で暮らすようになった」

東日本大震災の起きた日の様子も説明する。「港にいた住民たちは大津波警報が発令されると、高台にある家を目指して、坂道を駆け上がった。巨大な津波が漁船もろとも押し寄せてきたが、その勢いは石碑の約50メートル手前で止まった」

この災害の記録から分かることをノートに書かせた後、意見交換を行う。

【予想される児童の考え】

①過去の記録を残すことで、その危険さを子孫に伝えようとしたものが石碑だ。

②石碑の教えを守った者だけが、災害から命を守ることができた。

③過去の記録から学ぶことで、今後起きる可能性のある地震や災害に備えることができる。

東日本大震災の記録から学ぶ

この写真は、東日本大震災で起きた津波の高さを示す表示である。

この写真を使って、分かることや考えたことの意見交換を行う。

【予想される児童の考え】

①建物の表示の所まで津波が来たことに恐怖を感じた。

②このような記録を残すことで、今後の地震と津波に備えることができるんだ。

③他の地域や自分の地域の災害についても調べ、備えることが大切だ。

この学習をきっかけにして、自分たちの住む地域の災害の記録や災害に備えるための取り組みを調べ、話し合う活動を行う。また、自然の恵みを享受した生活を送っている以上、防災教育の大切さを教え、地域の災害に備え、郷土愛を育むことも大事である。（関澤陽子）

（図版提供：間英法）

音楽　重唱にチャレンジ「星空はいつも」

重唱　難しいからこそチャレンジ

重唱は難しい。まずは自分のパートがしっかりと歌えた上で相手の歌声を聴き、自分の歌声と重ね合わせ、声量のバランスを取りながら仕上げていく。合唱と比べるとぐっとハードルが上がる。趣意説明が必要だ。「なぜ重唱に取り組むのか」を子供たちに伝えることで主体的に取り組むことができるようになる。

【趣意説明】

「自分たちだけでも合唱の練習ができるようになってきましたね。少しレベルアップして重唱にチャレンします。１つのパートを１人で歌い、２人で歌い合わせるのを重唱と言います。毎年６年生がやってきました。さぁ、今年はどんな重唱を聴かせてくれるか、とても楽しみです」

難しいからこそ、６年生には重唱にチャレンジしてほしい。ここを乗り越えることで、「最高学年ならではの、最高の表現」をめざすことができる。

各パートが歌える

斉唱の手順（範唱を聴く→まねして歌えるようになる）は既習曲（『つばさをください』など）で確認済みだ。ソプラノパートもアルトパートも、子供たちだけで進めることができる。教師は、範唱ＣＤを聴かせるだけで良い。

実態に合わせて介入を

重唱の成功は、アルトパートの出来不出来に大きく左右される。児童の実態に合わせて介入し、教師主導で進めることも必要だ。

短いフレーズごとに、アルトパートを歌って聴かせてまねさせて、その繰り返しで歌えるようになるまで指導する場合もある。

「ちょこっとハモリ」で響きを体感

『星空はいつも』で、ハモるところは４小節。全員でアルトパートを歌い、その中に少しずつソプラノパート混ぜ合わせていく「ちょこっとハモリ」をする。２つのパートの響きを体感させることができる。重唱の前に、このステップを入れることでより一層、重唱は成功に近づく。

重唱へ

気の合った者同士でペアを組み、重唱に取り組む。２人で、自分達の「今」の状態レベルを把握した上で、練習方法を選び進めていく。

練習方法は、教師が示す。

【互いのパートにつられるレベル】

「離れて、距離をとって歌う。場合によっては、２人だけで練習できる場所が確保できるよう配慮が必要となる。

【自分のパートがしっかり歌えるレベル】

背中合わせで、歌う。

【相手の歌声を聴いて歌えるレベル】

横並びで歌う。

【曲想を生かして歌いたいレベル】

向かい合って、相手の様子に合わせて歌う。

子供たちには、初めての取り組みだ。うまくいっているのかいないのか、とても不安になる。安心して進めることができるよう、評価・評定は、細かいステップでやっていく。

発表会で盛り上がれ

皆の前で、練習の成果を発表する。成功体験が、卒業式での合唱に繋がっていく。

（中越正美）

11月

図画・工作

テラコッタ風紙粘土は発想を働かせ、主題に迫ることができる

「想像力を働かせて発想し、主題の表し方を構想する」（新学習指導要領図画工作目標より）ことができる教材の1つに、紙粘土でつくる「テラコッタ風　顔」がある。

テラコッタとは、イタリア語で『焼いた土』という意味である。この教材は、実際には焼かないが、彩色により焼いたような素朴な風合いを出すことができる。

顔を作る

紙粘土は、1人1袋の半分でよい。それを土台用と部品用に分ける。

①芯材なし

顔の土台となる形を、手や指で紙粘土を平らに伸ばす。紙の上に置き、横にしたり、逆さまにしたりしながら「次はどうするのか」を考えさせる。

②芯材あり

芯材は、A4用紙を固く握って塊にしたものを使う。どこに芯材を入れるか、形はどうするのかは自由である。この時に、子どもたち同士で、どこに入れるのかを交流させるとよい。イメージがわかない子どもたちの助けになり、他の子どもたちには、新しい発想にもつながる。次に、平らに伸ばした粘土を芯材にかぶせるようにする。芯材の取り外しは、乾いたらでよい。

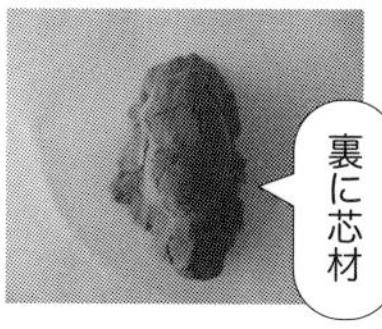

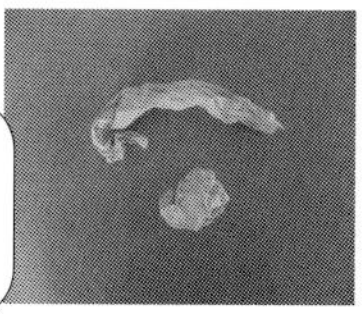

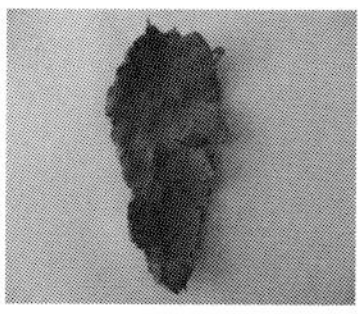

部品を作る

顔を製作するので原則は、目と口を作ることである。その他は耳であろうと、髪であろうと一切、自由である。土台を見て、作ろうとするものが思い浮かんだ場合は、作って付け加えていく。

何も思い浮かばない場合は、とりあえず、目から作らせる。目の大きさ、形、取り付ける場所など、色々と目に関わる作業をさせていくうちに、子どもたちの発想が広がっていく。

部品は、粘土に水をつけ、押し付ければ、取り付けられる。乾いて取れた場合は、ボンド等の接着剤で取り付けてよい。

細かい模様などは、粘土ベラを使わせるとよい。市販のものでもよいし、割りばしにクリップをつけたものでもよい。クリップだと、細かい模様や穴などをかき出すことができる。

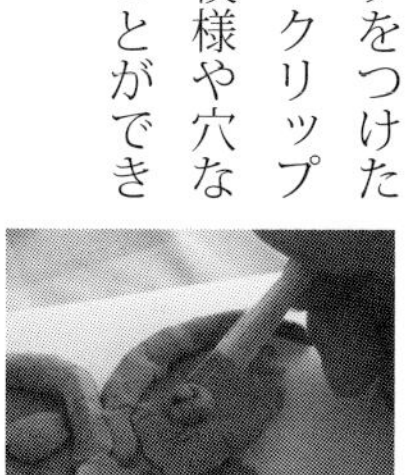

彩色する

水彩絵の具の茶色をドロドロの状態でパレットにとき、刷毛で彩色する。刷毛がない場合は、大筆でもよい。凸凹の凸の部分に色が着くようにするが、所々でよい。かすれた部分が焼いた風に見えるのである。

（青木勝美）

11月

家庭科　栄養バランスのとれた食事を家庭でも作ろう

1. バランスのよい献立を考える（1時間）

（給食の献立表を用いた５大栄養素の学習済み。『新・授業づくり＆学級経営』５年生篇／第８章「家庭科」11 月のページ参照）

献立をたてるときに必要なことを、いくつでもノートに箇条書きにします。

ポイント

①まず、主食を何にするか決める（ご飯、パン、麺など）。
②おかず、汁物や飲み物を決める（味噌汁、スープ、牛乳、ジュースなど）。
③栄養のバランスを考える（５大栄養素に注目する）。
④食品の種類や分量を考える。
⑤調理の仕方を考える。※いろどりや味つけ、旬の食材を使うことなども考慮できると、なお良い。

2. 班ごとに、作ってみたい献立を考える（4時間）

ポイント

①主食、おかず、汁物や飲み物を考える。
②おもな食品はどんなものがあるか考える。
③調理の仕方を考える（茹でる、炒める、焼く、和えるなど）。
④工夫する点は意見を出し合う。

５年生の家庭科で学習したことを振り返る。ご飯の炊き方、味噌汁の作り方は既習事項である。

栄養のバランスの良い献立とはどんなものか。

「ひと目見て、色々な色があるおかずは、栄養バランスがよいのでは」「野菜を多めにしたい」「ご飯とみそ汁の組み合わせの和食の方が一度に栄養がバランスよくとれる」など。調理法については、各家庭で聞いてくることも宿題として大いにさせる。保護者とのコミュニケーションを大切にしたい。

3. 調理実習の準備をはじめる（6時間＋テスト１時間）

持ち物の担当を決める。調味料など必要不可欠なものは、全て学校で用意する。味噌などは各自が少しずつ持ち寄ると「合わせ味噌」となり意外と美味しい。試食タイムには、担任以外の先生方にも声を掛けて試食していただき、感想をもらうと学習が広がる。

（白石和子）

11月

体育　記録を取ることで深い学びになるバスケットボール

バスケットボールのようなボール運動は、個人差が大きく生じる。個人差を埋め全員が活躍する授業展開が望ましい。

> 全部のゴールにシュートをしてきなさい。

1人1つのボールを持ち、授業最初から全員を動かす。

> 今から、A君とB君がボールを取りに行きます。ただしゴール下のみ。ボールを捕られた人は、他の人から取り返します。

これで子どもは一気に熱中する。ゴール下の攻防が始まるからだ。自然とバスケットボールの試合のようになる。ただし、注意点として次のことを伝えておく。

> ただし、ボールを捕るときに、絶対に相手の体に触ってはいけません。

これがないと、錯乱状態になり、トラブルも発生する。

①時計と反対周りに移動します。
②シュートは1つのゴールに1回だけです。入っても入らなくても次のゴールに移動します。
③全員が同じゴールからスタートしません。適当に分かれて始めます。

一度教えれば、次の時間からは冒頭の指示のみで子ども達は動き出す。これがシステムをつくることである。

次は、チームの記録の方法である。向山洋一氏の実践である。その上下の線の軌跡が似ていることから通称「心電図」と呼んでいる。記録は「ライター」と「アナウンサー」の2名（ペア）で行う。向山氏は「3回くらいの経験が必要である」と言っている。

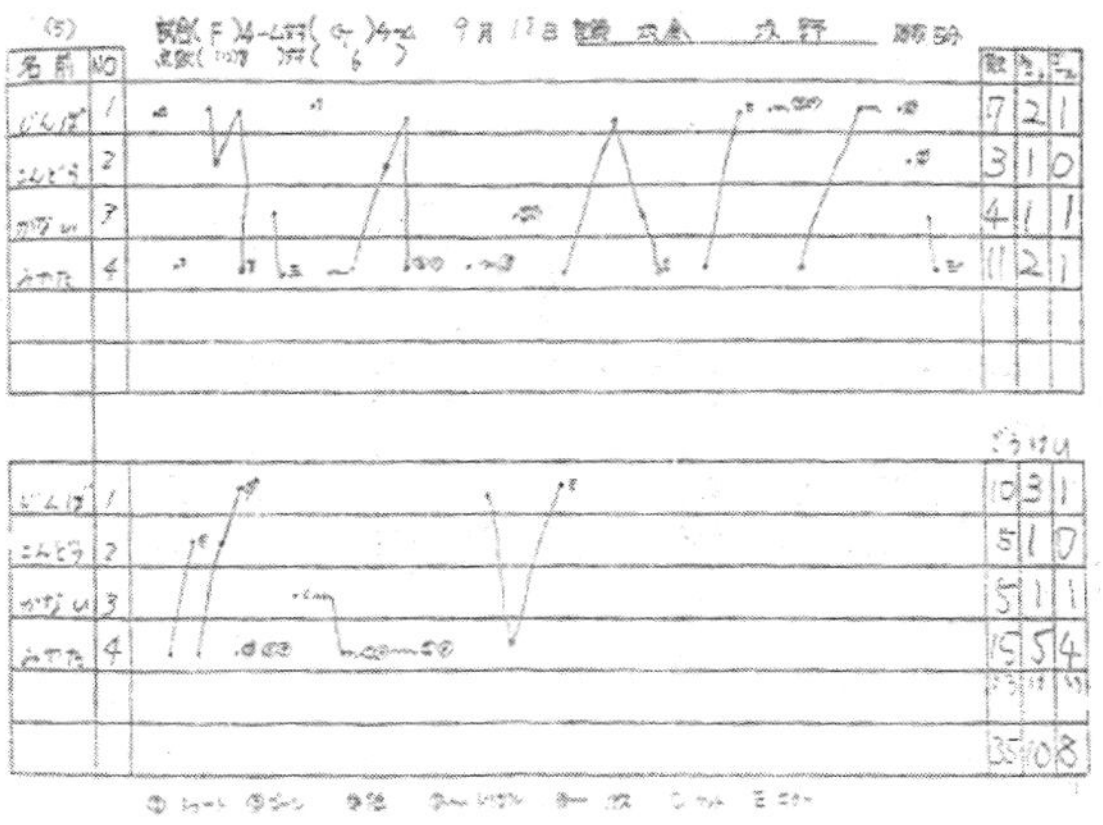

AチームとBチームが試合をしている時に、CとDのチームが記録（心電図）を書く。アナウンサー役がひたすら実況をする。「1番ドリブル。3番にパス。3番から2番にパス。2番ドリブル……4番にパス。4番がシュート……入った」。

これをライター役が記録用紙に記入する。こうすると、だれがボールを多く持っているか、誰がシュートしていないか、パスを受け取れていないか等々、一目で分かる記録が残る。触球数が問題に取り上げられる。これこそが心電図の肝である。この図を見ながら作戦を具体的に立てられる。それは主体的・対話的な展開になる。作戦後、そのチームに必要なパスやシュートの練習が始まる、深い学びの場である。

形式的な練習ではなく、心電図という具体的資料を元に子どもたちがゲームに勝つために必要な要素を練習させることができる。次の試合からスタイルが向上する。

（桑原和彦）

道徳　荒れる11月　いじめ

11月の道徳のポイント

11月。学級にほころびが生まれるころである。いじめが起こりやすい時期でもある。朝の会などでもいう。「11月になると、みんなで無視をしたり、お前はあっちにいけ！　と言ったりするクラスがあります」と。具体的なエピソードで話すと抑止効果を生む。

そのうえで、いじめの授業もする。

11月のオススメ資料

文部科学省『私たちの道徳』

「公正、公平な態度で」

ここにもいじめの資料がたくさんある。

マザーテレサの話。

千住明氏の「いじめている君へ」の手紙。

このような力のある資料は、教師が不必要な言葉を挟むことはない。

読み聞かせをして、「感想を書きなさい」だけでよい。

「愛の日記」という読み聞かせ資料もある。

読み聞かせをした後。

「登場人物は誰ですか」

（ベトナムから来たリャンちゃん）

（私）

（父）

「誰かどうした話ですか」

（私がリャンちゃんになかなか声をかけられなかった話）

「母の言葉に線を引きなさい」

（『この子たちに、どんな罪があるんです。日本人でもアメリカ人でも、どこの国の人でも、同じ人間じゃありませんか』）

「この言葉について感想を書きなさい」

「みんなが、私なら、リャンちゃんにどんな言葉をかけますか？」

最後に、どのような言葉をかけたらよいのか、グループで討議する。

また、いじめと法律に関する話もする。

例えば人を殴る行為は、犯罪である。物を隠す行為も犯罪である。悪口を言う行為も犯罪である。

いじめは犯罪なのだ。

いじめは犯罪であるという新聞記事を、子供たちに次々と見せた。

また、いじめを撃退するためのスキルも教える。

『私たちの道徳』にも、掃除時間にいじめられている女子のエピソードがでてくる。

「あなたがAさんだったら」「あなたがCさんだったら」という項目がある。

いじめられた、もしくはいじめを発見したときにどのように対応すればよいかをスキルで教えていく。

一番良いのは、大人に相談することだ。親でも教師でも、悩み相談室でもよい。とにかく、大人に相談するとよいことを教える。

対話指導のポイント

いじめで大事なのは対話ではない。絶対にしてはいけない、という断固とした教師の決意である。優しい気持ちで授業してはいけない。犯罪であることを断固として教える。

（林健広）

11月

英語　過去形は不規則動詞を中心に扱う①

Unit7「My best memory」①

　この単元では、思い出の学校行事について話すことになっている。

　学校行事の単語が多いため、この Unit に入る前に、単語の練習をしておくとスムーズに入ることができる。単元に入ってから単語練習を行うのであれば、最初は単語の数を少なくして、徐々に単語を増やすとよい。また、単語練習にゲームの要素を取り入れた形で行ったり、ポインティングゲームやミッシングゲームを行ったりして、単語に慣れ親しませてもよい。

〈授業の流れ〉

（１）単語練習【単語は実態に応じて変える】

School trip、Sports day など学校行事

（２）状況設定

　まず、アルバムのイラストとたくさんの行事のイラストを出して、「memory」についておさえる。次に、学校の思い出について言ったり聞いたりする。

Memory.	
A：What's your best memory?	
B：My best memory is school trip.	

（３）答え方の練習

　子供に「What's your best memory?」と尋ね、学校の思い出を言わせる。「My best memory is School trip」、「My best memory is Sports day」など、挙手で確認し、学校の思い出に関してリピートさせる。この中に一番の思い出がない子供もいるはずである。子供に日本語で言わせて、ALT に英語での言い方を教えてもらうとよい。

（４）尋ね方の練習

　教師に続いてリピートさせる。

（５）アクティビティ

　３人と会話をさせる。

　２時間目以降、会話に慣れてきたら、答え方の情報を増やす。

　また、チャンツでは、enjoyed ~ing という形がたくさん出てくる。リスニングでは practiced や danced などの規則動詞も出てくる。そのため、右のような視覚教材を使い、不規則動詞だけでなく、規則動詞にも慣れ親しませたい。

（青木翔平）

11月

総合　世界の国について調べよう

テーマの設定について

現在は交通手段の発達によって、外国に出かけたり、多くの外国人が来日したりしており、子ども達が外国の人と接する機会も多い。また、通信手段の発達に伴い、テレビやネット等を通して世界の情報が私たちの生活に入ってきている。

そこで、諸外国の文化・伝統・価値観等を理解するとともに、我が国の文化・伝統について知識を深め、広い視野をもって異文化を理解し尊重する機会を養っていきたい。

事前アンケートをする

6年生にもなると自分の興味のある(行ってみたい)国があるだろう。そこで事前に世界の国々についてアンケートをとっておきたい。例えば、

①日本とつながりの深い国はどこか
②どこの国を調べてみたいか
③その理由は何か
④外国のどんなことを調べてみたいか
⑤外国の人と交流する時、どんなことをしたいか
⑥世界の人と仲良くするにはどんなことが大切だと思うか

基礎データを確認する

まず、調べたい国の基礎データを調べておきたい。

①国名（正式名称）
②国旗（その由来）
③人口
④人口密度
⑤主要言語
⑥通貨は何か（日本円と比べて）

調べる基礎データを統一することで、発表を聞く際、友達が調べた国と自分が調べた国と比較ができる。

それぞれのデータが「日本と比べてどうなのか」「世界何位なのか」を付け加えておくのも良い。

調べる時には教室には「世界地図」「地球儀」「地図帳」等を常備しておきたい。また、パンフレットを数種用意しておくと貴重な情報源となる。

異文化調べについて

調べる時には、調べる観点を明示しておくと調べやすい。

ポイントは日本と比べて何が違うのかである。

・衣食住・遊び・スポーツ・祭り・学校・世界遺産・自然（動物、植物）
・有名な歴史上の人物・音楽（歌、楽器等）・日常生活・特産物・日常会話・歴史　等

また、その国と日本がどのようなかかわりがあるのかを調べるのも良いだろう。

インタビューをする

学校に来ているALTの国が、調べてみたい国である場合もあるだろう。その時は、直接インタビューする良いチャンスとなる。

また、ゲストティーチャーが学校にいるのならば、その国の文化について教えてもらうこともでき、対話が生まれる。

（永井貴憲）

12月

国語　「天地の文」詩文の主題を指導する

教材解釈のポイントと指導計画

「天地の文」（福沢諭吉／光村図書）の授業である。明治４年、福沢諭吉が子どもの習字手本として作ったものである。当時、日本に入ってきたばかりの時間、終日、人々の暮らしの基本となる決め事が調子の良い言い回しで書かれている（全２時間）。

> 第１時　音読。意味調べ。
> 第２時　音読。主題の読み取り。
> 　　　　暗唱。

授業の流れのアウトライン

教科書には、「声に出して読もう」と書かれているので、男女交代読み、リレー読みなどして、音読を何回も行う。

> この文を２つに分けるとすると、どこで分けられますか。

①夜くらし。／一昼一夜変わりなく
②百年三万六千日／人生わづか五十年

①は、前半が方位に関することであり、後半は時間に関することで分けている。

②は、前半が事実で、後半が意見という分け方である。

どちらも、文章を根拠に読み取っていれば良い。

> この文が一番、伝えたかったことはなんですか。

天地日月。つまり、「新しい世の中の時間の流れ」である。

旧暦では、月が新月になる日を各月の１日としていた。月の周期は、29・5日であるため、１年が約３５４日であり、年数を重ねるごとに季節がずれてしまう。

そのため、当時は、閏月《うるう》というものがあり、１年が13ヶ月間の時もあった。明治政府によって、現在のグレゴリオ暦に改められたのである。

学習の最後に、暗唱に挑戦する。

レベル１　「東西南北」まで。
レベル２　「右と左に指させば」まで。
レベル３　「ひだりは東、みぎはにし」まで。
レベル４　「夜くらし」まで。

暗唱に挑戦した子を爆発的に褒める。

「１００年以上昔の文章に挑戦したことが素晴らしい」

少しでも詰まったり、間違えたりしたら、不合格とする。子ども達は、次々と暗唱テストに挑戦した。

学習困難状況への対応と予防の布石

むのが難しい。何度も音読に取り組ませるため、この時間だけで学習するのではなく、帯で時間をとって取り組ませたい。

また、早く暗唱できるようにするために、音読を工夫する。下敷きを用意し、下の１部分を隠して音読する。隠して言えたら、さらに下敷きを動かして、隠す部分を多くし、暗唱に挑戦させる。

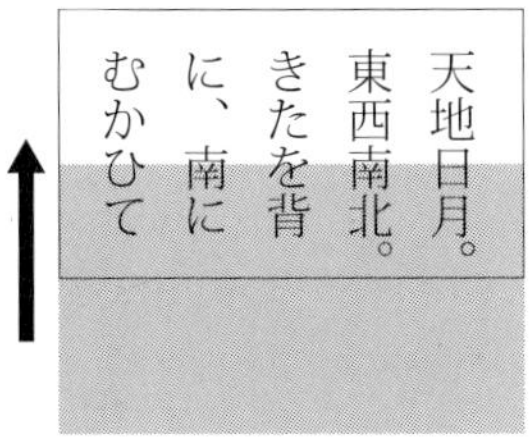

（徳永剛）

社会　明治時代　明治になって変化したもの

江戸から明治へ　2枚の絵

教科書や資料集、同じ場所の江戸時代・明治時代の2枚の絵を提示する（例：日本橋「三越」前の絵）。

> 2枚の絵を比べて、わかったこと、気付いたこと、思ったことをできるだけたくさんノートに箇条書きにしなさい。

「同じ場所だ」「明治になって○○になった」等、変化している部分、変化していない部分が多く出る。

> 「馬→馬車」「馬→人力車」のように江戸から明治になって変化したものを→を使って見つかるだけ箇条書きにしなさい。

友達同士作業させると自然に対話が生まれ、変化をたくさん見つけるだろう。

> 教科書や資料集から見つけて、江戸から明治になって変化したものを更に付け足しなさい。

5分ほど取り、次々発表させる。

江戸	→	明治
①馬	→	人力車
②土	→	石の道路
③ろうそく	→	ガス灯
④和服	→	洋服
⑤ちょんまげ	→	ザンギリ頭
⑥ぞうり	→	くつ

上のような板書になる。「日本風の建物→外国風の建物」など、特徴をまとめて表す意見も出てくるだろう。

明治時代の政策

> 明治時代の政策を、教科書を見ながら箇条書きにしなさい。

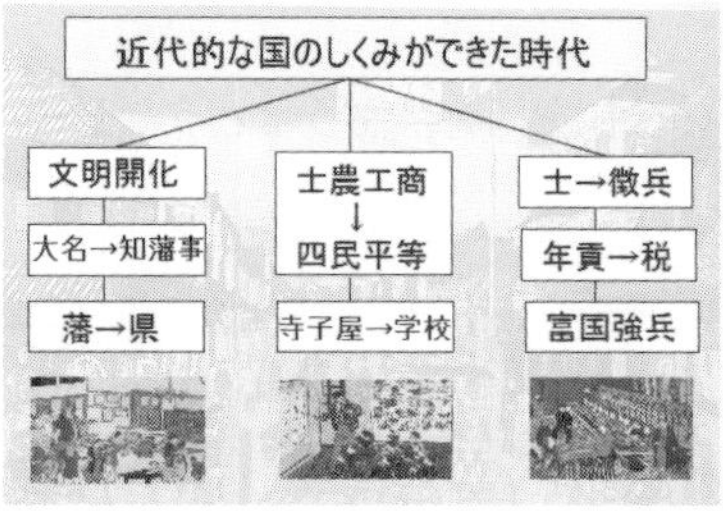

例えば上のようなキーワードが出てくる。

> 明治時代の政策について、ノート見開き2ページにまとめなさい。

これである程度明治時代の概要がわかる。

本当に四民平等の社会になったか

「明治時代、「言海」という辞書が作られました。出版記念パーティーに福沢諭吉が呼ばれたのですが、案内状を見て、腹を立て、福沢諭吉は出席しませんでした。それは伊藤博文に関係します」

> なぜ諭吉は行かなかったと思いますか。

自由に発言させる。学問の場なのに政治家の伊藤博文の挨拶が最初で、2番目が福沢諭吉だったので怒ったのである。

> 明治時代になって、本当に四民平等の世界になったのでしょうか。

討論させる。「江戸時代と比べ自由になったのは何ですか」「職業」「名前」等、平等になったことも押さえる。

> 「力で上に行ける」「学問で上に行ける」そういう意味では戦国時代と明治時代は同じじゃないですか。

発表し終了する。

（川原雅樹）

12月

算数　「難問」は局面を限定して考えさせる

難しい問題、いわゆる「難問」は低位の子たちにとっては、どこから考えればいいのかわからない。教師がポイントを絞り、局面を限定することで、低位の子たちでも考えることができるようになる。

問題：ある道路をほそうするのに、Aの機械では10日、Bの機械では15日かかります。A、Bの機械を同時に使うと、この道路をほそうするのに何日かかりますか。

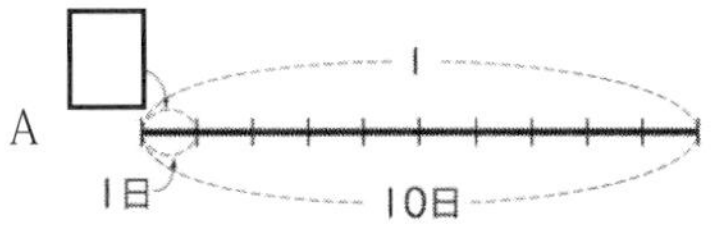

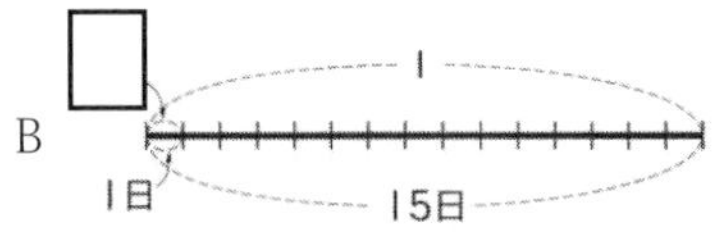

本時の対話的活動

発問：「道路の長さを『１』とみると、Aの機械では１日にどれだけほそうできますか。

（$\frac{1}{10}$ です）

発問：「Bの機械では？」

（$\frac{1}{15}$ です）

発問：「A、Bの機械を同時に使うとどうなりますか」

ポイントは「『１』とみること」、「１日でどれだけほそうできるか」

道路の長さを「１」とみる。「何で？」という子もいるが、「ここは『１』と考えます」と教師が決める。

発問１：「道路の長さを『１』とみると、Aの機械では１日にどれだけほそうできますか。（$\frac{1}{10}$ です）

言葉だけではわかりにくいが、上記のような線分図を出すことで、低位の子たちも理解ができる。

発問２：「Bの機械では？」（$\frac{1}{15}$ です）

これは上記のAが出せればできる。

発問３：「A、Bの機械を同時に使うとどうなりますか。（$\frac{1}{10}+\frac{1}{15}=\frac{1}{6}$ です）

発問４：「では、全部ほそうするのに何日かかりますか。」

（１日に全体の $\frac{1}{6}$ だけほそうできるから、$1\div\frac{1}{6}=6$ で、答え　６日です）

局面を限定し、スモールステップで解いていくからこそ、低位の子たちも難問ができるようになる。

練習問題は自力で解かせる

問題：Cの機械でこの道路をほそうすると、８日かかります。A、B、Cの機械を同時に使うと、ほそうするのに何日かかりますか。

練習問題を自力で解かせることで、子どもは「できた！」という達成感を得られる。　（梅沢貴史）

理科　水溶液の性質

水溶液の性質や働きについて多面的に調べる活動を通して、溶けているものによる性質や働きの違いを捉えるようにする。

水溶液の性質を確認する

食塩水・石灰水・アンモニア水・塩酸・炭酸水の性質を調べる実験を行う。※実験の時には、必ず保護めがねをかけさせる。

①見た目（炭酸水だけ泡がある）

石灰水は表面に白い膜ができることがあるので見た目が違うこともある。

②臭い（塩酸とアンモニアは臭いがある）

シャーレなど口の広いものに入れ、顔を近づけずに手であおいで臭いをかがせる。

③蒸発させる（食塩水と石灰水は白い固体が残る）

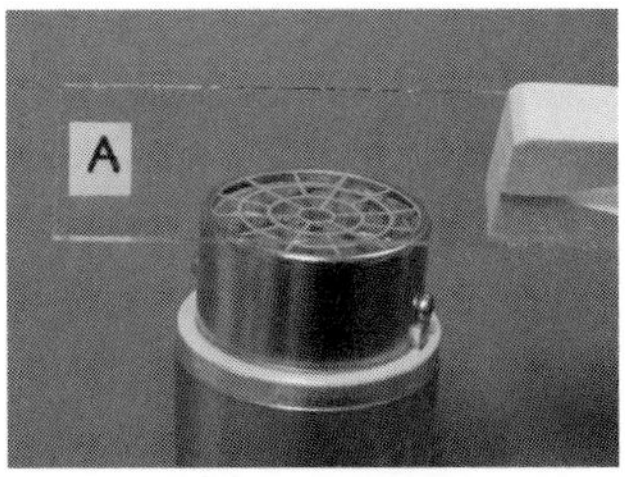

スライドガラスに水溶液を少量たらし、ドライヤーで乾燥させる方法がある。

（参考:『「理科」授業の新法則』学芸みらい社）

④リトマス紙で調べる（塩酸・炭酸水は酸性、食塩水は中性、石灰水・アンモニア水はアルカリ性）

半分に切ったリトマス紙を小さい容器に入れ、保存して使うと経済的である。

⑤実験の結果を表にまとめる

黒板または大きな紙に書いて、次の実験の計画に使えるようにする。

水溶液	見た目	におい	蒸発させる	リトマス紙
食塩水	とう明	なし	においなし 白い粉が残る	変化なし
石灰水	とう明	なし	においなし 白い粉が残る	赤→青 アルカリ性
アンモニア水	とう明	つんとした におい	つんとしたにおい 何も残らない	赤→青 アルカリ性
塩酸	とう明	つんとした におい	つんとしたにおい 何も残らない	青→赤 酸性
炭酸水	あわがある	なし	においなし 何も残らない	青→赤 酸性

何の水溶液か調べさせる

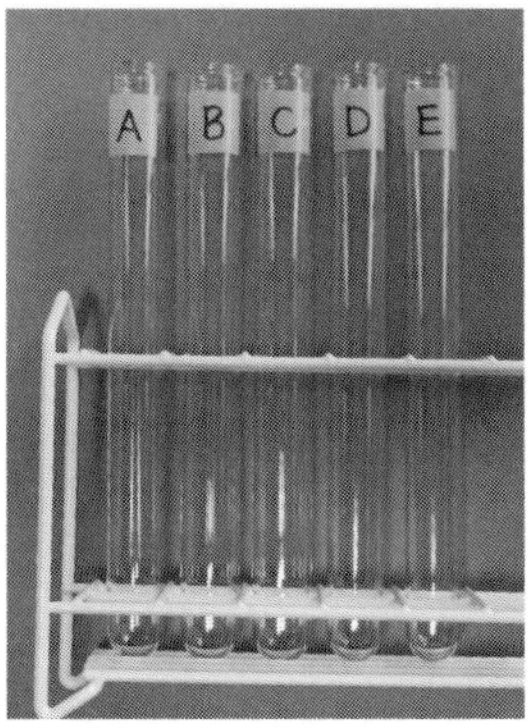

名前を伏せた水溶液が何の水溶液かを調べる実験を行う。

試験管に、A～Eの記号を書いたビニルテープを貼り付けておく。各試験管に、食塩水・石灰水・アンモニア水・塩酸・炭酸水を入れ、グループに１セットずつ配る。

まず、グループで実験の計画を立てさせる。手順と準備物を考えてノートに書かせる。

【計画の例】

①見た目で炭酸水を確認する。

②リトマス紙で酸性・中性・アルカリ性に分ける。

③蒸発させて固体が溶けている物を見つける。

グループごとにノートチェックを行い、合格したところから実験を始める。

実験の結果から、A～Eの水溶液が何であるか、理由をつけて考えさせ、板書させる。

考えを発表させて、答えを確かめる。

（上木朋子）

12月

音楽　5分間で世界旅行「楽器による世界の国々の音楽」

言語活動をたっぷりと取る

毎授業時、10分間を鑑賞のコマとし、「世界の国々の音楽」を10曲聴いていく。

曲を聴いて、思い浮かんだことや気づいたこと、感じたことなどを伝え合い共感し合ううちに、確実な力がついていく。連続で聴くからこそ、効果倍増となる。

10分間の流れ（５分間音楽＋エピソード）

「５分間音楽」（関根朋子氏追試）から始める。曲を聴いて、「大好き◎　好き○　あまり好きじゃない△」の３段階で評定。その理由を簡単に書き、指名無しで発表。残り５分間で、曲にまつわるエピソードなどを聞く。演奏している様子がわかる動画で、理解が深まる。

【第１時】バグパイプ（スコットランド）
【第２時】メヘテルハーネ（トルコ）
【第３時】トーキングドラム（ガーナ）
【第４時】Anyango『Thum Nyatiti』（ケニア）
【第５時】サウンガウ（ミャンマー）
【第６時】カヤグム（韓国）
【第７時】箏（日本）
【第８時】アルフー（中国）
【第９時】フォルクローレ（南アメリカ）
【第10時】ガムラン（インドネシア）

Anyango『Thum Nyatiti』（ケニア）について

第３時トーキングドラムは、ガーナ（西アフリカ）の楽器だ。アフリカつながり、ケニア（東アフリカ）の伝統楽器 Nyatiti（ニャティティ）を取り上げた。

【曲にまつわるエピソードの授業例】

（１）Nyatiti について知る。

発問「何人で演奏していますか？」

ごく短く『Thum Nyatiti』の冒頭部分だけを聴かせる。弦、鈴、打楽器、３つの音色が聴こえることから「３人」という答えが多く出る。動画（YouTube）を見せて、１人で演奏していること、歌も歌っていることを確認する。楽器の名前は Nyatiti、弦楽器で、ケニアのギターと呼ばれていることを知る。

（２）Nyatiti を模擬体験してみる。

指示「エア Nyatiti。かまえて」

左に円い胴をかかえ、左手が上、右手が下で弦をはじくかまえをさせる。『Thum Nyatiti』に合わせて、エア Nyatiti を楽しむ。

（３）Nyatiti 奏者 Anyango（アニャンゴ）さんについて知る。

動画（YouTube）を再度見せながら、説明。①「Anyango さんが、歌っています」②「手元は、弦をはじいています」③「右足首にガラという鈴。親指にはオドゥンゴという鉄のわっかがはまっています。Nyatiti のわくに打ちつけて音を出しています」④「歌って、はじいて、打って、１人で３役をこなします」⑤「Nyatiti のふるさとケニアでは、演奏者を囲んで、歌い踊り、みんなで１つになってショーを作り上げます」⑥「古くケニアでは、Nyatiti は男の人だけが演奏できる楽器でした」⑦「Anyango さんは想像を絶する修業（『夢をつかむ法則』向山恵理子著、参照）を積み、世界初の女性 Nyatiti 奏者となりました」

（４）感想を書く

Anyango さんについて知ったあと、再度曲を聴いて感想を書く。次時に扱うサウンガウとの競演映像を見せて、楽器の音色や形状を比較して感想を書かせても良い。　（中越正美）

12月

図画・工作　酒井式「モチモチの木」ステンシル

６年生は版画ではなく、ステンシルに挑戦した。子ども達は実に熱中した。掲示された作品の黒つや紙と絵の具の美しさに保護者から感嘆の声が上がった。

準備物

・Ｂ４のケント紙・Ｂ４の黒つやボール紙・絵の具セット１式・カッター・カッターマット・台所用スポンジ・輪ゴム・綿棒

進め方

①下絵を描く

大きなモチモチの木を大筆で描く。これは口で説明しても描けない。必ず子ども達を集めて話をしながら描いて見せる。

「地面からにょっきり、にょきにょきっと伸びていくように描くんだよ」

「あとは、どこが寂しい感じかな？そうだね、ここにも枝を生えさせよう」

モチモチの木に光と豆太と医者を描く時も、子どもと話をしながらイメージを膨らませるとよい。

「カンタがお医者に背負われてきた。なんて言っているかな」

最後に家と紙の周りに１～1.5㎝くらいのふちどりをして下絵は完成である。ステンシルも版画と同様、下絵を描く時は、子ども達とうんと相談するとよい。

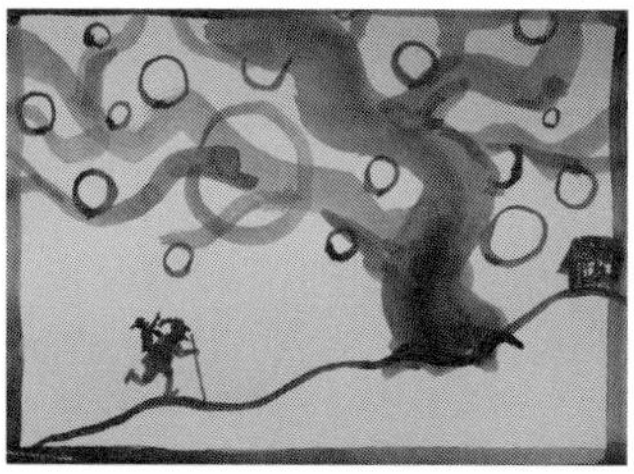

②白い部分を切り取る

白い部分を切り取って型を作る。カッターでの切り取り方も子ども達を集めて、

・刃を出しすぎないこと
・手前に引くように切ること
・刃を動かすのではなく紙を回すこと

３つのポイントを話し、やって見せる。

③タンポで着色する

台所用のスポンジを切り、綿棒に輪ゴムで縛りつけてタンポを作らせる（写真）。１つのスポンジから５～６個のタンポができる。型を黒つや紙に重ね、開けるように片方だけテープで固定する。

モチモチの木の周りと光の輪を着色する。絵の具は水を入れずに、たっぷりの白と混ぜ、タンポにつけてたたくように着色する。

型をしっかり押さえてキワまでしっかり絵の具をたたき入れるのがコツである。（大沼靖治）

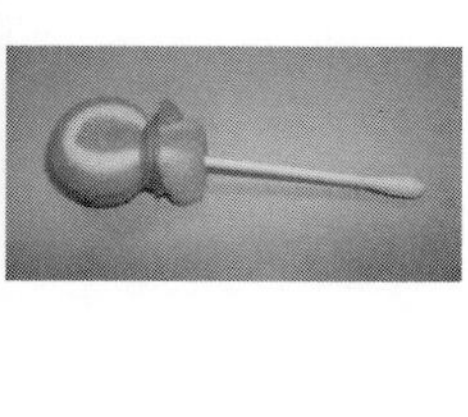

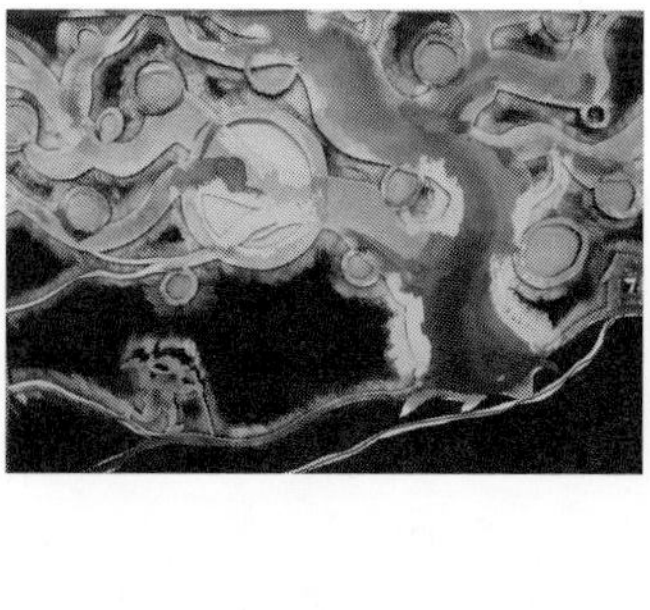

12月

家庭科　おせち料理のいわれを調べよう

1.おせち料理についてレポートにまとめさせる

調理実習が一段落し正月を控えたこの時期に「おせち料理」について調べ、レポートにまとめさせる。

①ＰＣ室に行き、おせちについて自分が関心のあるページを閲覧させ、必要に応じてプリントアウトさせる（２時間）。

②テーマを絞り、レイアウトを考えてＢ４版１枚にまとめさせる。料理の写真は切り抜いて貼ってよい（２～３時間）。

③できあがった作品は黒板に貼り出す。読んだ子は感想を付箋紙に書き、レポートに貼り付けていく（１時間）。

子ども達が選んだテーマは「それぞれのおせち料理の意味」「おせち料理に使われている食材」「おせち料理の作り方」「おせち料理の盛り付け」などである。１人１人が楽しんでレポートを完成させる。

2.付箋紙を使って感想を交流し合う

完成した子から、レポートを黒板に貼り出す。友だちの作品を見て、感想を付箋紙に書き作品の横に貼り付けていく。全員のレポートが完成した時点で、学習の感想を発表しあう。「おせち料理は１つ１つに意味があり、大切なものだとわかった」「重箱の詰め方が何種類もあると初めて知った」「今まであまりおせち料理を食べなかったが、自分に子どもができても伝えていきたい」などの発言がある。

友だちの書いてくれた付箋を読んだ感想をどうぞ。

と促すと、「写真の見せ方を工夫したら、そこに気が付いてくれた人が多くてうれしかった」「まとめ方が上手だと書かれていて自信がついた」などの感想が出る。友だちに感想を口頭で伝えると、時間的制約があり十分に伝えられないことも多い。付箋（６㎝ ×５㎝程度）を使うことで、たくさんの感想を伝えることができる。書いてあるから後で読み返し、両者で話が弾むこともある。年間を通して、「『書く』ときは、長く、ぎっしり書く。具体的に詳しく書く」ということを指導しておく。

3.冬休み明けに「おせち料理を作った感想」を聞く

冬休み明けの授業で、「今年、おせち料理を作った人。感想をどうぞ」と問う。12月の学習を生かして、実際に作る子がクラスで何人かはいる。「学校で学んだことを家でやってみるのが家庭科の学習だよ」と意味づけをする。

次に、「今年のおせち料理を食べた人？」「昨年よりたくさん食べた人？」と聞いて、挙手させる。授業での学びを自分の家庭生活につなげる意識をもたせる。

（川津知佳子）

12月

体育　踏み切り指導に焦点化した走り幅跳び

走り幅跳びでは、踏み切りが意識できるようになると、記録が伸びる。その手立てとして次の方法がある。

踏み切り板を置く。

踏み切り板を置くと、子どもたちの踏み切り、助走、空中姿勢が変化してくる。それは、踏み切り板（野球のベースでも可）があることで、子どもたちの踏み切りの意識が高まるからだ。

踏み切り板を置き、最初は子どもたちに自由に跳ばせる。子どもたちは、踏み切り板があるだけで楽しそうに跳ぶ。自由に跳ばせた後、

片足踏み切りができているかを見ます。

子どもたちの踏み切りを個別評定する。踏切り板の上で数歩歩いてしまう場合や両足で踏切りをしていると不合格である。

片足でしっかりと踏み切れていれば合格である。1点だけ見るので合否判定がしやすい。

全員合格させた後、子どもが模範に何名か踏み切りをさせる。

バン！　と強く音が出るくらい、強く踏み切りなさい。

だいだいできるようになったら、助走を5歩くらいにして、「タ・タ・ターン」の踏み切りを練習する。

踏み切りは、タ・タ・ターンのリズムで跳ぶと距離が伸びます。

「タ・タ・ターン」と声を出しながら跳ばせるとよい。この踏み切りは難しいが、できるようになると記録が伸びる。

さらに、目標記録を意識させるために、3mと4mの所に白線のラインを引く。視覚化され、目標記録の明確になる。また、助走距離の10m、15m、20mにラインを引いておくと、助走距離の工夫が見られるようになる。

この後、ペアやグループで練習をする場を設ける事で、相談したり助言し合う場面がみられる。主体的・対話的で深い学びとなり記録が伸びる。

（桑原和彦）

12月

道徳　日本人の偉人

12月の道徳のポイント

日本人の偉人も、授業で扱う必要ある。日本に誇りを持てる、それもまた道徳の授業で育てていく。

12月のオススメ資料

文部科学省『私たちの道徳』「支え合いや助け合いに感謝して」ここでは、野口英世「黄熱病とのたたかい」がある。

読み聞かせをする。

「登場人物は誰ですか」

（野口英世）
（所長）
（仲間たち）
（英世を支えてくれた人たち）

「誰がどうした話ですか」

（英世が周りの支えをうけて研究にうちこんだ話）

「英世は、黄熱病の原因を突き止めることはできませんでした」

「しかし、彼の研究に打ち込みたい、という夢はかないました」

「彼の夢がかなった理由は何ですか？線を引きなさい」

夢がかなった理由に線を引かせることは、成功法則を導き出す指示である。

（眠らない日本人と言われるほど研究に打ち込んだ）
（実に多くの人々の支えがあった）

「英世を、たくさんの人が支えてくれました。母、小林先生、渡部先生、血脇先生、フレキスナー博士、友人。誰かひとり欠けていたら、英世の夢はかなっていますか、かなっていませんか」

5分程度、簡単に議論させる。

これには答えがでない。

クラスでは「英世は眠らないほど努力したのだ。1人いなくても、彼なら夢はかなえた」という意見もでた。

「夢はかなえた人には法則があります。その1つの法則が、仲間です。仲間がいる人ほど、小さな小さな縁を大事にする人ほど、夢をかなえます」

「みんなを支えてくれている人は誰ですか」

その後、「いろんな人の支えと、その思いについて気づいたことを書きましょう」「家庭、学校、地域であなたを支えてくれている人の思いに応えるために、どのようなことをしてみたいですか」の書き込み欄に、書かせていく。

対話指導のポイント

12月ならば、子供たちは対話に慣れている。対話のとき、極力、教師は話を挟まない。「その意見いいね」などと評価を入れてはいけない。教師が極力入らないからこそ、子供たちは自分の思いを堂々と言うようになる。教師が評価を挟むと「正しいことをいわないといけない」「先生に褒められることをいわないといけない」と圧力がかかる。

対話のときは、教師は極力、口を挟まない、大事な原則である。

（林健広）

12月

英語 過去形は不規則動詞を中心に扱う②

Unit7「My best memory」②

11月の部分で､答え方の情報を増やすと書いた。その部分をもう少し詳しく書く。

2時間目には、「I enjoyed ~.」を増やす。

「enjoyed」は汎用性が高い。運動会であれば「I enjoyed 騎馬戦 .」、学芸会であれば「I enjoyed dancing.」、修学旅行であれば「I enjoyed まくら投げ .」と様々に使うことができる。

ここで9月単元の学習した「How was your summer vacation?」の表現が生きてくる。四角の部分を相手に合わせて変えさせる。表現の例を示す。

A：What' s your best memory?
B：My best memory is school trip.
A：How was your school trip?
B：I enjoyed まくら投げ .

これも視覚教材があると、子供は直感的に理解することができる。以下に視覚教材の例を示す。

形容詞を過去形で使う表現は Unit5「My summer vacation」で既習である。形容詞を生かして、さらに会話を長くしていく。前述の「I enjoyed まくら投げ .」の続きに以下の表現を入れる。

A：How was it?　B：It was exiting.

以下は井戸砂織氏が提案した、形容詞を教えるためのシートである。

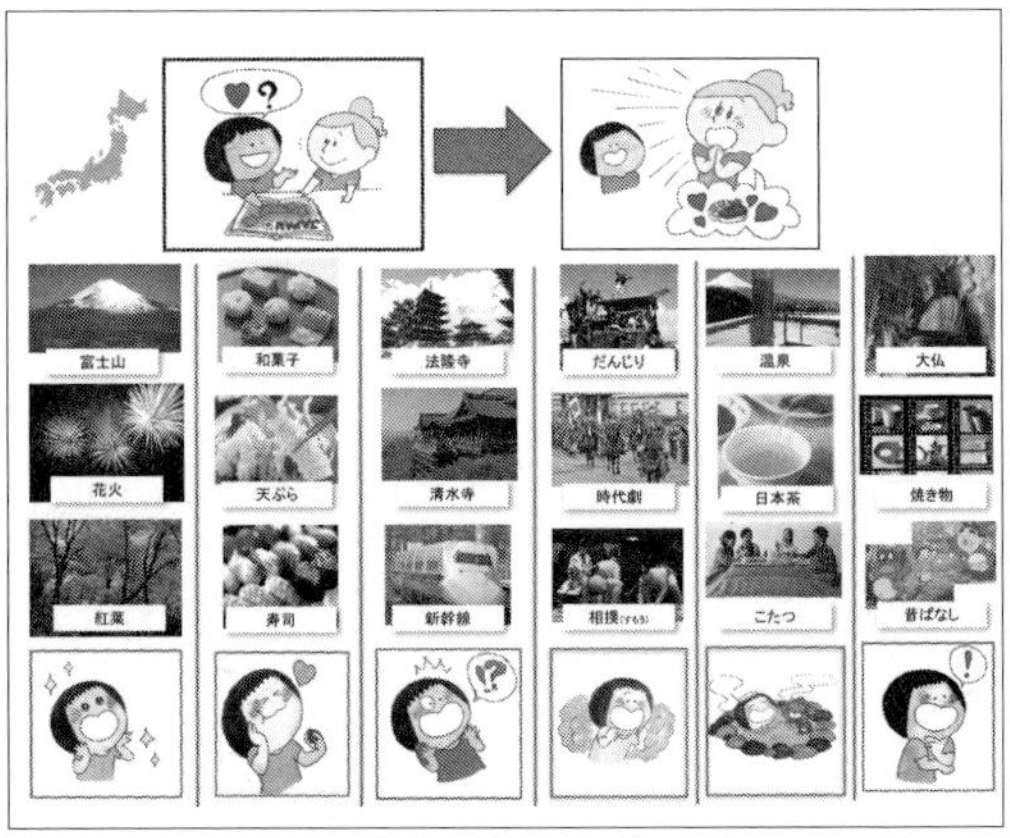

以下のように使う。

T：富士山、花火、紅葉
T：beautiful　C：beautiful
T：和菓子、天ぷら、寿司
T：delicious　C：delicious

（NPO 英語教育研究所）

リピートさせるときに、「beautiful」ならばイラストと同じように、美しいものを見ている時のように言うとよい。「delicious」ならば、おいしいものを食べている時のように言う。まず、教師が雰囲気をつくることが大切である。

また、シートを自作することもできる。美しい物の写真を３つ並べ、その下に「beautiful」にあたるイラストを配置する。

３つの写真を見て、直感的に「美しい」という意味なのだ、と分かるように作ることが大切である。

（青木翔平）

12月

総合　世界の国について発信しよう

単元のまとめとして、調べた国についてわかったこと等を発信する。

テーマに沿って発表する

まとめ方は色々とあるが、調べる段階からまとめ方を示しておくとよい。

また、発表の際もまとめた順番に発表すればよいのでどの子もスムーズに発表でき、視聴側も聴き取りやすい。

たとえば左のようなまとめ方もある。

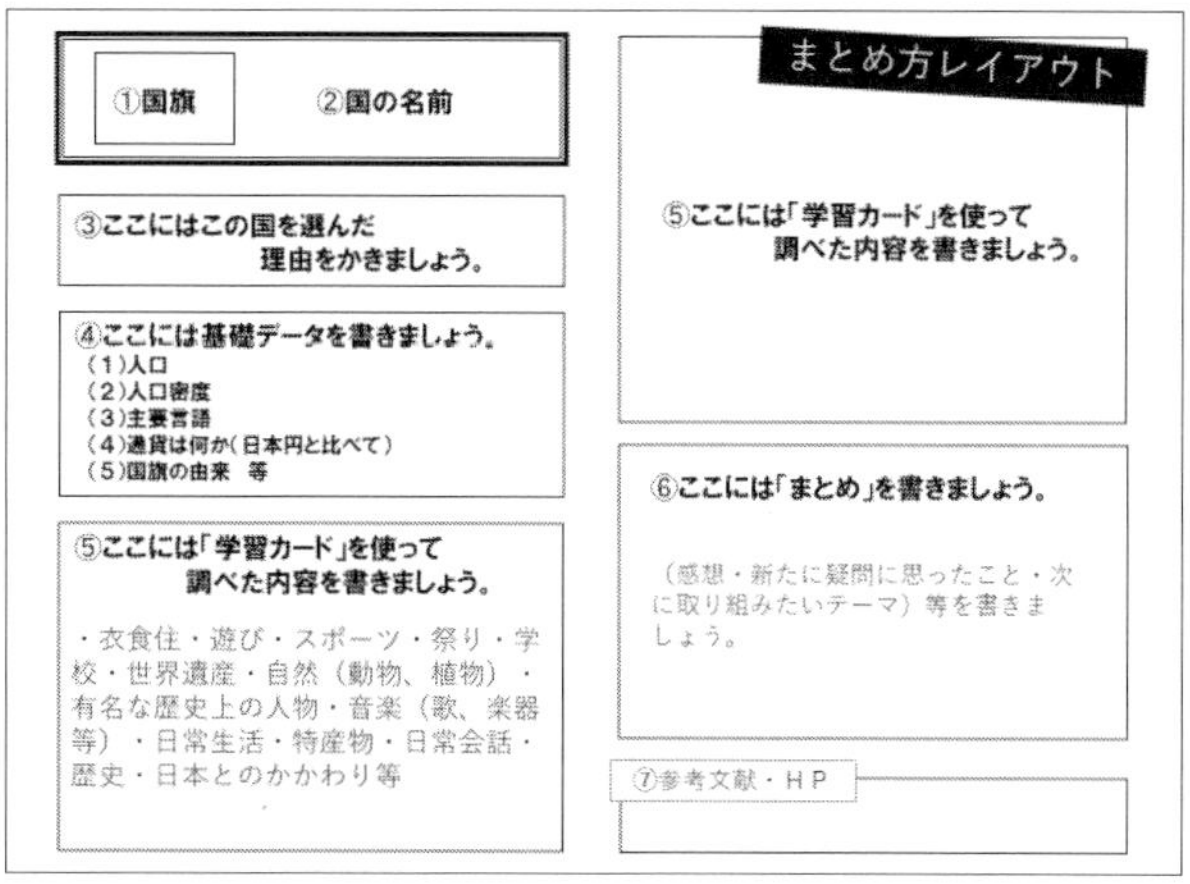
まとめ方レイアウト
①国旗
②国の名前
③ここにはこの国を選んだ理由をかきましょう。
④ここには基礎データを書きましょう。
（1）人口
（2）人口密度
（3）主要言語
（4）通貨は何か（日本円と比べて）
（5）国旗の由来　等
⑤ここには「学習カード」を使って調べた内容を書きましょう。
・衣食住・遊び・スポーツ・祭り・学校・世界遺産・自然（動物、植物）・有名な歴史上の人物・音楽（歌、楽器等）・日常生活・特産物・日常会話・歴史・日本とのかかわり等
⑤ここには「学習カード」を使って調べた内容を書きましょう。
⑥ここには「まとめ」を書きましょう。
（感想・新たに疑問に思ったこと・次に取り組みたいテーマ）等を書きましょう。
⑦参考文献・ＨＰ

外国語の授業を活かす

6年生では外国語で「行ってみたい国を英語で言う」学習がある。

【例】最初の発表の場面
視聴側 : Excuse me.
　Where do you want to go ?
発表者：I want go to（調べた国の名前）.
　→可能であればその理由も
　Because I want to（see pyramid）.
　というように発表させるのも良い。

そこで発表の時にも上のように最初の場面を英語で発表させるのも良い。他教科で学んだことを活かせるようにしていきたい。また、一方的な発表ではなく対話が生まれるという効果も望むことができる。

物を準備する

発表の際、物を準備するように助言する。その国の衣装(それに合わせて作る)や発表で使えそうな物を1人、1つは用意するように伝える。工夫をし、ブラジルならユニフォームを着たり、エジプトならピラミッドの模型を用意したりと、さらに工夫した発表になる。

相手意識をもって発表する

発表の場は様々に考えられる。例えば、

①5年生に
②参観日でお家の人に
③ＡＬＴに
④ボランティアティーチャーに
⑤学年のみんなに　等

伝える相手によって発表する言葉や内容は変化するだろう。相手意識は発表にとって重要なポイントである。

相手を変えた発表を繰り返すことで、大きな学びとなる。

我が国の文化も発信できるように

時間があれば、我が国についての文化も発信できるようにしたい。他の国を調べることで自分の国の良さを知ることになるだろう。大人になると海外に出て活躍する子もいるだろう。それをＡＬＴ等の外国の方に発信することでより価値ある対話が生まれる。自分の国の魅力を他の国の人に、堂々と伝えることができるようにして卒業させたい。

（永井貴憲）

1月

国語　「自然に学ぶ暮らし」要旨を指導する

教材解釈のポイントと指導計画

「自然に学ぶくらし」（石田秀輝／光村図書）は、説明文である。要約をすることで、筆者の伝えたいことをまとめ、最後に自分の考えを書く（全6時間）。

第1時　音読。語句調べ。
第2時　大きく3つに分ける。
第3～4時　「自然の仕組み」についてまとめる。
第5時　要旨をまとめる。
第6時　筆者の考えに対して自分の考えを書く。

授業の流れのアウトライン

第2時では、文章全体を序論・本論・結論の3つに分ける。

序論……問題提起と動機や経緯
本論……論点の説明や論証
結論……主張の要約と今後の展望

形式段落は、全部で9つあるので、次のようになる。

⑴⑵⑶／⑷⑸⑹⑺⑻／⑼

問いの文は、どれですか。

「自然の仕組みをうまく利用するとは、どのようなことでしょう」

本論には、自然の仕組みをうまく利用した事例が書かれている。40字程度でまとめる。

要旨は、筆者の主張が書かれている1文を中心に100字程度でまとめる。

この説明文は、双括型であり、序論と結論に筆者の主張が書かれている。

私たちの未来の生活では、地球の資源が少なくなってきていることから、資源を使うことに関してさまざまな制約がある。そのため、資源の利用のしかたを見直すと同時に、自然の仕組みを活かした新しい暮らしのあり方を考えていく必要がある。（111字）

学習困難状況への対応と予防の布石

自然の仕組みについて、フォーマットを使ってまとめると書きやすい。

○の仕組みを利用した、△できる□。

⑤シロアリの巣の仕組みを利用した、温度調節ができるショッピングセンター。
⑥シロアリの巣の仕組みを利用した、湿度の調節ができる素材。
⑦アワフキムシの幼虫が泡で身を守る仕組みを利用した、体を温めてくれるお風呂。

ベタが卵を泡につける仕組みを利用した、身体の汚れを取ってくれるお風呂（⑦は2種類の生物が紹介されている）。
⑧トンボの羽の仕組みを利用した、自分で電気が作ることができる風力発電機。

⑦は、「使い方に学んだ」と教科書に書いてあるため、フォーマットのまま書こうとすると難しい。そのため、以下のようなまとめ方でも良い。

「アワフキムシの幼虫やベタの泡の使い方に学んだお風呂」

フォーマットを使うことで、何の仕組みを利用したどんなものなのかを簡潔にまとめることができる。

（徳永剛）

1月

社会　15年戦争 どこなら戦争を止められたか

戦争の名称

教科書は「日中戦争」「太平洋戦争」とある。他には「15年戦争」「大東亜戦争」という名称もある。「戦争」は「宣戦布告」がないと始まらない。その意味では「日中戦争」は「事変」とも言える。太平洋戦争」はＧＨＱ神道指令によるもの、大東亜戦争は日本の閣議決定によるもの、15年戦争は戦後、鶴見俊輔が初めて表現したものである。授業では言わないが、教師の基礎知識として持っておいた方がいいだろう。

戦争の概要を知る

教科書の戦争部分を範読、その後追い読みさせる。

> 日本の死者数、原爆の日時、場所、死者数をノートにまとめなさい。

死者数３１０万人。原爆投下は、広島１９４５年８月６日、死者12万人。長崎１９４５年８月９日、死者７万人である。

ノート見開き2ページに戦争について他の情報もまとめさせ概要を知らせる。

15年戦争、15の事件

１９３０年から１９４５年まで続いた戦争を「15年戦争」とも呼びます。

> 毎年1個ずつの事件が起こります。年に1つ、事件を15個選んで15年戦争の年表を作りなさい。

教科書や資料集を参考に作らせる。難しいので、左を参考に写させると良い。

1930年	ロンドン軍縮会議
1931年	満州事変
1932年	満州国設立→リットン調査団→5, 15事件
1933年	国際連盟脱退
1934年	ワシントン軍縮会議破棄
1935年	天皇機関説
1936年	ロンドン軍縮会議破棄
1937年	盧溝橋事件（北支事変）
1938年	国家総動員法
1939年	ノモンハン事件（第二次大戦勃発）
1940年	日独伊三国同盟
1941年	真珠湾攻撃→大東亜戦争
1942年	ミッドウェー海戦
1943年	大東亜会議
1944年	神風特攻隊
1945年	原爆投下・ポツダム宣言

> 重要な事件を３つ選んでノート1ページにまとめなさい。

できたらノートをコピーして印刷・製本、全員に配れたら、情報の共有ができていいだろう。

どこなら戦争を止められたか

> どの事件の時点なら戦争を止められたと思いますか。1つ選んで理由もノートに書きなさい。

難しいので答えが出なくてもいいだろう。2～3人で話し合ったり、全員で意見を交換するのもいいだろう。

向山洋一氏は「１９３０年、ロンドン軍縮会議で政府が軍縮を締結したのがその後の軍の暴走を招いた」と言っている。

清水馨八郎氏（千葉大学名誉教授）は「戦争自体、アメリカとソ連の計画なので止めることは不可能だ」と言っている。

倉山満氏（憲政史家）は、１９４４年、レイテ戦で特攻隊が出ていれば、アメリカは戦意を無くし、講和していたかもしれない」と言っている。

このような意見を紹介し、感想を書いて終了する。

（川原雅樹）

1月

算数　主体的に選ばせ、深い学びにつなげる

教師に「この考え方でやりなさい」と言われると反抗する子も、「自分で選んだやり方でやってごらん」と主体的に選ばせると、できそうなやり方を選ぶ。知的になる。さらに対話的に学習をすることで、深い学びへとつなげることができる（以下のイラスト「３つの力」は、独立行政法人教職員支援機構『主体的・対話的で深い学び』を実現するための研修用テキストより引用）。

問題：赤・青・黄・緑の色鉛筆があります。この中から２本を選ぶ組み合わせは、何通りありますか。下の４つの解き方から選んで、自分で解いてみましょう。

表で考える

	赤	青	黄	緑
赤		○		
青				
黄				
緑				

すべての組み合わせを書く

1.赤・青　4.青・赤
2.赤・黄　5.青・黄
3.赤・緑　6.青・緑

樹形図で考える

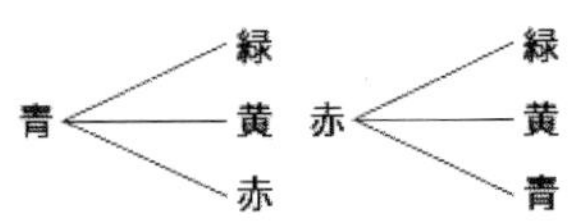

対角線で考える

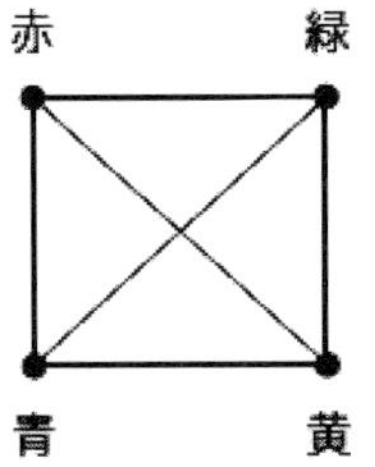

私は、対角線をかいて調べました。まず、4つから選ぶので、四角形をかきます。それぞれの頂点に色を書きます。つぎに、頂点を結びます。2つ選ぶ組み合わせができます。対角を6本引くことができます。だから、組み合わせは6通りです。

【本時の対話的活動】
指示：「選んだ解き方で解いてみて、その解き方をくわしく説明しましょう」
（ぼくは、全ての組み合わせを書いてみました。すると、「赤・青」と「青・赤」は同じだと気づきました。……）

解き方を選んで、主体的に学ぶ

子どもはただ選ぶわけではない。いろいろ考えた上で選ぶ。「自分で決めた」ということが「よし、解くぞ！」という主体的な学びへとつながる。

解き方を説明させ、交流させることで、対話的に学び、深い学びを得る

「本時の対話的活動」のように、できた解き方をお互いに発表しあうことで、自分ができた解き方についてさらに深く学べるとともに、自分が選ばなかった解き方にもふれることで、理解が深まっていく。また、「対角線で考える」のように、文章や教科書などから学ぶことも対話的な学びとなる。また、「深い学び」はこの問題の場合、次の３つの力と考えられる。

①図や表にして、根気よく調べる力　②それを説明できる力　③新たな問題に活用できる力

見方・考え方を次に生かし、次の問題が解けるようになることが重要である。　（梅沢貴史）

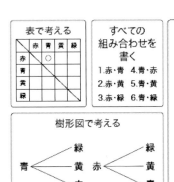

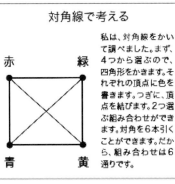

1月

理科　てこの働き

力を加える位置や力の大きさに着目して、これらの条件とてこの働きとの関係を多面的に調べ、てこの規則性を捉えるようにする。

数と位置を限定し調べる

実験するときのポイントは、はじめは、「片方のうでのおもりの数とつるす位置を限定する」ことである。以下のように発問する。

> 図のように片方のうでにおもりをつるすとき、水平につり合うためには、どうすればよいか。

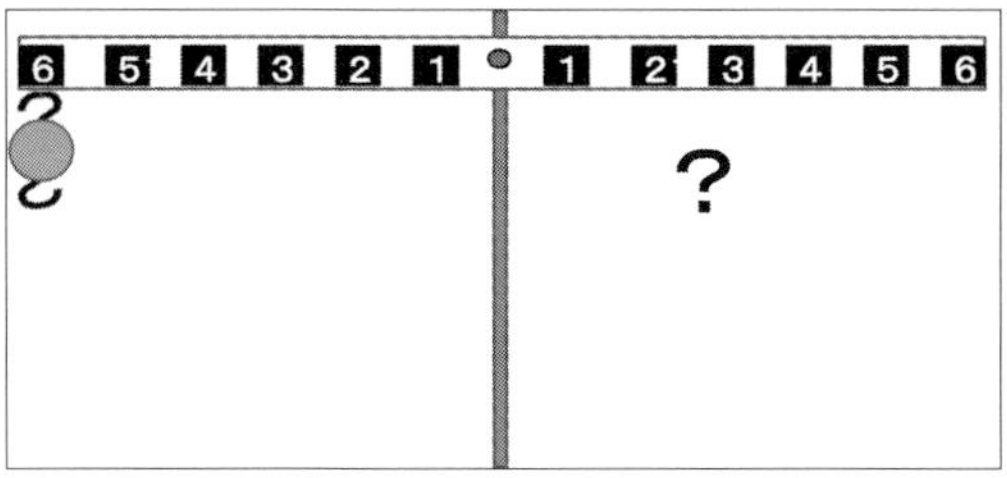

例えば、図のように「支点からのきょり６の位置におもりを１個（10ｇ）つるすと、「右のうでのどこに（１か所）いくつのおもりをつるすとつり合うか」を調べる活動をする。実験結果は、次のようになる。

左のうで		右のうで	
支点からのきょり	おもりの重さ（ｇ）	支点からのきょり	おもりの重さ（ｇ）
6	10	1	60
		2	30
		3	20
		6	10

はじめは同じ条件で、どの班も実験を行う。混乱を防ぎ、きまりを見つけやすくなる。

この後、「左のおもりの数も位置（１か所）も変えてもよい」として、つり合う場合を複数見つけさせる。

話し合ってきまりを式や図で表す

以下のように指示し、グループごとに話し合ってまとめる活動をする。

> てこが水平につり合うとき、どのようなきまりがありますか。式や図を使って表しなさい。

【予想される児童の考え】

①「おもりの重さ × 支点からの距離」が同じならつり合う。

②おもりの重さを縦、距離を横として表す面積が同じならつり合う（下図）。

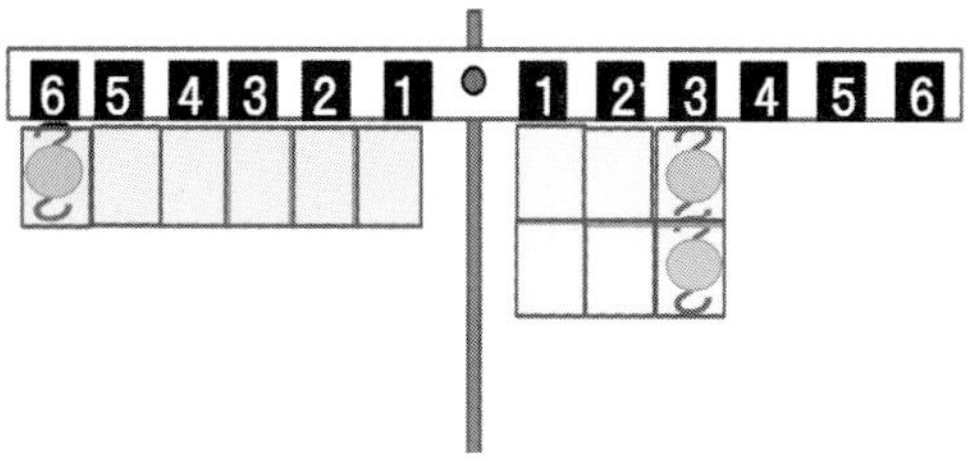

③以下の式で表されるとき、つり合う。

左「おもりの重さ × 支点からの距離」

＝右「おもりの重さ × 支点からの距離」

（関澤陽子）

音楽　日本の音楽に親しもう　雅楽「越天楽」ほか

まずは聴いてみよう

『越天楽《えてんらく》』冒頭部分２分間ほど聴く。「５分間音楽」（関根朋子氏追試）の要領で、◎○△で評定。その理由を書く。発表。意見交流をする。◎「和を愛する」「心が落ち着く」○「お正月に聞いた」「和の楽器がすき」△「音色（主に、篳篥《ひちりき》の音）が耳に堪える」「テンポが合わない」など、それぞれ自分なりに感じ取った理由が挙げられる。

動画で見てみる

YouTube を利用する。「雅楽を楽しむ」（天理大学雅楽部の演奏）と題したサイトが分かり易い。笙《しょう》、篳篥、龍笛、鞨鼓《かつこ》、太鼓、鉦鼓《しようこ》、琵琶、箏についてそれぞれ紹介されている。

『越天楽』は聴いたことはあるが、楽器や演奏している場面を見るのは初めてという子どもがほとんどだ。興味深く視聴することができる。わかったことや気づいたこと、思ったことなどメモを取る。

雅楽について知る

中国（唐楽）、朝鮮（三国楽）などアジア大陸から伝わってきた音楽に、日本古来の音楽が混じりあって、我が国独自の音楽「雅楽」が生まれた。平安時代から 1200 年の時を経ても、形を変えることなく現代まで伝えられている。これは、世界中でも雅楽だけである。

当時、雅楽を演奏していたのは、国や大きな寺社に仕えるプロのアーチスト集団であった。ことあるごとに、年がら年中宮中で演奏されていた。管（笙・篳篥・竜笛）弦（琵琶・箏）に打楽器（鞨鼓・太鼓・鉦鼓）が加わった「日本版オーケストラ」と言える（参考『おもしろ日本音楽史』）。

あらためて聴く

内部情報を充実させたうえで、全曲通して『越天楽』を聴く。思い浮かんだこと、気づいたこと、思ったことなどを書く。発表を聴き、共感できる意見があればノートにメモしていく。

動画視聴のほか、教科書や書籍などを読んで雅楽についてわかったことなどと合わせて、ノート見開き２ページにまとめる。

越天楽今様（慈鎮和尚作詞・日本古謡）

（1）「今様」とは……

「今はやっている音楽」という意味で、平安時代の「アイドル集団」とも言える人たちが歌い踊っていた。雅楽は宮中のものだったが、今様は一般の人たちが歌い楽しむものだった。

（2）演奏してみよう

歌う、リコーダーで吹く、オルガンで和音伴奏をつける、など自分がやってみたいことを選び演奏する。日本古来の旋律を楽しむ。

伝統音楽に親しむ

（1）鑑賞

『津軽じょんがら節』、『春の海』、『六段』など、『越天楽』以外の伝統音楽を聴く。聴くだけでなく曲の背景にあるエピソードや各伝統楽器についてなど調べてノートにまとめさせる。

（2）箏を弾いてみる

一面あれば全員演奏体験ができる。『さくらさくら』のさわりを弾いてみる。普段目にするものとは違う「箏の楽譜」を提示するのも興味深い活動となる。　（中越正美）

1月

図画・工作　動く工作「とびだせ！とびだせ！」

動く工作は子どもを熱中させる。佐藤式工作「とびだせ！　とびだせ！」は、苦手な子でも成功率10割の工作だ。

準備物

材料　後述するサイトを参照のこと。

進め方

①基本の機構を作る

インターネットでTOSSランドから拙サイト（TOSSランドNo.１２４６０５５）を検索してテレビ画面に映す。

その指示どおりに作ると写真のような基本の機構ができあがる。苦手な子も失敗して動かなかったことはない。

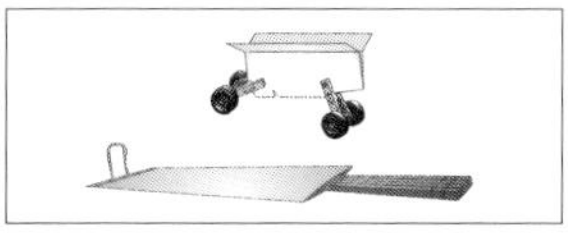

輪ゴムのついた発射台で車をびゅんと走らせることができる。

②遊んで発想させる

この基本の機構ができたらまずやることは「自由に遊ぶ」ことだ。

遊びながらどんな飾りつけをしようか考えさせる。ここは教師と子どもでうんと話をする。「どんな飾りにする？」「家と車と飛行機を合体させたい」「どんな家？」と重ねて聞いていく。

「何を乗せるの？」「キャラを乗せてみたい」「何が好きなの？」「えっと、ディズニーがいい……白雪姫かな」

ここは遊びながら話すことで、発想を膨らませてあげることができる。

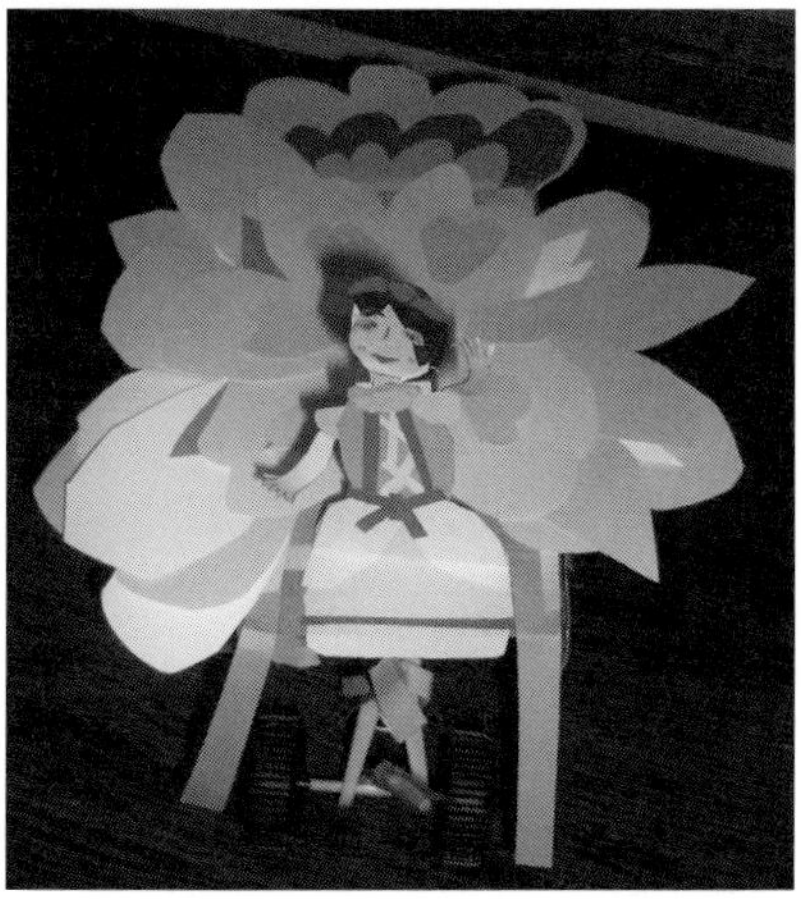

③飾りを作る

飾りは折り紙や色画用紙で作る。この段階で作りたい飾りが思い浮かんでいる子には、そのまま飾りを作らせ、のりで貼らせる。

何も思い浮かんでいない子がいても心配はいらない。佐藤式工作には「創作のプロセス」がある。これは、「とりあえず何か形を切ってみる→重ねてじっと見る→またとりあえず何か切ってみる」を繰り返す装飾の方法だ。

なかなか手が進まない子には教師が一緒に話をしながら行うと効果的だった。

「とりあえず、この形ができたね。じっと見ます。何に見える？」「どうしたい？」「人と何か動物を乗せたい」

このように対話をすることで飾りをだんだん発展させることができた。

（大沼靖治）

1月

家庭科　自分の住んでいる地域のことを調べよう

1. 地域の人と関わった経験を話し合う

（発問）近所の人、地域の人に助けてもらったり、してもらったりして、嬉しかったことはありますか。それはどんなことですか。

・鍵を忘れて家に入れないでいる時に、助けてくれた
・お土産をもらった
・いつも挨拶をしてくれる
・子ども会で遠足に行って楽しかった

たくさん意見が出ればよいが、少ししか出なくても構わない。地域との関わりが少なかった児童が、関わるとよいことがあると感じられればよい。

2. 地域の活動について知っていることを話し合う

（指示）班で協力して、地域の活動について知っていることを、なるべくたくさん書き出しなさい。

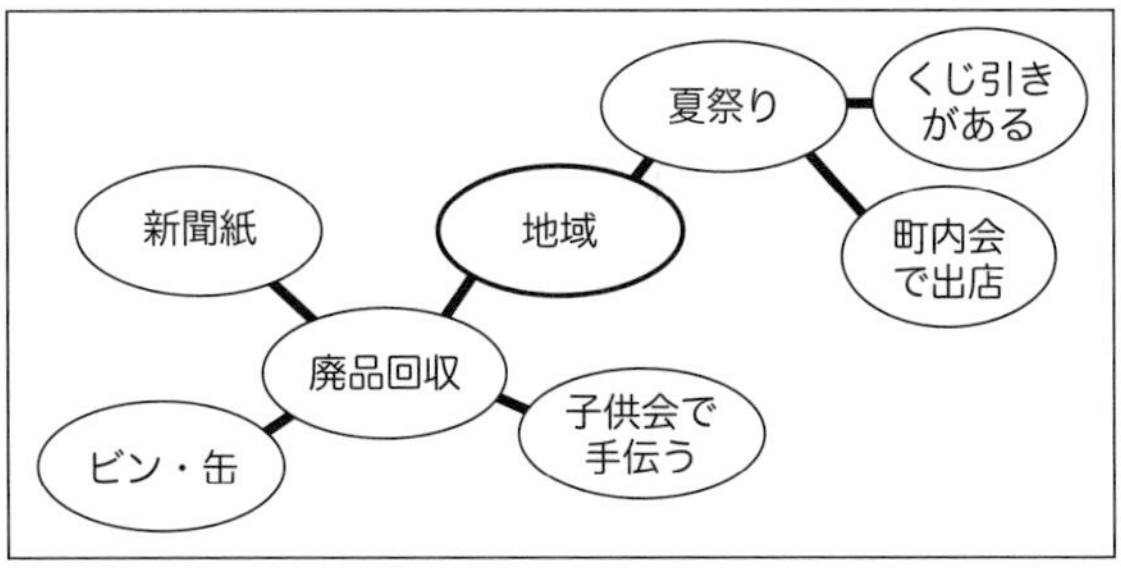

左図のように、地域を中心に知っていることをつないで書きだしていく。

他には、あいさつ運動、ゴミ０運動、フリーマーケット、防災訓練、地区運動会など。

班ごとにいくつ書けているか、途中経過を確認しながら進めると、たくさん書くことができる。

知識の共有化を図るためのものなので、ここでの情報は正確なものでなくても構わない。よくわからないものは、次の調べる段階で確認するようにしていく。

3. 地域の活動を調べる・まとめる

２で話し合った中から、自分が特に調べたい活動を１～２個選び、さらに詳しく調べていく。市町村のホームページや広報誌を見たり、家の人に聞いたりして情報を集める。この時、できるだけ５Ｗ（いつ・どこで・誰が・何を・何のためにしているか）がわかるように調べていく。

最後に、調べたことを新聞形式でまとめていく。調べた感想だけでなく、自分が地域の中でできることを考えて入れられるとよい。ペン書き、色塗りまでさせると、ぐんと見栄えがよくなる。そのまま廊下掲示に使うこともできる。

（柏木麻理子）

1月

体育　趣意説明をすることで主体的・対話的な学びが生まれる長縄跳び

「長縄跳びは、みんなが1年間培ってきた体育での力を発揮すれば、必ず跳べるようになります。昨年の桑原学級では1分間に104回跳びました。100回越えたらパーティーをしましょう」

1年間培ってきた力を発揮する集大成であることを伝える。自分たちは力をつけてきたのだという自信を持たせることが出発点である。過信になってはいけないが、また、「100回なんて、そんなの無理……」というような思いをさせてはいけない。

「練習中に、縄にひっかかることがあります。それはひっかかった人が原因の場合もあります。でも、そうではなくその前の人や前の前の人の跳ぶタイミングが遅れてしまってひっかかる場合もあります。それは跳んでいるみんなは気づけません。見ている先生だけが分かります。だから、ひっかかった時には先生が指導します。みんなは「ちゃんと跳べよ！」とか言いません。「ドンマイ！」と励ますのです。この声がたくさん聞ければ良いクラスです」

長縄跳びは、学級づくりである。1年間の学級経営が試される場である。学級経営が上手くいっていないと、練習中に罵声や叱咤が飛びかい、暗く重い雰囲気になる。逆ならば、明るく前向きな雰囲気で「このクラスで良かったなぁ」という表情や声が聞こえてくるのだ。もちろん、体育のボールゲームでの試合の場面、器械運動の発表の場面でも同様である。どのような眼差しや声かけを子ども達同士がしてきたか、あるいはどうしたらよいかを指導をしてきたかが成果として現れるのである。

このような内容を、子ども達の心に響かせるよう語るのだ。1回ではなく、繰り返し語るのである。

どんな取り組みでも同じであるが、「毎年恒例」行事ともなると、趣意説明なしでも子どもたちは動く。しかし、それは単にこなしているだけで終了することにつながりやすい。そうならないように、きちんと取り組み前に、教師が趣意説明をすることが重要なのである。「100回跳んで優勝するぞ」と、教師の思いを告げる。時にはそれが押しつけになることになる。「気合いと根性が必要だ」と精神論を語る場合だ。これでは、具体的なやり方が分からないから、苦手な子には大変迷惑である。「上手に跳べるまで、休み時間も練習するぞ」と無制限な拘束時間を強要し、子ども達のためという理由を掲げても、それは教師の自己満足に過ぎない。子ども達の不平不満が出てくる。このような話をしても、子ども達が意欲的に取り組むことにはなりにくい。行事をこなすという行動になる。

具体的な方策・達成目標を立てる

これが大変重要なのである。

続いて、具体的な方策例である。スモールステップで指導を分解するとよい。

①縄に入るタイミング
②縄に入り、縄から出るルート
③縄から出るやり方
④縄の回し方
⑤自分の前の人が跳ぶようにする補助
⑥跳ぶ時の声の出し方
⑦引っかかった時の抜け方
⑧連続○回への挑戦

このような方策の過程で主体的・対話的な場面が生まれてくる。

（桑原和彦）

道徳　正月　日本らしさ

1月の道徳のポイント

1月。新年。勤務校では「書き初め」を全校で書かせる。せっかくの機会だ。日本の伝統文化など「郷土や国を愛する心」をポイントした授業をする。

1月のオススメ資料

文部科学省『私たちの道徳』

「郷土や国を愛する心を」

ページには「語りつぎ受けつぐ日本らしさ」として、「季節の行事」「暮らしの風情」「音楽」「芸能」「工芸」「建築」の写真が並ぶ。

> 「日本らしさ」の写真がたくさんあります。例えば、何がありますか。

「見たことがあるのは、どれですか?」

「したことがあるのは、どれですか?」

さらに、次のページ。

「伝統の中にある「創造」の力」として「技術」「浮世絵」「道」が書かれている。

教師が簡単に話す。

「スーパーコンピュータの京《けい》は世界で一番のコンピュータなんだよ」

その後、「人間をつくる道　剣道」を読み聞かせする。

> 「登場人物は誰ですか」

(ぼく)

(相手)

(審判)

(先生)

> 「誰がどうした話ですか」

(ぼくが剣道の試合にまけ、ふてくされた話)

「体を鍛える目的で剣道を始めた」

「つらい練習が何年も続く」

「ようやく試合に出られた」

「しかし、負け」

> 「みんななら負けた後、どんな行動をしますか?」

クラスでは「「ぼく」と同じようにふてくされる」という意見と、「一応、相手の前では礼儀正しく礼をする」という意見だった。

> 「ふてくされたぼくの行動。みんなが先生なら仕方ないと思いますか。それとも許せませんか」

子供たちからは「体だけでなく心も鍛えるのが剣道だ」「大人のように負けても礼をすることを先生は教えなくてはいけない」「人間をつくる道だから」「負けるとやはりふてくされるのは仕方ない」という意見がでた。

> 「ぼくから学んだこと、これからの生活で意識していくことを書きなさい」

自分の生活と、ぼくの生活を結びつける指示が必要である。

対話指導のポイント

1月ならば、4月にはおとなしかった、何も発言しなかった子も発言するようになる。対話が終わったあとに「花子さんが発言したね。すごいなぁ」と必ず誉める。次の日の朝も誉める。誉めることが大事だ。

(林健広)

１月

英語　状況設定フラッシュカードは紙芝居を読むように使う

Unit8「What do you want to be?」

「What do you want to be?」は、Hi friends2 にも登場していたダイアローグである。このダイアローグを教えるのに最適な教材がある。正進社から発売されている「状況設定フラッシュカード」である。この教材はカードをめくるだけで状況設定をすることができ、さらに口頭練習もできるのである。

〈授業の流れ〉

（１）単語練習

Teacher、Swimmer、Soccer player などの職業

（２）状況設定

紙芝居を読むように、状況設定フラッシュカードをめくっていく。声色を変えるとより分かりやすくなる。

①
単語練習
② What do you want to be?
Today' s dialog is What do you want to be? Listen carefully.
③
What do you want to be?
④
I want to be a soccer player.
⑤
What do you want to be?
⑥
I want to be a teacher.

（３）答え方と尋ね方の練習

基本的には状況設定フラッシュカードをめくりながらリピートしていくだけで良いが、単調にならないように変化をつけていく。

①２回ずつリピートさせる
②１回ずつリピートさせる
③子供だけに発話させる（教師はカードをめくるだけ）
④教師がＡパート（女の子役）、子供がＢパート（男の子役）で発話させる
⑤教師がＢパート、子供がＡパートで発話させる
⑥１by１（教師がＡパートで子供がＢパートを数人）
⑦１by１（教師がＢパートで子供がＡパート数人）

（４）アクティビティ

３人と会話をさせる。

やりとりを長くし、スピーチにつなげる

２時間目以降に「Why?」と答え方を右のような視覚教材で教えていく。

What do you want to be?
WHY?

右のように、やりとりを長くすると以下のようになる。

A：What do you want to be?
B：I want to be a teacher.
A：Why?
B：I like children. I can swim.

Ｂの部分がスピーチとなる。

上記のように「やりとり」を十分に経験させてからスピーチを行わせていく。　（青木翔平）

1月

総合 将来の職業について調べよう

卒業前に職業を考える学習を

「主体的・対話的で深い学び」は、文科省中央教育審議会答申によれば、「自己のキャリア形成の方向性と関連付けながら」「子供同士の協同」などを通じて、自己の考えを広げ深める学習が大切であるとされている。

総合的な学習の時間は、まさにアクティブ・ラーニングにぴったりの学習である。特に、卒業を前にしたこの時期には、いろいろな職業について調べ、自分のキャリア形成の方向性と関連づける学習を行いたい。

自分の長所や短所を見つけよう

まずは、将来の夢があるかどうかを尋ねる。自分の将来の夢がまだ決まっていない子どもも多いだろう。高学年になるにつれて、夢は持ちにくくなってくるものである。決まっていなければ、それで良い。

次に、自分の長所・短所を書かせる。多くの子どもは、自分の短所はたくさん書くことができるが、長所はあまり書くことができない。

> 「自分のことは自分ではよく分からないんだね。では、他の人に自分の長所を聞いてみよう」

そこで、友達に自分の長所を尋ねて、自分の長所を知る活動を行う。同じ班の人の長所を紹介し合うなどすると良い。加えて、お家の人にも長所を尋ねてくるようにする。自分を一番近くで見てくれている人である。発見できることも多いはずである。自分の長所や短所が分かった上で、次は自分の「好き」を探す活動に入る。自分の好きなことは何か考えていく。これは、長所や短所に比べるとやりやすい。ゲームが好きだとか、スポーツが好きだとかそういうものでよい。

職業について調べる

自分の好きなことを元に、職業について調べることができるサイトがある。それが、

> 13歳のハローワーク公式サイト
> http://www.13hw.com/home/index.html

である。自分の「好き」から、どのような職業があるのかを調べることができる。

どのような職業があるのか、そしてその職業がどのような仕事なのか、その職業になるためには、どのような進路を歩むべきなのかを調べていく。

また、その職業の面白さや、苦労すること、大変さなども調べていく。

もし可能なら、いろいろな職業の人の話を直接聞ける機会を作りたい。保護者などに協力を求めたり、地域の方にお願いをしたりすれば、いろいろな職業の人に直接話を聞く機会を作れるはずである。

調べたことはワークシートなどにメモしていき、個人でまとめていくと良い。

自分の興味がある仕事について調べることで、夢を見つけることが出来たり、自分がなりたい職業につくためには、どのようなことが必要か分かってきたりする。

それを知ることにより、中学校での意識が変わってくるはずである。目的意識を持って過ごすことができる。

（畦田真介）

2月

国語　「海の命」主題を指導する

教材解釈のポイントと指導計画

「海の命」（立松和平／光村図書）の授業である。６年生の最後の物語文である（全７時間）。

第１時　音読。語句調べ。
第２時　登場人物、時、場所を確認する。
第３～４時　場面ごとの要約をする。
第５時　クライマックスがどこかを考える。
第６時　なぜ、太一はクエを殺さなかったのかを考える。
第７時　主題を考える。

授業の流れのアウトライン

この話は、６つの場面に分けることができる。

それぞれ太一で終わるように、場面ごとの要約をさせる。

①父を亡くした太一。
②与吉じいさの弟子になった太一。
③村一番の漁師になった太一。
④父の海にやってきた太一。
⑤瀬の主を殺さなかった太一。
⑥村一番の漁師であり続けた太一。

> 太一のクエに対する見方が一番変わったのはどこですか。

第６時でクライマックスを問う。「この魚を～」「水の中で～」「『おとう、ここに～』」の３つに分かれる。

クライマックスの前後で太一がどのように変化したか注目する。

すると、「泣きそうになりながら」と「ふっとほほえみ」という部分が、大きく変化している。

このことから、「水の中で～」がクライマックスであるということができる。

> なぜ、太一はクエを殺さなかったのですか。

「海の命だと考えたから」「おとうと考えたから」「１人前の漁師になれないから」などの意見が出される。

「１人前の漁師」とは、何か。「千匹に一匹」と書いてある部分から「生きるために必要な分だけ命をとる漁師」という意見が出された。

「おとう、ここにおられたのですか」という部分は、クエを仕留めたい気持ちを乗り越え、１人前の漁師であった父の考えを理解できたと読み取ることができる。

第７時では、主題を検討する。「人間は～」「人生とは～」「世の中は～」という書き出しになる。書けた子から黒板に書かせ、検討する。

・人生とは、人の思いを受け継いでいくものである。
・人の世は、困難を乗り越えた先に成長するものである。

学習困難状況への対応と予防の布石

討論の時に自分の意見がノートに書けるようにしたい。そのために、引用の仕方を教える。

なぜなら、教科書の○行目に、「ふっとほほえみ」と書いてあるからです。

引用が書けるようになると、文章から根拠を探すことができる。

（徳永剛）

2月

社会　世界と日本　パンフレットを作ろう

世界略地図を書く

指導要領「世界と日本」関係では、経済や文化などのつながりが深い国を教師が3カ国程取り上げ、その中から1カ国、子供が選んで調べることになっている。

教科書では東アジアやアメリカ、オーストラリア等が取り上げられている。いずれにしても取り上げた国を地図帳や地球儀で場所を確認しなければいけない。

また、新指導要領では「六大陸と三海洋の名称と位置」を小学校卒業までに覚えないといけない。そこで次のような世界略地図を子供が書けるよう、授業の初めなどに時間をとるようにする。

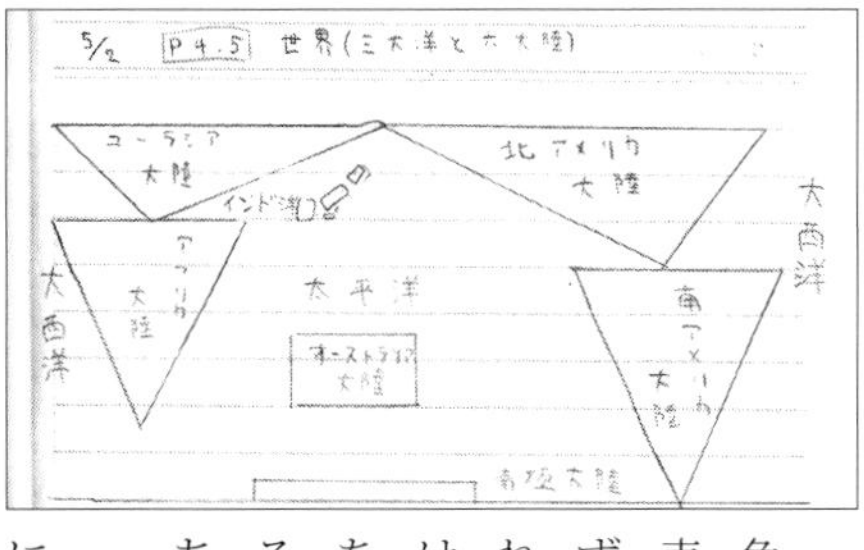

上は三角や四角で世界地図を表したもの。必ず「日本」を入れること、更には「南極大陸」を忘れずに入れることも大切である。

ここに教科書に出てくる国を書き込んでいくといい。

観光パンフレットを作ろう

> 教科書に載っている国から1つ選んで、その国の観光パンフレットを作ります。

これだけで子ども達は喜ぶ。次の条件をできるだけ書くよう指示する。

> ①国名と国旗　②人口　③面積　④地図　⑤特徴的な服　⑥名物料理　⑦家　⑧学校の様子　⑨日本との違い　⑩感想

調べたい国を挙手確認して、同じ国同士の子は一緒にやっていいことにする。ただしパンフレットは1人1つ作品にする。B4の画用紙を渡し、ポスターみたいにしてもいいし、折り曲げて冊子にしても、3つ折りにしてコンパクトにしてもいいことにした。

> 旅行業者からその国のパンフレットを教師が大量にもらってくる

ことが重要だ。私は出入りの業者さんに渡しは持ってきてもらった。

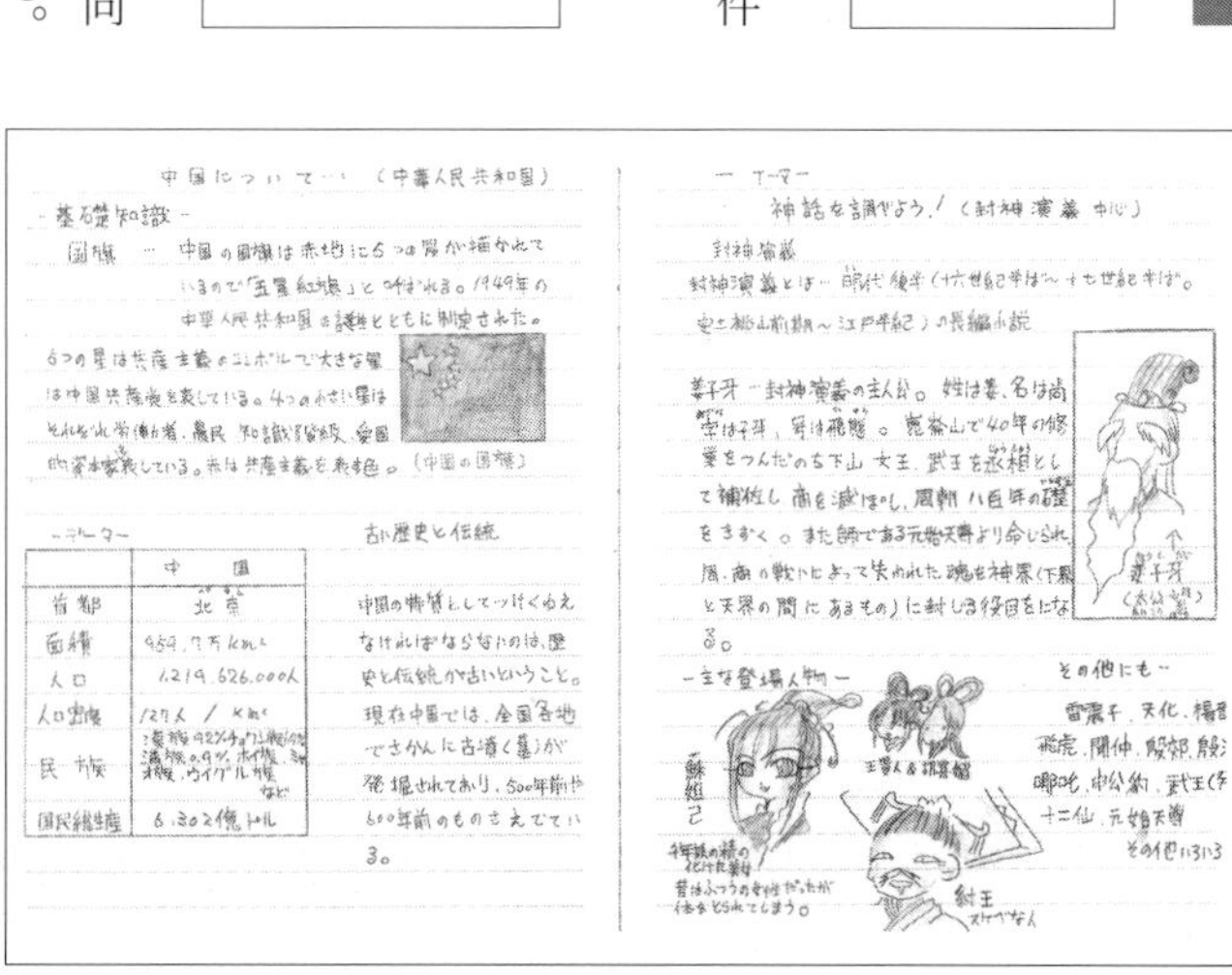

右は向山学級のノートである。中国について調べている。友達同士で書かせること、また出来上がった作品を全員が見てまわる時間も重要である。

「一番行きたくなったパンフレット」コンテストをすると対話もまた生まれるであろう。

（川原雅樹）

2月

算数　「図・表・対話・式」を使って問題を解く

難しい問題でも、図や表、式を使い、そして対話的に考えていくことで、関係を見つけ、解くことができるようになる。

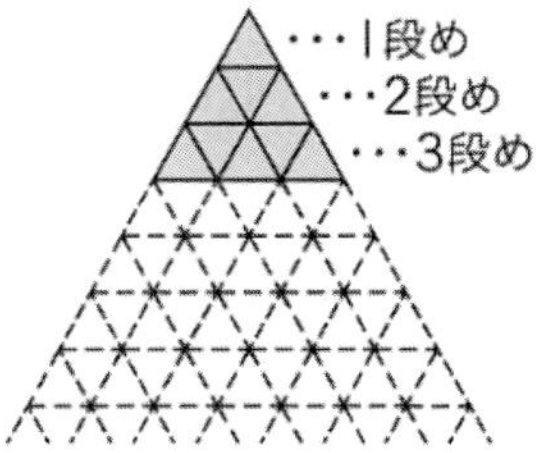

問題：右の図のように、正三角形の板を並べていきます。
31 段目には、正三角形の板が何枚並びますか。

【本時の対話的活動】

段の数　x(段め)	1_{0}	2_{1}	3_{2}	4_{3}	5_{4}	6_{5}	≀≀	21_{20}
板の数　y(枚)	1	3	5	7	9	11	≀≀	□

1段目…1＋0＝1
2段目…2＋1＝3

段の数に、段の数から１ひいた数をたすと、板の数になります。　式 31＋30＝61　答え 61 枚

図から数え、表に書き込み、関係を見つける

発問１：１段目は１枚、２段目は３枚、３段目は５枚になっています。では、４～６段目は何枚ですか。
（４段目は７枚、５段目は９枚、６段目は 11 枚です）
指示１：表に書き込みなさい　（右の表に書き込む）。⇒
指示２：どのような関係がありますか。先生が見て一目でわかるように書いて、持ってきなさい。

段の数　x(段め)	1	2	3	4	5	6
板の数　y(枚)	1	3	5	7	9	11

関係を対話的活動で学び、式につなげる

段《だん》の数　x《エックス》(段め)	1	2	3	4	5	6	≀≀	21
板の数　y《ワイ》(枚《まい》)	1	3	5	7	9	11	≀≀	□

２枚ずつ増える。

「本時の対話的活動」のように表を縦に見る場合（段の数に、段の数から１ひいた数をたすと、板の数になる）と、右のように表を横に見る場合（板の数が２枚ずつ増える）がある。これらを子どもたちに発表させる。子どもたちから出なければ、教師が示す。関係が見つけられなかった子も、対話的活動を通して、関係をつかめるようになる。その上で、関係を式に表す。「どんな式になりますか」と発問し、子どもたちから出させる。できた子には、「では、41 段目は何枚になりますか」などの先生問題を出すと、さらに理解が深まる。

「体力派で解く」という方法もある

子どもたちの中には、表を 31 まで書いて、ひたすら計算して解くという、いわゆる「体力派」のやり方をする子もいる。「体力派」のやり方もまた重要である。関係を見つけてスマートに解いた子も、根気強く、粘り強く解いた子も同じように賞賛し、認める。

（梅沢貴史）

理科　生活の中の電気の利用

電気の量やはたらきに着目して、それらを多面的に調べ、電気の効率的な利用について捉えるようにする。

既習内容と電気の利用を考える

単元末に、３年～６年までの既習内容と電気のはたらきを結び付ける学習を行い、発表後、以下のようにまとめる。

３・６年　豆電球　　電気→光（熱）
４・６年　電子オルゴール　電気→音
４・６年　モーター　電気→回転（運動）

生活の中での電気の利用を考える

右のような家の中の電気製品を描いた図を用いて、電気がどのように利用されているかを考えさせる。

> 生活の中での電気は、どのように利用されているか、図に書き込んで説明しましょう。

電気のはたらきと結び付けながら、グループで話し合ってまとめ、図に書き込ませる。

【予想される児童の考え】
①電気は、熱に変わるものが多い。
②スタンドの明かりは、光だけでなく、熱も出ている。ＬＥＤなら熱くならない。
③こたつは、熱だけでなく明るくなるものもあるから、光にも変わっている。
④テレビは、音だけでなく光も出ている。

話し合いを行った後、以下のようにまとめることができる。

【グループでまとめたもの】
①ＣＤデッキ→音、回転
②テレビ→音、光
③スタンド→光、（熱）
④こたつ→熱、（光）
⑤トースター、炊飯器→熱
⑥掃除機→回転
⑦鉛筆削り→回転

次に、以下の指示で生活の中での上手な電気の利用の仕方を考えさせる。

> 電気製品の上手な使い方をグループで話し合いましょう。

互いの発言をメモしながらグループで話し合わせる。

【予想される児童の考え】
①電気を節約する方法を考えよう。
②LED 照明の方が電気をあまり使わない。
③主電源を落とすと電気を節約できる。
④長い間使わないときはコンセントからコードを抜いておく。

（関澤陽子）

2月

音楽　リコーダー２重奏にチャレンジ　「メヌエット」

先生は教えません

そう宣言してから始める。ブーイングが起こってもめげない。子供たちを信じるからこそチャレンジさせる。リコーダー教材『メヌエット』（クリーガー作曲）は、子どもたちだけで仕上げさせる。これまで積み上げてきた力を総動員すれば、可能だ。

（１）趣意説明で動機付けを

吹ける吹けないにかかわらず、リコーダー嫌いは少なからずいる。うまく成功に導いて、苦手意識を払拭する。

> 【趣意説明】
> ３年生から、ずっとリコーダーをやってきました。４年間の集大成として、ペアで協力して、この曲を仕上げます。先生は教えません。自分たちだけでやります。きっとできます。

（２）子どもの実態に合わせた楽譜を提供

【レベル１】階名つきの楽譜が読めない

拍の流れに乗れない、リズムがわからないので、階名がふってあってもどんな旋律かがわからないレベル。範奏→階名で歌って聴かせる→まねさせて歌えるようにしてから→「先生は教えません」

【レベル２】階名つき楽譜の方が良い

範奏→楽譜（階名つき）配布→「先生は教えません」

【レベル３】積み上げができている

範奏→楽譜配布→「先生は教えません」

実践例（レベル２）階名つき楽譜の方が良い

【第１コマ】　出だし２小節が吹ける。

①１曲通して、範奏を聴く。②趣意説明を聞く。③楽譜配布。④ペア（３人でも可）で取り組む。⑤出だし（２小節）練習。

最初は確実に自分たちだけでできるよう２小節限定とする。吹けるようになったら教師の前で吹く。個別評定をしてできるようになったことを実感させる。必ず全員できるようにする。

【第２コマ】Ａメロ（８小節）が吹ける。

①難所の確認。

嬰ト音運指（５年で学習済み）とリズムが複雑な部分。

ペアで練習を進める中で、難所にぶつかる。解決に向けて、手立てを考える。教科書で調べる、音楽室の掲示物を見る、よくわかっている友達に聞くなど、方法はいろいろある。安易に教えてしまわない。

②各ペアで練習。個別評定。

【第３コマ】Ｂメロ（８小節）が吹ける。

各ペアで進める。個別評定。

【第４コマ】　主旋律の習熟。

伴奏は流しっぱなしにする。各ペアで合格を目指して練習。早々に合格したペアはミニ先生として、合格できなくて困っているペアを助ける。みんなで合格を目指す。

【第５～７コマ】副旋律が吹ける。

副旋律は１小節遅れで入る。タイミングが取りにくいようなら指導する。

【第８コマ】　２部合奏を楽しむ。

ペアで、主旋律を吹くか副旋律を吹くか担当を決める。お互いの音を聴き合い、相手の様子に気を配りながら練習を進めていく。

発表会

第８コマから２週間後、発表会をする。ペアで練習計画を立て、よりよい表現を目指して臨む。４年間の集大成が見られる。　（中越正美）

2月

図画・工作　物語の絵『銀河鉄道の夜』第1幕

小学校生活、最後に取り組む作品は、保護者が思わず掲示板の前で足を止めてしまうような作品に取り組ませたい。『銀河鉄道の夜』はぴったりのシナリオである。

物語を知らない児童が多い場合は、まず物語の概要を知らせてから、作品の制作に入る。

汽車を描き画用紙に貼る

まずケント紙に列車の絵を描き切り取る。この時、切り取る前に列車に番号を描いておくとよい。切り取ったら、4つ切りの黒画用紙に並べてみる。汽車の配置に動きを出すようにいろいろな配置を試させる。決まったら、貼ってはがせる糊を裏につけて、黒画用紙に貼る。スプレーのりを使うと便利である。

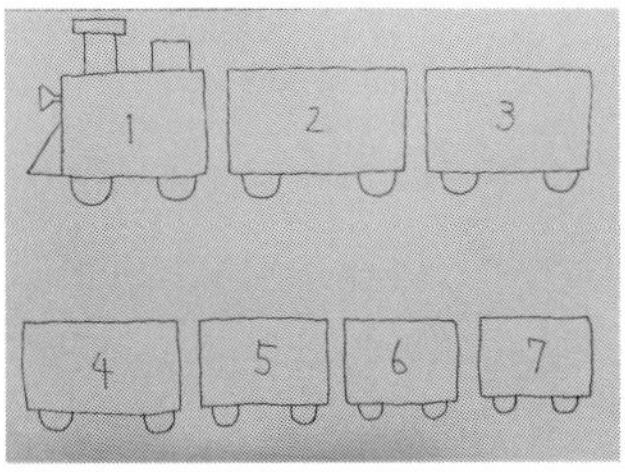

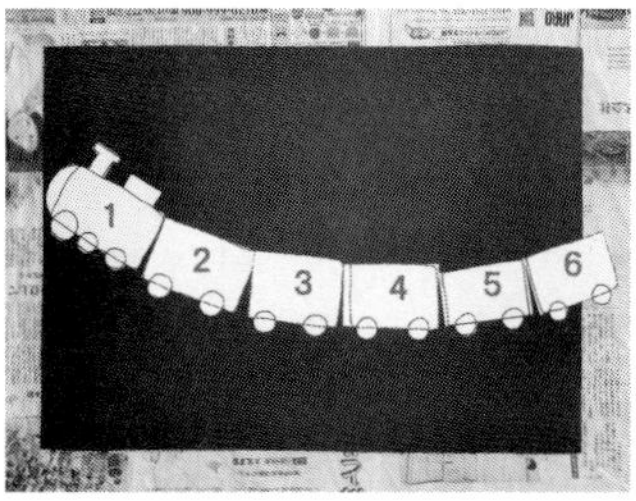

空と汽車の周りをぬる

この後、ポスターカラーで空をぬる。私はカップに絵の具を溶いたものを用意し、刷毛で塗らせた。色は、青、群青、緑の3色を用意した。普通の絵の具でもよいが、ポスターカラーの方が発色がよい。刷毛で塗るときは、画用紙の黒い部分が多少残ってもよい。勢いよく大胆にぬることがコツである。その後スポンジタンポに絵の具をつけて、ケント紙の周りをステンシルする。ぽんぽんと列車の形をとっていくのである。

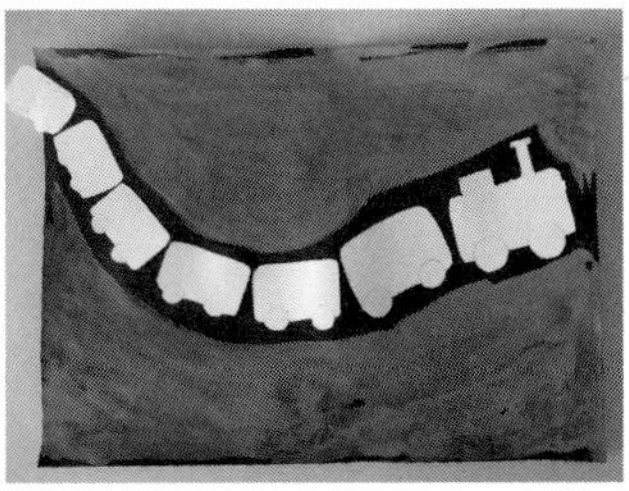

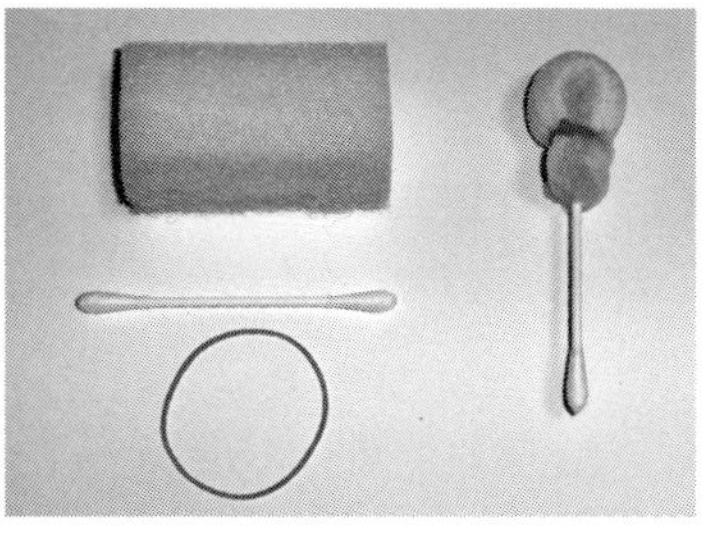

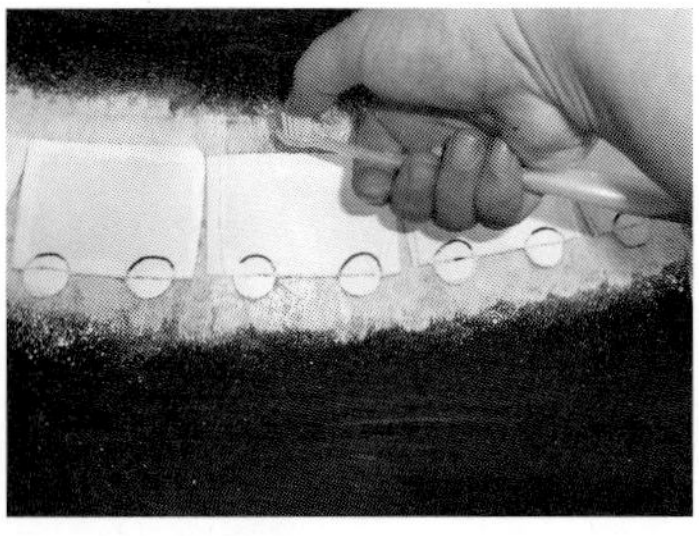

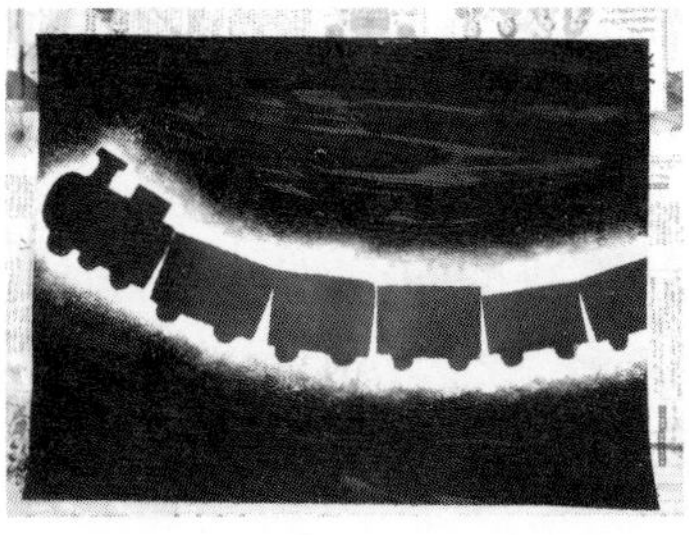

列車と列車の間も丁寧に色を付ける。色は、黄色、ピンク、水色、黄緑など明るい色がよい。この時水は混ぜないでドロドロな状態の絵の具を使う。最後に歯ブラシでステンシルをした周りをスパッタリングする。そして、ケント紙の汽車をはがすと列車がシルエットとなって見事に浮かび上がる。第2幕（205ページ）へ。

（佐々木智穂）

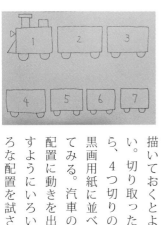

2月

家庭科　卒業前に行う「感謝の気持ちを伝える会」の計画と実践

1.計画作り：「何がしたいか？」「何ができるか？」を話し合う

①誰に向けて行うか？

子どもたちに「感謝の気持ちを伝えたい人は？」と聞くと、家族、在校生、地域の人、先生方などが出てくる。誰を対象にしても構わないが、校内の先生方に向けた会が一番行いやすい。

②何をするか？

家庭科で学習したことを振り返り、どんなことをしたら喜んでもらえるか話し合う。プレゼントを渡すならば何を作るのか、料理を作るなら何を作るのかなど、まずは意見を多く出させる。子どもたちだけで作るのは難しいものも出てくるので、その中から出来そうなものに絞っていく。

ポイントは①も②も、子どもたちから意見を出させ、いくつかに絞ったところで止めておくことだ。

学校体制や授業時数、材料費などの関係があるため、全部が全部できるとは限らない。複数学級ある場合は、学年間での調整も必要となる。学年の先生や管理職と相談し、出された意見の中で、できるものを行っていくようにすると良い。

2.実践：グループごとに手紙・プレゼント・軽食を作る

①担当の先生決め（１時間）

子どもたちの希望は聞くものの、委員会でお世話になった、縦割り班の担当だったなど、できるだけその先生と関わりのあった人が担当となるように調整する。同じ先生を担当する人たちでグループを作り、この後の活動を行っていく。

②お礼の手紙作り（１時間）

大きめの付箋紙やカードにそれぞれメッセージを書き、色画用紙に貼ると簡単に作れる。

③プレゼント作り（２時間）

ランチマットやコースターなどの他、意外にオススメなのは雑巾だ。きれいな色のタオルときれいな色の糸を使って、ミシン縫いで仕上げる。縫い方も□に × だけではなく、× の部分を工夫させると面白い。ラッピング袋に入れて、リボンやシールで飾るとよりプレゼントらしくなる。

④軽食作り（調理実習で２時間、会として１時間）

サンドウィッチ、ホットケーキ、蒸しパンなどの軽食一品と、温かい紅茶を用意する。会自体は６校時に 20 分程度とするなど、先生方がなるべく参加しやすい時間に設定し、子どもたちと一緒に食べて手紙とプレゼントを渡す時間とする。それが難しい場合は、子どもたちは作った後すぐに試食し、先生方には休み時間や下校前に届けるようにすると良いだろう。

（柏木麻理子）

2月

体育　男女の差が無く誰もが活躍できるタグラグビー

２０１９年、ラクビーワールドカップが日本で開催される。サッカーのワールドカップよりも観客も多くメジャーな大会である。それに向けて、子ども達に、ラクビーの楽しさを伝えることは教師として重要なことである。「野蛮なスポーツ」「難しそう」というイメージがある。しかしそんなことはない。実は、サッカーやバスケットボールに比べ学校体育におけるタグラクビーは大変やさしく簡単な運動である。基本的な技能は3点である。

1　投げる

ボールは、必ず下から投げる。しかも両手だ。だから優しいパスになる。よって個人差が生じにくい。ボール運動を苦手な子も楽しんで行える。

2　捕る

ボールは、バスケットボールやドッヂボールのボールと比べて柔らかい。楕円形なのでつかみやすい。また腰につける「タグ」はマジックテープでとりやすい。タグが勤務校に無ければ「ハチマキ」や「タオル」でも代用可能だ。

3　かわす

鬼ごっこと同じイメージだ。「タッチ」が「タグを取る」に変わるだけだ。巧みに体を動かしてかわす。だから運動が苦手でも遊び感覚で取り組む。

他に利点を挙げる。「ドリブルが無い」のだ。これは技能に頼らないので男女差がでない。また、ゲームの中でパスは前に出すことができない。よってボールは後ろにまわる。すると、苦手な女子が後ろにいるとパスが回ってくるのだ。苦手な女子が活躍できるゲームなのだ。

単元指導計画　全6時間

第1時	手つなぎタグ取り 対面パス じゃんけんタグ取り
第2時	タグ取りへび 円陣パス じゃんけん抜きっこ
第3時	タグ取り鬼（個人） ボール集め（ラン） 1対1宝運び　簡易ゲーム
第4時	タグ取り鬼（チーム） ボール集め（パス） 1対1宝運び　簡易ゲーム
第5時	通り抜け鬼ごっこ 正規に近いゲーム
第6時	通り抜け鬼ごっこ

正規に近いゲーム

6時間で指導可能である。1つ1つの詳しいパーツは、書籍やＨＰで調べてほしい。どれも子ども達が熱中する内容ばかりだ。子ども達は「できるようになりたい」と強く思うようになるから自主的になる。お互いにアドバイスをするので対話的になる。ゲームを通して、どのようにポジショニングしたらよいかなど思考することで深い学びとなる。年間計画にタグラグビーが無い場合はぜひ新たに加えることをお勧めする。

（桑原和彦）

2月

道徳　情報モラル

2月の道徳のポイント

情報モラルは、必ず教えないといけない。2月ということではないが、必ず1年間のうち、どこかで教えないといけない。

勤務校では、外部の講師を招き「情報モラル教室」を開催している。高学年の子供だけでなく、保護者にも参加してもらっている。

2月のオススメ資料

文部科学省『私たちの道徳』

「情報社会に生きる私たち」

「パソコン」「携帯電話」「スマートフォン」「ゲーム機・タブレット」について書かれている。

1つ1つ、聞いていく。

> 「便利なところはどこですか」

（パソコンだと調べ学習が速くできるところ）

（携帯だと遠くにいる友達とも、電話やメールでやりとりできるところ）

（ゲーム機だと、オンラインで他の人と一緒に遊べるところ）

情報機器は、便利なところもある。

便利だからこそ広がっているのだ。

だから「怖い」ところばかり押さえてはいけない。害悪ではない。問題なのは、使い方だ。

文部科学省のデータが表になっている。「小学6年生に聞きました」と3つの質問が書かれている。「普段、1日あたりどれくらいの時間、インターネットをしますか」「携帯電話やスマートフォンで通話やメールをしていますか」「普段、1日あたりどれくらいの時間、テレビゲームをしますか」という質問だ。

> 「みんなはどれに当てはまりますか。」

あてはまるところに、○で囲ませる。

その後、「「データ」を見て思ったことや、携帯電話などの情報機器の使い方について考えたことを書きましょう」に書き込ませる。

> 「携帯電話などの情報機器を子供が使うと良くないと、太郎君は言いました。その意見に賛成ですか、反対ですか」

クラスの子供たちからは「大人になってから使えばいい」「大人と一緒なら使っていい」「子供携帯ならば、危ないサイトにつながらないので、よい」という意見がでた。

そして最後にスキルを教える。

「インターネットをどのように使えばいいのか」というページがある。

「オンラインゲームのやり過ぎ」「個人情報のあつかい」「ネット上でのいやがらせ」「言葉の使い方・情報機器の使い分け」などがある。悪い例が載っている。

> 「このメールを他の10人に送らないとあなたによくないことが起こります。と書かれていますね。みんなならこのメールをどうしますか」

必ず、どのように行動するか、考えさせ、「無視して削除する」というスキルまで教える。

対話指導のポイント

2月ならば、対話はスムーズだ。教師はにこにこして聞いておく。子供の対話も楽しいものになっていく。

（林健広）

2月

英語　既習部分が多いダイアローグを先に学習させる

Unit9「Junior High School Life」①

この単元の新出の表現は以下の通りである。

A：What do you want to join?
B：I want to join the（basketball club）.
A：What event do you want to enjoy?
B：I want to enjoy（sports day）.

A パートが新出の表現であり、B パートは既習の表現である。少し難しい表現ではあるが、既習内容が多い「What event do you want to enjoy?」を先に扱っていく。

〈授業の流れ〉

（1）単語練習

Sports Day、Music Festival、Volunteer Day（学校行事に関する言葉）

（2）状況設定

中学校ではどんな学校行事が楽しみにしているのか、言ったり聞いたりする。以下のような視覚教材をつくると児童にとって分かりやすくなる。

Event.	
A：What event do you want to enjoy?	
B：I want to enjoy music festival.	

（3）答え方の練習

子供に「What event do you want to enjoy?」と尋ね、楽しみにしている学校行事について答えさせる。その後、全体で「I want to enjoy ~.」をリピートさせる。

T: What event do you want enjoy?
C: Sports day.
T: What event do you want enjoy?
C: Music Festival.
T: I want to enjoy sports day.
C: I want to enjoy sports day.

機械的にリピートさせるだけではなく、「What event do you want to enjoy?」と尋ね、楽しみにしている行事に手を上げさせ、楽しみにしているものをリピートさせるもよい。

（4）尋ね方の練習

教師に続いてリピートさせる。

T: What event
C: What event
T: do you want enjoy?
C: do you want enjoy?
T: What event do you want enjoy?
C: What event do you want enjoy?

全体でリピートするだけでなく、「男子のみ」や「女子のみ」、「教室の右側のみ」、「教室の左側のみ」など、変化をつけてリピートさせると、子供達は飽きずに取り組むことができる。

（5）アクティビティ

３人と会話をさせる。さらに、行事の単語を増やして会話をさせると、より一層、子供達は盛り上がる。　（青木翔平）

2月

総合 中学校について調べよう

中学校について調べる

1月には自分の将来の夢について考えた。2月はその学習を発展させていく。1月の学習で、子どもたちは、自分の将来なりたい職業や興味がある職業について調べている。自分の将来の職業につくためには、どのようなことが必要なのかを知ることが出来ている。そこから、中学校では、どのように過ごして行けば良いのかを考えるようにする。つまり自分との対話を深めていくのである。

まずは、中学校生活がどのようなものなのかを調べていく。中学校での学習や生活、学校行事、部活動などについて調べていく。

学校の案内等を取り寄せても良いだろう。また、中学校と打ち合わせをして、中学生に説明に来てもらうことも可能だろう。6年生のこの時期である。体験入学や説明会なども開かれるはずである。中学校の先生が小学校で出前授業をするような学校もある。それらと結びつけて、中学校のことについて調べる機会としたい。インタビューをすることができるととても良い。

中学校についてまとめる

中学校について調べたら、小学校生活と中学校生活の違いや中学校の学習内容についてまとめる。

例えば、次のような視点でまとめていくと良い。

①授業時間
②授業の内容・教科の違い
③生活の違い
④部活動について
⑤学校行事について

個人でまとめるのでも良いし、グループでまとめるのでも良い。模造紙などにまとめていく。

まとめたことを発表する

まとめることができたら、中学校の生活について各個人やグループごとに発表させる。

発表のさせ方もいろいろと考えることができる。全体の前で発表させることもできるし、ポスターセッションのようなこともできるだろう。どの方法でも良いが大切になのは、しっかりと聞くことである。そのためには、質問や感想を考えさせることが有効である。

また、それぞれの班の発表について質問や感想を言い合うことにより、より中学校生活について知ることができるようになる。

中1ギャップ

中学校について調べることを2月は中心に行ってきた。自分の将来なりたい職業について調べ、中学校の生活を考えることにより、中学校での自分の姿や目標を考えることができるようになってくる。

また、卒業前の6年生の子ども達は、新しく始まる中学校生活に不安を抱いていることも多い。

中学校について調べることは、中学校への安心感にもつながっていく。これで「中1ギャップ」と呼ばれる小学校と中学校の生活の違いに戸惑うのを予防することができる。

良い中学校生活をスタートするために重要な学習である。

（畦田真介）

3月

国語　「生きる」詩の主題を指導する

教材解釈のポイントと指導計画

「生きる」（谷川俊太郎／光村図書）の詩の授業である（全3時間）。

> 第1時　音読。1連と2連の読み取り。
> 第2時　3連と4連の読み取り。
> 第3時　「生きる」のテーマについて作文を書く。

授業の流れのアウトライン

1連と2連は、それぞれの連が何を表しているのか全体で話し合った。

> 1連は、何を表していますか。一言でまとめなさい。

「五感」「体を使うこと」「感覚」などの意見が出された。

2連も一言でまとめさせたが、なかなか難しかった。ヨハン・シュトラウスがクラシックの有名な作曲家であることを伝えた。それぞれの言葉が、何を代表しているのか全体で話し合った。

・スカート→おしゃれ
・プラネタリウム→宇宙・科学
・ヨハンシュトラウス→音楽
・ピカソ→絵画
・アルプス→山・自然

一言でまとめると、「美しいものに会う」になる。

> かくされた悪とは、何ですか。

「美しいもの」と対比して考えさせた。

・センスのないもの。
・都会。
・下手な音楽や絵。

第3連から第5連まで、同様に一言でまとめていく。

第3連→感情
第4連→地球・今・瞬間
第5連→それぞれのいのち

意見が割れた時は、理由を話させる。

> 「鳥がはばたく」と「鳥ははばたく」では、何が違いますか。

「鳥は」の「は」は、強調の意味がある。さらに、「はばたく」が使われることで、鳥の本質が強調された表現になっている。

空の代表は鳥であり、海の代表は海そのものであり、大地の代表は、カタツムリであると読み取ることもできる。

> 人が、1人ではできないことが書かれています。何ですか。

・あなたと手をつなぐこと
・愛するということ

学習困難状況への対応と予防の布石

最後の「生きる」についての作文の指導では、各連のキーワードを使って書くように指導する。

「生きる」とは、体で感じることであり、美しいものに出会うことであり、感情を自由に表現できることであり、「今」この瞬間であり、それぞれの命のそのものである。

あなたの手のぬくみこそ、愛であり、生きることを感じさせてくれる。

（徳永剛）

3月

社会　世界の中の日本　「クールジャパン」

日本のゲームやアニメ

リオオリンピック閉会式での、2020年、東京オリンピックプレゼン映像を見せる（「リオオリンピック　閉会式日本」で映像検索すればすぐ出てくる）。

> 感想を言いなさい。

「格好いい映像」「安倍首相がマリオに変身して面白い」など出るだろう。

> 外国で日本のアニメやゲームはとても有名です。どんなアニメやゲームが人気だと思いますか。箇条書きにしなさい。

1人で書かせた後、友達同士で書かせる。アニメやゲームの話題なのでどの子も対話しながら楽しく書くことができる。

1人1つずつ次々発表させる。

クールジャパン

「アニメやゲームのように、外国で高い評価を受けている日本文化のことをクールジャパンと言います。言ってご覧なさい」。説明してノートに書かせる。

> アニメやゲーム以外で、外国で人気があるだろうなと思う日本のものをできるだけたくさん箇条書きしなさい。

これも1人で書いた後、友達と次々書き加えさせる。「漢字」「和食」「着物」等々たくさん出るだろう。

「例えばロシアのプーチン大統領は柔道が得意です。空手や柔道など、日本の武道も外国では人気です」

> 日本のトイレは世界中で3000万台も売れて世界一の売り上げです。理由をお隣の人と話し合いなさい。

「ウォシュレット」や「温かい便座」が大人気である。アーティストのマドンナは毎回日本のトイレを楽しみにしているという。東京オリンピック・パラリンピックでは「スーパートイレ」を会場の至る所に設置予定だそうだ。

> フェラーリと日本の関係は何でしょう。

これも話し合わせる。フェラーリのエンジンは岡山県の安田工場で作られている。iPhoneの半導体は広島県の「ディスコ」という会社で作られる。

このような事実を次々言うだけで子ども達は驚いていく。

> ペリーが来て何年後に黒船を日本は作ってしまったでしょうか。

3年後である。ペリーが持ってきた蒸気機関車の模型も1年後には作ってしまっている。

> 阪神淡路大震災や東日本大震災のとき、外国人記者が驚いた光景とは何だったでしょう。

これも話し合わせる。非常時に1列に並んで物資を受け取ったりすることだ。海外では「取り合いになる」と外国人記者達は口々に言ったという。

「教科書を見て、他にも日本が外国に役立っていることを調べましょう」

ノートにまとめさせ終了。

（川原雅樹）

3月

算数　難問で対話させ、討論を仕掛ける

難問を解くときに、発問を工夫することで、対話的活動を深め、討論を仕掛けることができる（以下のイラストは、独立行政法人教職員支援機構『主体的・対話的で深い学び』を実現するための研修用テキストより引用）。

問題：４つの点を結んで、正方形をつくります。正方形は何個できますか。

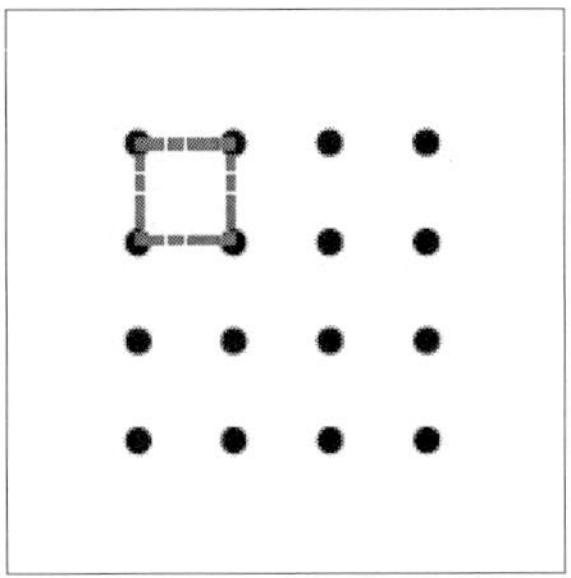

【本時の対話的活動】
発問：「『正方形は 18 個できる』この意見に賛成ですか、反対ですか。理由を書きなさい」
（ぼくは、18 個の意見に賛成です。なぜなら、正方形は小さい順に、９個、４個、４個、１個あり、全部で 18 個だからです）
（わたしは、18 個の意見に反対です。20 個です。なぜなら、ななめの正方形が２つできるからです）

難問で対話させる

この問題を解いていくと、子どもの回答はいくつか出てくる。「13 個」「17 個」「18 個」など。それらの考えがいくつか出てきた時点で、それぞれの答えについて説明させる。例えば、「小さい正方形が９個と、少し大きな正方形が４個で、全部で 13 個です」「いや、もっとあります。ダイヤのような形が４個できるので、17 個です」「まだあります。大きい正方形が１個できます。全部で 18 個です」などである。すると、「18 個」という回答が多くを占めるようになる。

対話、討論を通して、難問を乗り越えさせる

次に、「本時の対話的活動」の発問をし、賛成と反対の場合の言い方を指導して、発表させる。すると意見が分裂し、対話的活動から討論になる。「18 個です」となりかける。子どもから出なければ教師が「まだあります」と言う。子どもは「えー！」「もう見つからないです」と言うが、「みんなの力はその程度ですか」と煽る。すると、少しだけななめになっている正方形を見つけられる子が出てくる。

答えは、右のように 20 個となる。対話、討論を通して、子どもたちは難問を乗り越えることができる。　（梅沢貴史）

解答例

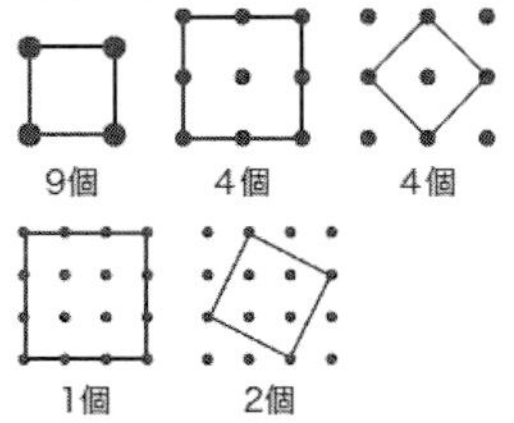

答え 20個

多くの子は18個まで見つけます。しかし、あと2個あります。少しななめの正方形です。

3月

理科　センサーを使った電気の利用

電気製品の働きに着目してそれらを多面的に調べ、エネルギー資源の有効利用という観点から電気の効率的な利用について捉えられるようにする。

センサーを使った電気製品を見つける

学校の近くにある街灯が夜ついている写真を示し次のように発問する。

> 道路にある街灯は、明るさを感じるセンサーという部品があり、暗くなると自動的につきます。このようなセンサーの付いた電気製品を身の回りからたくさん見つけましょう。

【予想される児童の考え】
①暗くなると街灯がつく明かり。
②人が入ると明かりがつくトイレ。
③近づくとふたが開く便座。
④暑いと冷気が強くなるエアコン。
⑤ぶつかりそうになるとブレーキがかかる車。

センサーの利用を考える

センサーを利用している仕組みを考えさせる発問をする。

> 先生の家の玄関には、夜に人が近づくとつくセンサーライトがあります。これには「暗くなるとつく」以外にどんな働きがあるでしょうか。

個人で考えをノートに書かせた後、グループで明かりの仕組みについて話し合わせる。

【予想される児童の考え】
①明るさを感じるセンサーがついている。
②人が近づいたことを感じるセンサーが付いている。
③明るい時には人が近づいても、ライトがつかない仕組みになっている。

フローチャートを使って図に表す

フローチャートとは、手順を図で表したものである。その記号の意味を教え、仕組みを図で書く活動をする。例えば、「暗くなるとつく明かり」の仕組みは以下のように書くことができる。

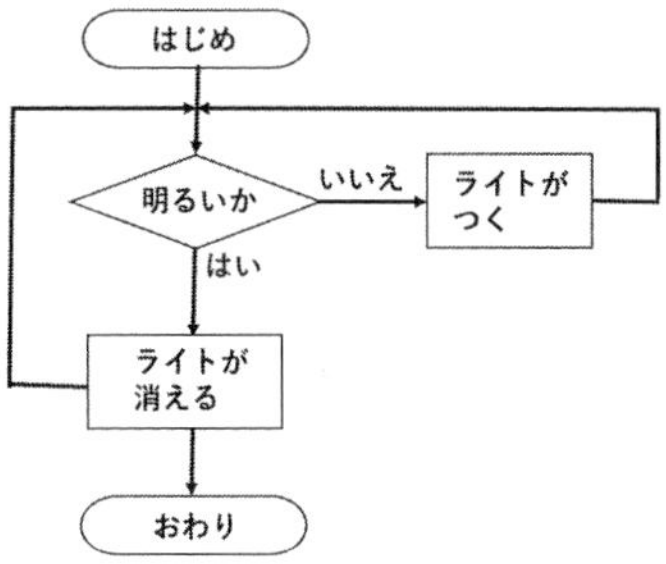

「夜、人が近づくとつく明かり」は、以下のように表すことができる。

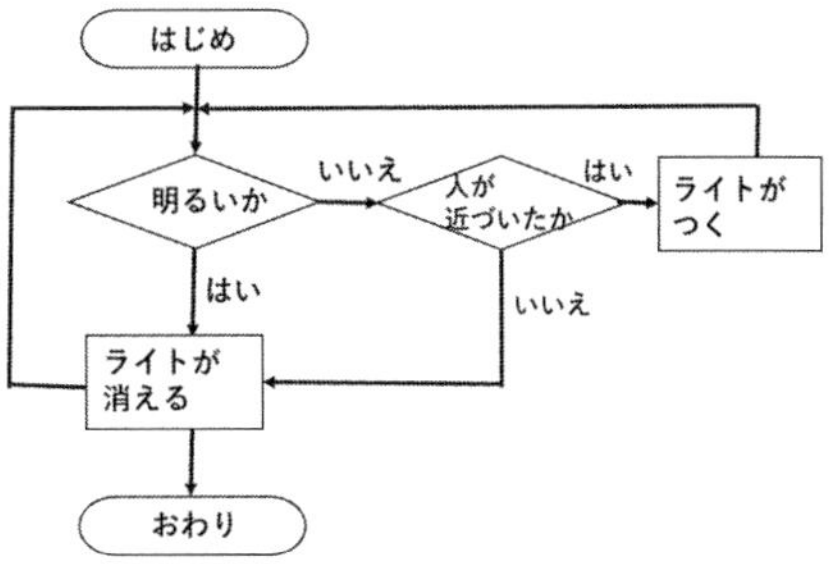

※このフローチャートは流れがわかるように簡略化して書いてある（繰り返しを省略）。

（関澤陽子）

3月

音楽　6年間の集大成は、ここで披露する

卒業式の歌

これまで積み上げてきたものの集大成を披露する卒業式。美しい歌声でなくてもいい。完成されたハーモニーでなくてもいい。６年間の思いを込めて、自分の心の丈を歌いきって欲しい。

（１）言い続ける

プラチナの１時間から伏線を張る。歌うことが好き。「自分たちは歌がうまい！」という自信を持たせる。①どんな声でも、どんな歌い方でも、いいところを見つけてほめ続ける。②「歌う声づくり」を毎時間楽しく続ける。③「君たちは、何よりも歌が一番得意だよね」と言い続ける。

（２）たくさんのレパートリーを持つ

４月から、毎授業時間 10 分間のコマ「卒歌特集」を組み込んで、卒業式まで８曲を目安に取り組んでいく。１曲目は『つばさをください』だ。ここで、主旋律の歌い方、曲想の付け方、合唱の進め方の型を示す。その後は、徐々に子どもたちに任せていく。最終、自分達が歌いたい曲を選ぶ。

【卒業式の歌　お勧め 10 選】

①「つばさをください」山上路夫作詞 / 村井邦彦作曲
②「広い空の下で」高木あきこ作詞 / 黒澤吉徳作曲
③「きっと届ける」長井理佳作詞 / 長谷部匡俊作曲
④「思い出のメロディー」深田じゅんこ作詞 / 橋本祥路作曲
⑤「旅立ちの日に」小嶋登作詞 / 坂本浩美作曲 / 松井孝夫編曲
⑥「With you smile」水本誠・英美作詞 / 水本誠作曲
⑦「君に伝えたい」山崎朋子作詞・作曲
⑧「ハナミズキ」一青窈作詞 / マシコタツロウ作曲
⑨「最後のチャイム」山本恵三子作詞 / 若松歓作曲
⑩「RAIN」SEKAI NO OWARI

※網掛け部分は、教科書教材

卒業前演奏　合奏

「送る会」などでは、在校生から憧れを持たれる６年生として「見応え、聴き応えある演奏」を披露したい。

（１）選曲は大事

どの子も満足し、無理なく楽しく取り組める選曲をする。ポイントは３つ。

①耳慣れた曲。「聴いて旋律を覚える」ステップが省ける。②リコーダーが主旋律。これまで取り組んできた合奏の進め方（主旋律ができる→他のパートを付け加える）で、子どもたちに任せることができる。③易しすぎず。ちょっとだけがんばったらできる曲。

（２）所・時・物を整える

子どもたちが主となって進められるよう段取りするのが教師の仕事だ。

①所・時：練習場所と練習時間を確保する。②物：楽譜・音源・自分で演奏してみて「難所」を発見など、少なくとも練習に取り掛かる１か月前から準備をしたい。

（３）お勧め曲

聴く方も良く知っている曲だと、会場全体を巻き込んで盛り上がることができる。

①『RPG』SEKAI NO OWARI②『SUN』星野源③『ZIP A DEE DOO DAH』ディズニー④『WA になっておどろう』V6⑤『崖の上のポニョ』スタジオジブリ

スコアとパート譜がセットになっているものがネットで手に入る。音源も HP からダウンロードできる。すぐ取りかかれる。

（中越正美）

3月

図画・工作　物語の絵『銀河鉄道の夜』第２幕

列車の窓や車輪を描く

まず、列車の窓を蛍光オレンジのポスターカラーでぬる。この時、大雑把にバーッとぬる。乾いてから黒ペンで窓枠を描くと楽に窓を仕上げることができる。

車輪も同様に、スポンジタンポをした色で丸くぬる。乾いてから黒ペンで線を入れるのである。その他窓に黒ペンで人影を描いてもよい。

「この列車にだれを乗せよう」

「ジョバンニとカムパネルラ！」

「車掌さんも乗せたいなあ」

「汽車に名前を付けようかな」

「線路も描きたい！」


自分だけのオリジナルの汽車にする工夫をさせる。

周りの景色を描く

ここからは、子供たちの世界である。お話に出てくる、イルカや十字架を描いてもよいし、お話に出てこない惑星や隕石を描いてもよい。自分オリジナルの銀河鉄道の世界を描くのである。

描く方法は、ケント紙につけたい模様を描いて切り取り、ステンシルやスパッタリングで色を付ける。型紙の外側に色を付けると列車や宇宙人のような模様ができる。型紙の中を切り取って色を付けると月やイルカのような模様ができる。子供たちは、自分が作った型紙を貸し借りしながら景色づくりを楽しんでいた。

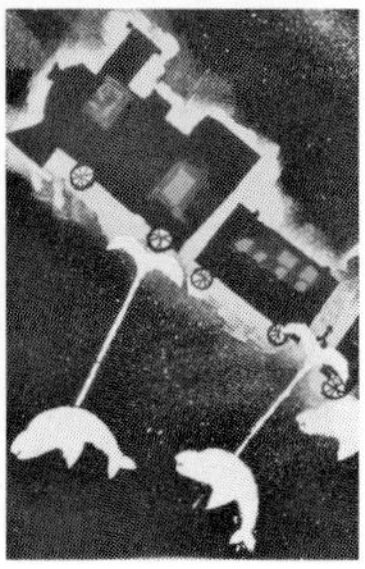

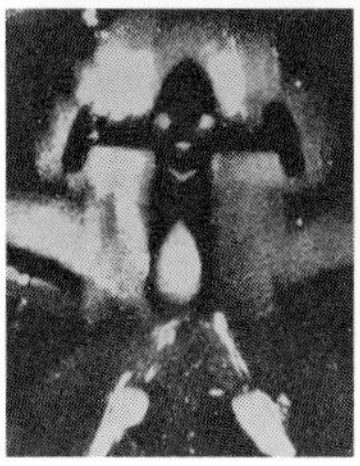

また、行き先の看板、列車を支えるイルカが吹いた潮、白鳥座やさそり座、スパッタリングの天の川など、自分が描きたい背景を工夫していた。

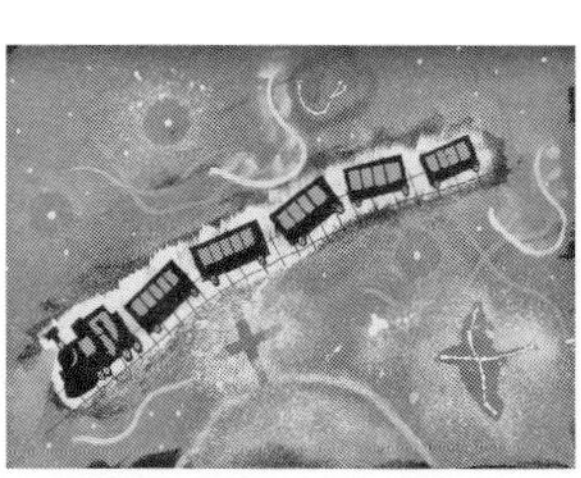

掲示する

完成した作品を掲示すると、自然に「○○さんの空、銀河がきれい！」

「窓から手を振っている人がいるよ！」

「あの木、すごいね」

などといろいろな会話が始まった。


（佐々木智穂）

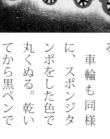

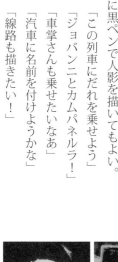

3月

家庭科　2年間の学習を振り返り、自分の成長を実感させる

1．2年間の家庭科の学びを振り返る

５年生、６年生と２年間学んできた家庭科も小学校での最終単元になる。教科書の目次を見ながら、学習内容を振り返らせる。家庭科は同じ時期は、５年生も６年生も同じような内容の単元配列になっている。例えば、11 月には両方の学年が調理単元を学ぶ。５年生が基礎、６年生が応用になる。５年生で「ご飯とみそ汁」の調理実習をし、６年生で「身近な食品でおかずを作る」といった具合だ。学習の振り返りをする時は、その違いを明確にし、「５年生での学びを６年生ではこう生かした」と発言させる。

T:「家庭科の２年間の学習でできるようになったこと、成長したことを発表しましょう」

C:「５年生では、初めてミシンを使ったので、糸のかけ方がわからず苦労したけれど、６年生では作品が短時間で上手にできた」「５年生の時よりグループで協力して調理実習ができるようになり、自分たちは成長したと思った」

2.「これからの家庭生活にどう生かしたいか」「中学校で何を学びたいか」を考えさせる

家庭科は、子ども達の自立と密接に関わる教科だ。

小学校の家庭科で学んできたことをこれからの家庭生活でどのように生かしたいですか。

自分の考えをノートに書かせてから発表させる。早く書けた子は、友達と情報交換させてもよい。新たな視点が生まれる。

C:「家庭科は、裁縫と調理だけだと思ったけど、いろいろなことを勉強しました。お金の使い方や買い物のしかたを考えていきます」「１人でご飯を食べるときも、栄養のことを考えて食事をします」「寒い季節を快適に過ごす学習をしました。着る服の枚数や色を考えて温かくします」「調理実習はグループでやったけど、今度は １ 人で家族の食事を作りたいです」「家でできる料理のレパートリーが増えました」

発言を聞いている子ども達は「ああ、そうだったね」と学習内容を思い出して同意したり、「へえ～」と、友達の隠れた技能に驚いたりする。教師は、１人が発言したら、「同じように考えた人？」「付け足しのある人？」と聞いて、子ども達の意見が広がるようにする。

T:「中学校で学びたいことは何ですか」

C:「小学校では野菜だけだったので、中学校では肉を使った調理をしたいです」「自分が着ることのできる服をミシンで作りたいです」「１人でデザートがつくれるようになって、将来はパティシエをめざします」

自分たちが獲得した技能を思い出させ、１人１人に家庭生活をしていくための自信をもたせたい。そして、中学校での学習に期待をもたせ、将来の職業選択に希望をもたせたい。　(川津知佳子)

３月

体育　竹刀を振ることの楽しさを経験する武道

小中連携という取り組みが、注目されている。授業の交流だったり、教師の交換授業だったり様々だ。体育の場合、中学校から始まる「武道」が、子ども達にとって多くが未経験であり、不安を持っている。

その点を少しでも払拭させて、中学校に送り出したい。

竹刀さえ準備すれば、剣道は簡単に取り組める。子ども達に経験させたいことは、

「竹刀を振る」ことの楽しさ・面白さ

である。竹刀振りを経験することで、剣道（武道）への興味・関心を高めることができる。1時間の指導内容を示す。

①竹刀振りの自由思考

とにかく自由に振ってみる。振ってみることで子ども達は扱いやすさ・扱いにくさを体感する。それから正しい握り方や持ち方を教える。

②初めての面打ち

3人1組にする。2人が1枚の新聞紙の両端の上下を持ち、1人がその新聞紙を面打ちする。上手に新聞紙が切れるかどうかを体験する。上手に新聞紙を切るためには、竹刀をどう振ったらよいかを3人が自然に話し合い出す。

主体的・対話的で深い学びの場面が生まれる。ただの竹刀の素振りから新聞紙を切るという目的に変化したので、より主体的になる。

③基本的な竹刀の振り方の練習（スキル）

以下の指導パーツをテンポよく指示し、体験させる。

・竹刀の持ち方　・足さばき

・竹刀の振り方（バスケットボールのパスの投げ方の動きが竹刀振りと同じである）（体育館の角に位置してまっすぐに振り下ろす）

④2回目の面打ち

再度、新聞紙を切る体験をする。練習により変容している。上手に新聞紙を切れるグループが続出する。

注意点として、「竹刀を床まで振り下ろさない」ことがある。新聞紙を切った時点で竹刀を止める。

（桑原和彦）

3月

道徳　別れの授業

3月の道徳のポイント

3月。別れの時期である。

中学校にあがるのだから、「国家・社会の一員」そして「世界の人々とのつながり」という意識ももってほしい。

「国家・社会の一員」「世界の人々とのつながり」をポイントにした授業をする。

3月のオススメ資料

文部科学省『私たちの道徳』

「米百俵　小林虎三郎」

「坂本竜馬」

「新渡戸稲造」

「千玄室」

「ピエール・クーベルタン」

が紹介されている。子供たちに読み聞かせをする。このようにたくさんの人物が並んでいるときは、次の発問をする。

まずは言葉を整理する。

「小林虎三郎　米百俵」

「坂本竜馬　世界に目を向けにゃいかんぜよ」

「新渡戸稲造　私は太平洋のかけ橋になりたい」

「千玄室　一盤に平和へのいのりを」

「ピエール・クーベルタン　世界を結んだオリンピック」


「みんなはどの人の言葉が好きですか」


選ばせ、理由も簡単に書かせる。

好きな言葉を選ばせる活動は、子供たちは喜ぶ。偉人の言葉を知ることは、優れた生き方、考え方、行動を知ることでもある。

「ペルーは泣いている」のページもある。読み聞かせした後、

「登場人物は誰ですか」


（加藤明）

（ペルーチームの選手）

（父親）


「誰がどうした話ですか」


（加藤がペルー選手にバレーを教え、強くした話）

「加藤の猛練習に、ペルー選手の父親が怒ります。新聞にも書かれます。選手も次々と辞めていきます」


「みんなが加藤なら、厳しい練習を続けますか、続けませんか」


簡単に、5分程度討論させる。

「ペルー選手は強くなりました。南米1位になりました」


「強くなった理由は何でしょうか」


（加藤さんの指導）（ペルー選手の素直さ）（加藤さんがペルーの人たちにひかれた）（ペルーの選手が加藤を父親と思った）

その後、「世界の人々と交流するためにどのようなことができると思いますか」という書き込み欄に、書かせていく。

対話指導のポイント

対話させているとき、発言だけでなく、よくメモをしている子も誉めていく。そのメモを、授業のまとめに書いている子も誉めていく。「〇〇さんが～と言っていたことだけど、～」というまとめを誉めていく。誉めることで全体へ広がっていく。

（林健広）

3月

英語　話したくなるアクティビティでクラスを盛り上げる

Unit9「Junior High School Life」②

２時間目からは、「What do you want to join?」を教えていく。状況設定の前に、以下のような視覚教材で「join～(team,club)」を繰り返して「join」を理解させていく。パワーポイントやキーノートのアニメーションを使って画像を移動させることで、「参加する」ということを直感的に理解させたい。

〈授業の流れ〉

（１）単語練習

kendo club、art club、basketball team、volleyball team（部活動に関する言葉）

（２）状況設定

中学生になったら、どんな部活動に入りたいかを言ったり聞いたりする。

A：What club do you want to join?	
B：I want to join kendo club.	

（３）答え方の練習

数人を指名して、「What do you want to join?」と尋ね、入りたい部活動について答えさせる。その後、全体で「I want to join ~.」をリピートさせる。

T: What club do you want to join?
C: Kendo club.
T: I want to join kendo club.
C: I want to join kendo club.

単語を変えて、リピートさせていく。

（４）尋ね方の練習

教師に続いてリピートさせる。

（５）アクティビティ

３人と会話をする。

さらに慣れてきたら、仲間集めゲームをする。「中学校に行ったら、どんな部活動に入りたいと思っているのだろう？」と考えながら尋ねるため、児童は盛り上がる。

T: 仲間集めゲーム！
T: Walk, What do you want to join?
C: I want to join art club.
C: What do you want to enjoy?
T: I want to join basketball team.
T: art club, basketball team not 仲間！
T: Next, What do you want to join?
C: I want to join basketball team.
C: What do you want to enjoy?
T: I want to join basketball team.
T: basketball team, basketball team 仲間！仲間集めゲーム！Ready go.

例示をする際、「not 仲間」と言うときには残念そうに、「仲間！」という時には嬉しそうに、教師が演じることが大事である。　（青木翔平）

3月

総合　卒業宣言をしよう

卒業宣言をしよう

1月には、職業について調べ、自分が目標とする職業になるにはどのような勉強が必要なのかを調べた。それを元に、2月には中学校がどのようなところかを調べた。3月は、調べたことを元に、卒業宣言を考える。つまり、自分・他者・先人との対話を作文という形で深めるのである。

自分の将来なりたい職業を元に、どのような中学校生活を送りたいのか、中学校でどのようなことを頑張っていきたいのかを作文用紙に書いていく。

例えば、次のようなことを書いていく。

> 私は、○○が好きです。また、自分には、○○ができるという長所があることがわかりました。そこで、将来○○のような仕事をしていきたいと思います。
> ○○という仕事は、○○をする仕事です。その仕事には、○○のような大変さがありますが、逆に○○のような楽しさもあります。なるためには、○○が必要です。
> そこで、私は、中学校では、○○をがんばりたいと思います。○○をがんばって、○○ができるようになりたいと思います。

国語の学習と関連させる

国語の学習では、最後の方にスピーチをする単元が入っている。卒業宣言としてまとめたことを、スピーチの形にしていく。

ただスピーチさせるだけでなく、資料を用意させると良い。自分の発表の要点やその職業の写真などを見せながら、スピーチをさせるのである。画用紙にまとめさせていくこともできるだろうし、パソコンでパワーポイントなどを使って、資料をまとめさせることもできるだろう。

最高学年にふさわしい学習となる。

最後の参観日に発表させる

スピーチは最後の参観日に発表させると良い。お家の人も聞けば、自分の子どもの成長を実感することができる。

お家の人の前でスピーチをさせる場合は、次の内容を入れると良い。それは、

> お家の人への感謝の言葉である。

具体的なエピソードを入れながら、お家の人への感謝の言葉を伝えさせる。

> 私は、小さいときには病気がちで、熱を出すことがたくさんありました。そのときに、いつも寝ずに看病してくれた、お母さん、そのおかげで今の私があります。中学校へ行っても、迷惑をかけることがたくさんあると思いますが、夢に向かって頑張るので、応援してください。

さらに、感動を呼ぶスピーチとなる。スピーチの際には、ＢＧＭを流す。オルゴールの曲が良い。教室がとても良い雰囲気となる。

その後の発展として、「お世話になった学校に感謝の気持ちをあらわそう」という展開もできる。学校の清掃や卒業制作なども絡めて学習を組み立てることができる。

（畦田真介）

６年生　Unit10 This is me. Name

①自分の誕生月をなぞろう。時間があったら、好きな月をなぞろう。

１月 January　　２月 February

３月 March　　４月 April

５月 May　　６月 June

７月 July　　８月 August

９月 September　　１０月 October

１１月 November　　１２月 December

②生まれた日付を、言いながらなぞろう。

1st	2nd	3rd	4th	5th	6th
7th	8th	9th	10th	11th	12th
13th	14th	15th	16th	17th	18th
19th	20th	21st	22nd	23rd	24th
25th	26th	27th	28th	29th	30th
31st					

自分の誕生日を写し書きしよう。　最後のピリオド（.）も忘れずになぞろう。

My birthday is .

すぐコピーして使えるプリント集　国語六年【字謎】

問題　漢字のなぞなぞのことを字謎《じなぞ》といいます。次の言葉に合う漢字一文字を答えましょう。

※答え①嵐②美③男④米⑤箱⑥東⑦茶⑧一⑨豆⑩欄
コピーする前に答えを消してください

レベル一

①山に吹《ふ》く風

②大きい羊《ひつじ》

③田んぼの力持ち

レベル二

④八十八の苦労《くろう》を重《かさ》ねて作る作物

⑤竹木《ちくぼく》のかたわらに目がある

⑥木の後ろにお日様《ひさま》が上がる

⑦草木《くさき》の間に人がいる

レベル三

⑧上を見れば下にあり、下を見れば上にあり、
母の腹《はら》を通り、子の肩《かた》を通る

⑨大きいと白く、小さいと赤く、腐《くさ》ると四角く、
納《おさ》めると糸を引く

⑩草《くさ》ぶきに　門をかまへ《え》て　西がは《わ》の
むかひ《い》に秋の　花ぞかほ《お》れる

⑪自分でも字謎をノートに作ってみましょう。

同じ読み方の漢字

□に当てはまる漢字を下の□から選んで文を完成させましょう。

例「いがい」
①あの人は意外におとなしい。
②ぼく以外の人は賛成した。

①「あく」
①席が□□のを待つ。
②舞台の幕が□□。

開く　空く

②「のびた」
①背が□□□。
②運動会が雨のため明日に□□□。

伸びた　延びた

③「あつい」
①スープが□□□。
②□□□一日。
③□□□本。

暑い　厚い　熱い

④「つとめる」
①議長を□□□。
②会社に□□□。
③早起きに□□□□。

努める　務める　勤める

⑤「おさめる」
①成績を□□□。
②国を□□□。
③税金を□□□。
④学問を□□□。

収める　納める　治める　修める

⑥「さいかい」
①幼なじみとの□□。
②試合を□□した。

再開　再会

⑦「せいかく」
①おとなしい□□。
②時間が□□だ。

性格　正確

わからないときは、辞書を使って意味を調べよう！

⑧「たいしょう」
①六年生□□の本。
②会□□的な考え方。
③左右□□。
④敵の□□。
⑤相手に□□した。

大将　対象　対称　対照　大勝

辞書を使って問題を作ってみよう！

6年生難問　問題が5問あります。1問だけ選んで解きましょう。

1　下の図の中に、ひし形は何個ふくまれていますか。

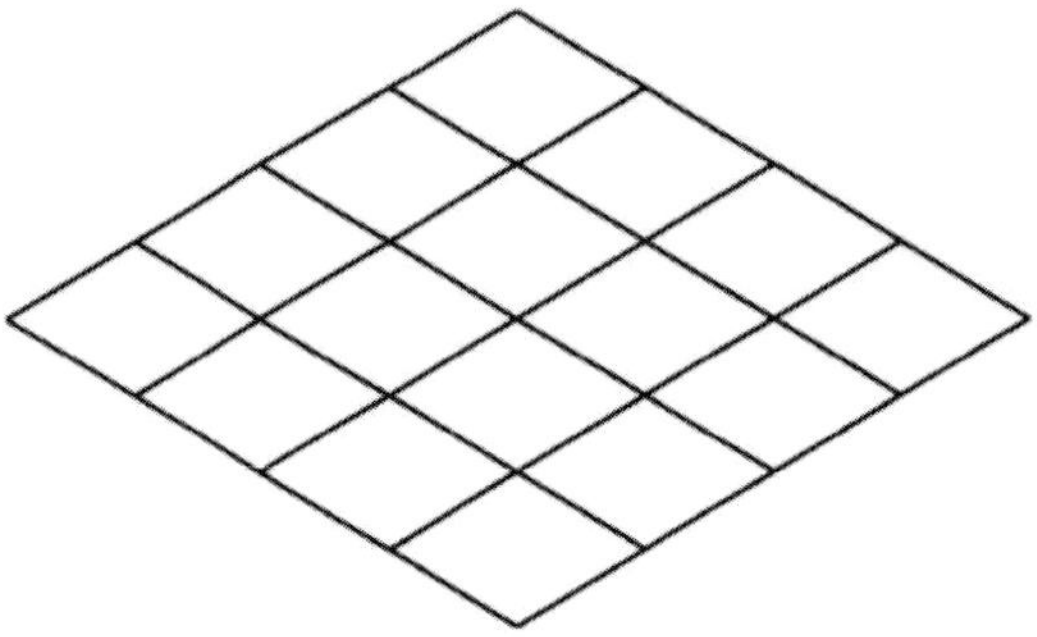

答え（　　　　　）個

2　1から100までの数のうち、2の倍数でも3の倍数でも5の倍数でもない数は何個ありますか。

答え（　　　　　）個

3　下の図形の周りの長さは、何cmですか。

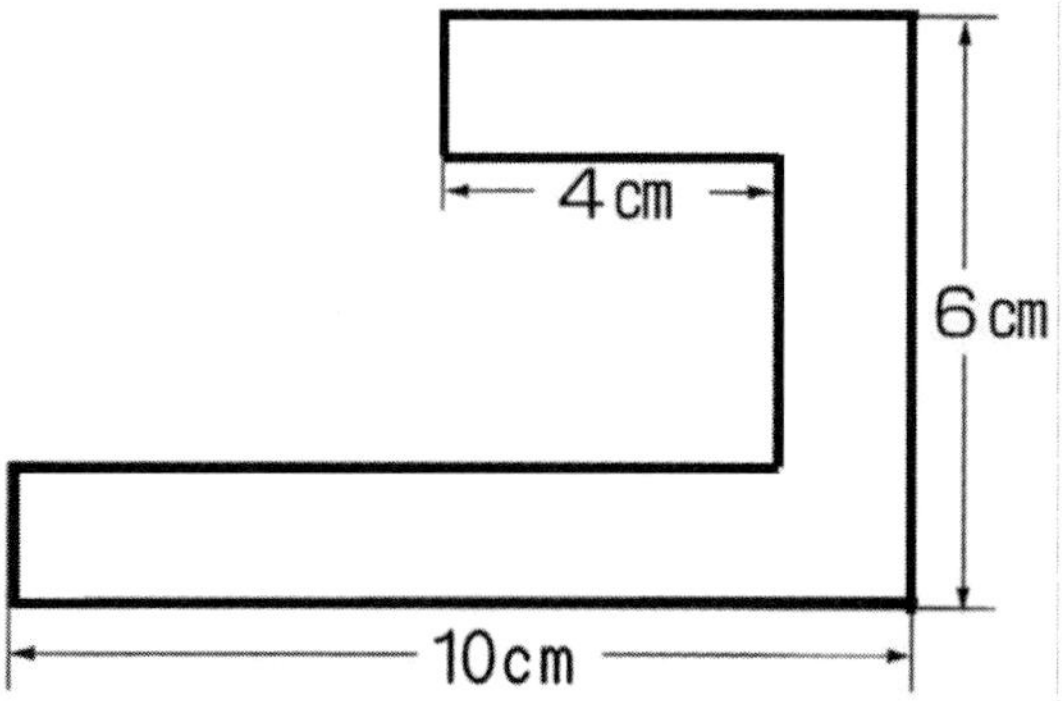

答え（　　　　　）cm

（　　）月（　　）日　　　　名前（　　　　　　　　　　）

4　□に数を入れて筆算を完成させます。
AとBとCの数をたすといくつになりますか。

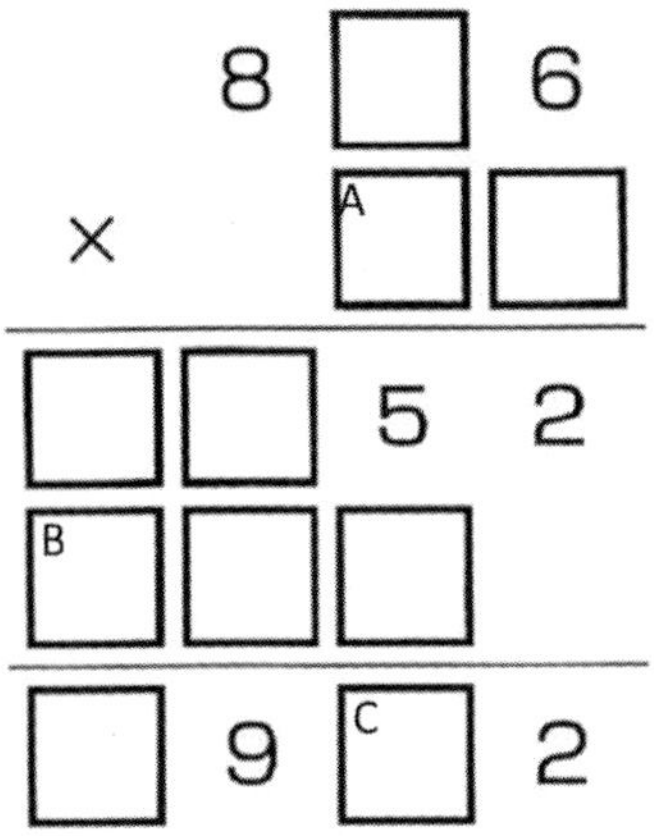

答え（　　　　　）

5　「1秒間に地球を7周半する」と言われるほど速い光でも、太陽から地球に届くまで8分19秒かかります。
光の速さを秒速30万kmとすると、太陽から地球までのきょりは何kmですか。

答え（　　　　　　　　　）km

解答

1　３０個　（ひし形１個→16個，ひし形４個→９個，ひし形９個→４個，ひし形16個→１個）
2　２６個
3　４０ cm　（ 10 ＋ 10 ＋ 6 ＋ 6 ＋ 4 ＋ 4 ＝ 40 ）
4　１０　（１＋８＋１=10）

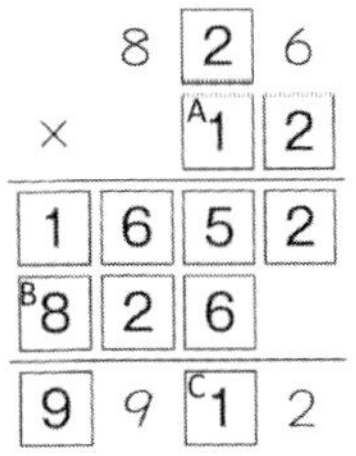

5　１億４９７０万ｋｍ

8 分 19 秒＝ 499 秒
距離＝速さ×時間なので、
300000 × 499 ＝ 149700000

（　　）月（　　）日

名前（　　　　　　　　　　　　　　）

（　　）月になって次のようないやな経験をしたことがありますか。
書いたことはひみつにしますから教えてください。

1 「お金をだせ」といわれてとられたことがありますか。

A　ある　　　a　1，2回　　b　3，4回　　c　5回以上

B　ない

2 「おごれよ」といって無理やりおごらされたことがありますか。

A　ある　　　a　1，2回　　b　3，4回　　c　5回以上

B　ない

3 わけもなく、なぐられたり、けられたりしたことがありますか。

A　ある　　　a　1，2回　　b　3，4回　　c　5回以上

B　ない

4 先生や大人の人がいないところでいやみをされたことがありますか。

A　ある　　　a　1，2回　　b　3，4回　　c　5回以上

B　ない

**5 「そうじやっとけ」とか「かたづけやっておけ」とか、
仕事を命令されたことがありますか。**

A　ある　　　a　1，2回　　b　3，4回　　c　5回以上

B　ない

6　遊びのときなかまはずれにされた事がありますか。
（人数に決まりがある時はしかたがありませんね）

Ａ　ある　　　ａ　１，２回　ｂ　３，４回　ｃ　５回以上

Ｂ　ない

7「ことばをしゃべらない」「なかまに入れない」などの　むしをされたことがありますか。

Ａ　ある　　　ａ　１，２回　ｂ　３，４回　ｃ　５回以上

Ｂ　ない

8「〇〇さん」「〇〇くん」と遊ぶのをやめようなどとなかまはずれのことを話し合ったことがありますか。

Ａ　ある　　　ａ　１，２回　ｂ　３，４回　ｃ　５回以上

Ｂ　ない

9　お金をおどしとったり、なぐったりするとおまわりさんにつれていかれる犯罪なのだということをしっていましたか。

Ａ　知っていた

Ｂ　知らなかった

10　いやなことをされたとき　相談できる人はいますか。

Ａ　お父さん　Ｂ　お母さん　Ｃ　兄弟姉妹　Ｄ　先生　Ｅ　友人
Ｆ　その他　Ｇ　いない

いじめは犯罪です。
いじめ防止対策推進法という法律があります。
◆第四条　児童等は、いじめを行ってはならない。
また第二十三条には、「警察署に通報し、適正に援助をもとめなければならない」と書いてあります。

いじめは、軽い気持ちでしても、犯罪なのです。

文明開化	名前	

1　明治７年３月１６日のことです。その当時の学者がたくさん集まって、英語を日本語に訳しました。今の言葉に直してみましょう。（誰でも知っている言葉です。）

①競闘遊戯会　→

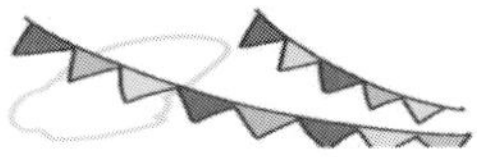

※この会には、次のような出し物もありました。

②雀雛出巣　→
（すずめのすだち）

③文魚閃浪　→
（とびうおのなみきり）

④大魚跋扈　→
（ぼらのあみごえ）

⑤狂蝶珍走　→
（ちょうのはなおい）

2　次の問いの答えを３つまで予想しましょう。

①明治４年、散髪脱刀令（さんぱつだっとうれい・・髪型を自由にし、刀を差さなくてもいい決まり）が出ました。ちょんまげを切ったザンギリ頭の人が見られました。理髪店もできました。ところが、シャンプーなどがありません。髪を洗うとき何を使いましたか？

①		②		③	

②明治１８年、上野・宇都宮間の鉄道が開通し、その時、初めて駅弁が宇都宮駅で売られました。どんな弁当だったと思いますか？

①		②		③	

③明治１９年頃、コレラ（お腹が強く痛くなる感染症）がはやりました。その頃「これを飲むと、コレラにならない」と言われて、急に売れ出した飲み物とは何でしょう？

①		②		③	

④明治２３年、東京・横浜間で電話ができましたが、東京では１５５人、横浜では４２人しか加入しませんでした。すすめても「悪いことがおこる」と固く信じられていたからです。何がおこると思われていたのでしょうか。

①		②		③	

⑤走っている機関車に水をかけた人がいます。どうしてでしょうか。

①		②		③	

⑥汽車からおりるとき、はきものがない人がいました。どうしてでしょうか。

①		②		③	

⑦汽車に乗っていて、罰金１０円(今の１０万円以上）をとられた人がいました。何をしたのでしょう。

①		②		③	

⑧明治４年、東京・大阪間で郵便事業が開始されました。郵便箱（ポスト）を他の物とまちがえて、おまわりさんにつかまった人がいます。何とまちがえたのでしょう。

①		②		③	

＊＊＊

答え

1	①運動会　②かけっこ　③走り幅跳び　④走り高跳び　⑤二人三脚
2	①たまご　②おにぎりとたくあん　③ラムネ　④伝染病（病気）が電話でうつる　⑤機関車が暑いと思って「ご苦労様」という思いでかけた。　⑥乗るときに家と同じように脱いでしまったから。⑦窓からおしこをした。　⑧トイレ

月と太陽

月《がつ》　　日《にち》（　　）

月の形とその変化

なまえ

★太陽の光で輝く月に色をぬって、月の満ち欠けを図に表しましょう。

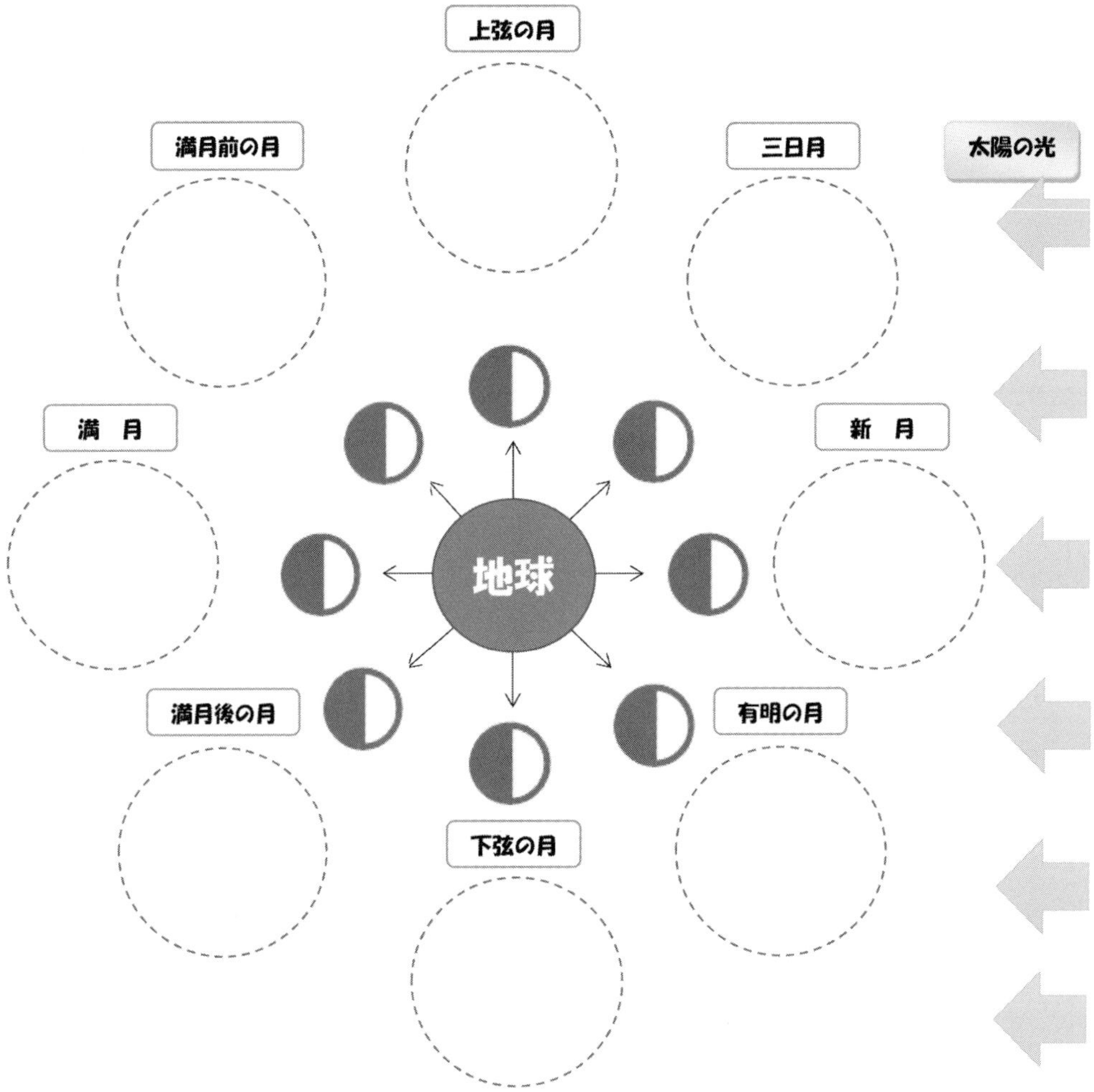

月は、太陽の光を反射してかがやく。

新月 → 上弦の月 → 満月 → 下弦の月 → 新月

この順で月は形を変化させていく。

形の変化は、およそ３０日でくり返される。

★月の形を　観察して　記録しましょう。

月　日（　）	月　日（　）	月　日（　）	月　日（　）	月　日（　）
月　日（　）	月　日（　）	月　日（　）	月　日（　）	月　日（　）
月　日（　）	月　日（　）	月　日（　）	月　日（　）	月　日（　）
月　日（　）	月　日（　）	月　日（　）	月　日（　）	月　日（　）
月　日（　）	月　日（　）	月　日（　）	月　日（　）	月　日（　）
月　日（　）	月　日（　）	月　日（　）	月　日（　）	月　日（　）

特別支援教育研修：個々の児童の困難さに応じた指導内容や指導方法の工夫

新学習指導要領の各教科の解説には、「第４章　指導計画の作成と内容の取り扱い」の中に、「○障害のある児童への配慮についての事項」があり、学習活動を行う場合に生じる困難さとして、以下の１０の項目が挙げられています。

では、具体的に教科の中でどのような困難さがあるのか、考えてみましょう。

★具体的に授業の中でどんなことが困るのか挙げてみましょう。

見えにくさ		発音のしにくさ	
聞こえにくさ		心理的な不安定	
道具の操作の困難さ		人間関係形成の不安定さ	
移動上の制約		読み書きや計算等の困難さ	
健康面や安全面での制約		注意の集中を持続することが苦手であること	

★どのような支援を行えば良いでしょうか。下に書きましょう。

特別支援教育研修：個々の児童の困難さに応じた指導内容や指導方法の工夫

新学習指導要領の各教科の解説には、例えば次のような例が示されています。

●国語科

①文章を目で追いながら音読することに困難がある場合
→自分がどこを読むのかが分かるように教科書の文を指等で押さえながら読むよう促すこと
→行間を空けるために拡大コピーをしたものを用意すること
→語のまとまりや区切りが分かるように分かち書きされたものを用意すること
→読む部分だけが見える自助具（スリット等）を活用すること

②声を出して発表することに困難がある・人前で話すことへの不安を抱いている場合
→紙やホワイトボードに書いた者を提示したり、ＩＣＴ機器を活用した発表したりするなど、多様な表現方法が選択できるように工夫する

●社会科

①地図等の資料から必要な情報を見つけ出したり、読み取ったりすることが困難な場合
→読み取りやすくするために、地図等の情報を拡大したり、見る範囲を限定したりして、掲載されている情報を精選し、視点を明確にする

②社会事象に興味・関心が持てない場合
→その社会的事象の意味を理解しやすくするため、社会の営みと身近な生活がつながっていることを実感できるよう、特別活動などとの関連付けを通して、具体的な体験や作業などを取り入れ、学習の順序をわかりやすく説明し、安心して学習できるよう配慮する。

③学習問題に気付くことが難しい場合
→社会的事象を読み取りやすくするために、写真などの資料や発問を工夫すること

④予想を立てることが困難な場合
→見通しがもてるようヒントになる事実をカード等に整理して示し、学習順序を考えられるようにすること

⑤情報収集や考察、まとめの場面において、考える際の視点が定まらない場合
→見本を示したワークシートを作成する

●算数科

①「商」「等しい」など、児童が日常使用することが少なく、抽象度の高い言葉の理解が困難な場合
→児童が具体的にイメージを持つことができるよう、児童の興味・関心や生活経験に関連の深い題材を取り上げて、既習の言葉や分かる言葉に置き換えるなどの配慮をする

②文書を読み取り、数量の関係を式を用いて表すことが難しい場合
→児童が数量の関係をイメージできるように、児童の経験に基づいた場面や興味ある題材を取り上げたり、場面を具体物を用いて動作化させたり、解決に必要な情報に注目できるよう文章を一部分ごとに示したり、図式化したりすることなどの工夫を行う。

③空間図形のもつ性質を理解することが難しい場合
→空間における直線や平面の位置関係をイメージできるように、立体模型で特徴のある部分を触らせるなどしながら、言葉でその特徴を説明したり、見取り図や展開図と見比べて位置関係を把握したりするなどの工夫を行う。

④データを目的に応じてグラフに表すことが難しい場合
→目的に応じたグラフの表し方があることを理解するために、同じデータについて折れ線グラフの縦軸の幅を変えたグラフに表したり、同じデータを棒グラフや折れ線グラフ、帯グラフなど違うグラフに表したりして見比べることを通して、よりよい表し方に気付くことができるようにする。

●理科

①実験を行う活動において、実験の手順や方法を理解することが困難であったり、見通しがもてなかったりして、学習活動に参加することが難しい場合
→学習の見通しが持てるよう、実験の目的を明示したり、実験の手順や方法を視覚的に表したプリント等を掲示したり、配布したりする

1学期　子どものよさを書く

1学期所見のポイント

1学期の通知表所見は、

①学習の様子
②当番、係、児童会活動、行事などの様子
③子どもの性格面での「よさ」

の3つから選択して書く。

通知表を書く時に特に気をつけたいことは、

「子どものよさ」を見つけてほめること

である。

もし、改善すべき点を書くのであれば、「課題点をあげ、2学期にどのように学校で指導支援していくか」ということまで書かなければ大変無責任な文章となってしまう。

6年生であるので、児童会活動や行事での活躍を多く取り入れて書くこともポイントの1つである。6年生は学校全体に関わる仕事が多い。その頑張りを伝えることは、次へのモチベーションに繋がる。

1学期所見の文例集

各教科

【国語】

・漢字の学習に特に力を入れていた1学期でした。毎週行っている漢字スキルのミニテストでは、ほとんど100点満点を取り、7月前半に行った50問でも見事100点満点でした。得意なことを見つけ、その才能を伸ばしていけるように励ましながらの指導を行っていきます。

・国語の漢字の学習で行った「四字熟語集め」では、授業時間だけではなく、家庭学習でも熱心に取り組み、たくさん集めることができました。集めるだけではなく、率先して意味調べも行いました。興味を持って学習に取り組むことができるように2学期以降も支援していきます。

【社会】

・社会科「戦国時代」で行った調べ学習では、「織田信長」について、熱心に調べる活動をしました。ただ調べただけではなく、まとめの工夫も随所に見られました。興味関心を持ったことに対する追求したいという意欲が大変高いです。興味関心を継続して持てるように支援します。

【算数】

・特に算数では、答えだけではなく、途中の解き方もしっかりと書いて取り組んでいるので、活用する力が伸びてきています。

・5年生時にやや苦手意識のあった分数の計算を何度も粘り強く解き、できるようになってきました。特に、通分が苦手だったのですが、途中の計算を書くことにより、間違いを減らしました。少し面倒なことでもやり遂げる力を他の場面でも発揮できるように指導し続けていきます。

・やや苦手意識のある算数の学習に食らいついて来ています。さりげなくフォローを入れ、引き続き個別の指導なども行っていきます。

・算数の学習では、文章問題を解く際に、いきなり立式するのではなく、授業の中で習った図を必ずかいてから立式しています。文章問題の正答率がグンと上がっています。数字や字を急いで書いてしまい、それが原因で間違えることがあったので、丁寧に書くよう声かけを継続して行います。

【理科】

・理科のまとめ「ノート見開き2ページ」では、ノートのマス目よりもさらに小さな文字でぎっしりと情報の詰まったノートを作ることができました。

情報を自分で集め、ノートにまとめる作業は今後も必要な能力です。さらに力を伸ばせるように励まし続けていきます。

【学習全般】

・学習では、しっかりと濃く丁寧な字を書くことができていて、理解力も高いです。人前での発表にやや苦手意識を持っているようですので、2学期も引き続き指導を行います。

・計算や漢字などの決められた手順で行う学習はもちろんのこと、今までやや苦手意識のあった応用・活用問題にも進んで挑戦する姿が見られました。

・各教科の時間には今まで以上に自信を持って発表しています。2学期も引き続き指導していきます。

・学習面では、算数の補充問題を家で予習してきたり、漢字のミニテストを練習してきたりできました。

・国語や社会の学習で行う話し合いの活動では、小グループになった時に、積極的に話し合いを進める姿がしばしば見られました。話し合いを進めることで、自分の意見が整理され、その後の発表でも核心をつく意見を出すことも多くありました。2学期も引き続き支援していきます。

【家庭学習】

・家庭学習では、今まで多かった漢字の書き取り練習の他にもその日の授業で行った復習や授業の中で少し触れたことを調べ学習してくることが多くなりました。学習の幅が広がってきました。

・家庭学習では、復習だけではなく、予習にも取り組むことが多くありました。自分から新しいことに挑戦するという姿勢が伸びています。

・宿題や家庭学習への意欲が高まった1学期でした。宿題や家庭学習などの提出物は必ず出すという習慣が出来ましたので、引き続きの指導を続けていきます。

生活面

【行事】

・教科外でも応援団の副団長に立候補するなど様々なことに挑戦する姿が見られました。

・運動会でも、白組応援団長として、今までの伝統にはない応援歌を作り、団長としてみんなを引っ張っていこうという態度が見られました。

・慣れない環境の中、最高学年として行事やその他の仕事をしっかりと行うことができました。

・慣れない環境の中、学級だけではなく、下級生のお世話なども一生懸命に行っています。下学年の女子児童が大変なついているところからもその一生懸命さがよくわかります。

【児童会活動】

・児童会長として、様々な場面で挨拶をしてきました。その力をもっと学習の場面でも活用できるように指導していきます。

・児童会活動では、図書委員長に立候補し、毎回の委員会前には中心となって原案を立てる活動を行っています。委員長として頑張った成果が学習時間にも表れています。

・児童会活動では、放送委員会委員長として、毎回の活動に意欲的に取り組むことができました。下級生が活動の内容を理解しやすくするために、字だけではなくイラストもかいた原案を提案することができました。ここで培った力を学級活動などでも生かせるように支援します。

・前期児童会長として、様々な場面で挨拶、発表の場面がありました。思いつきの内容を挨拶するのではなく、事前にメモを書き、どの子にも伝わりやすい内容にしようと努力していました。この努力する力を教科の学習や日常生活にもっと生かすことができるように支援します。

性格面でのよさ

・やらなければならないことを言われる前にしっかりとすることができました。

・率先して友達の片付けの手伝いを行っています。よい行動を伸ばせるように励まし続けます。

（赤塚邦彦）

2学期　子どものよさを具体的に書く

2学期の所見のポイント

2学期の通知表所見は、

①学習の様子
②当番、係、児童会活動、行事などの様子
③子どもの性格面での「よさ」
④1学期と比べて成長した点

の4つから選択して書く。

通知表の所見を書く時に気をつけたいことは、

「具体的」に書くこと

である。

「計算を頑張りました」というような一般的な記述ではなく、「苦手意識のあった分数の計算を何度も粘り強く解き、できるようになってきました。特に、通分が苦手だったのですが、途中の計算を書くことにより、間違いを減らしました」というように、所見の文章を読めば、学級の誰のことかわかるように書き方をする。

そのために記録を取ることが重要となる。私は、教務手帳を活用している。

男子	学芸会	持久走	やきいも大会			やきいも大会	持久走	学芸会	女子
1									1
2									2
3									3
4									4
5									5
6									6
7									7
8									8
9									9
10									10
11									11
12									12
13									13
14									14
15									15

教務手帳の見開き一覧の左側に男子の名前、右側に女子の名前を記入する。行事の後すぐに、「やきいも大会で下学年のお世話を一生懸命した」などと文章で書いていく。「やきいも大会◎」などと記号で記録すると後で思い出せなくなる。

また、1つの行事で全員の分を書かなくてもよい。3分の1程度でよい。また他の行事の際に3分の1書く。

後はこの一覧表を通知表所見記入の際に、そのまま写していけば完成である。

2学期の所見の文例集

各教科

【社会】

・社会科の学習で行った歴史年表づくりでは、教科書や資料集に書かれているものを丸写しするのではなく、全く新しい視点で年表を作成しました。この年表を見れば、6年歴史授業の総復習が出来るような内容です。このような創意工夫をもっと伸ばすことができるように支援します。

【算数】

・算数で行った「速さ」の学習では、ただ単に公式を暗記し、式を書き、答えを出すのではなく、式を立てる前に必ず図をかき、問題のイメージを膨らませてから取り組むことができました。少し面倒な作業も嫌がらずに行うことで、確実に解く力をつけることができました。

苦手意識のある算数では、立式の前に、図をかき、問題場面をイメージしてから取り組んでいます。3学期も励まし続けます。

【学習全般】

・どの教科の学習も、わかりやすく、まとまったノート作りをしています。ノート作りの成果が成績にもしっかりと表れています。

・1学期までと比べ、テストに対する心構えが変わったと思います。前日までにテストに向けての家庭学習をしっかりと行ってきました。成果は少しずつ出ています。3学期以降も続けてほしい大事なことですので、引き続き言葉掛けなどの支援を続けていきます。

・今まで以上に作業の多い面倒なことにも挑戦する姿が見られました。引き続きの指導を行い、学習習慣が定着するように支援していきます。

・1学期と比べ、人前での発表に対しての苦手意識が薄れてきたようです。何度か経験を積むことで、人前でもはっきりと表現するようになってきました。国語や社会の討論の授業でも意見を述べる機会が増えました。3学期も引き続き言葉掛けの支援をしていきます。

生活面

【行事】

・学習発表会では、配役の段階から、自分のことだけではなく、学級を優先して取り組む姿が見られました。

・学習発表会の練習では、早い段階からダンスの練習に率先して取り組みました。ダンスが一通りできるようになった後は、グループでどのようにすれば合わせることができるか、真剣に討議する姿も見られました。さらに積極的に物事に取り組むことができるように支援します。

・学習発表会に向けての取り組みでは、毎回の練習を重ねる中でどんどん上達していきました。特に、声の大きさのこと、ソロで歌を歌う場面などは、少しのアドバイスを与えるだけで次の練習までに必ず直しました。この素直に取り組む力を他の教科に生かすことができるように3学期も支援します。

・学習発表会の中で行ったダンスの取り組みでは、ただ踊るだけではなく、時期や目的に合ったダンスの選定をし、友達に率先して教える姿がありました。ここでつけた自信を他教科でも生かすことができるように3学期も支援し続けます。

・学習発表会の取り組みでは、劇の練習で最後までうまくいかなかった部分を何度も練習し、本番では納得のいく演技ができました。また、道具作りでは、周りの友達に声を積極的にかけるなどの姿がありました。学級全体を見渡せる力をもっと引き出せるように支援します。

【児童会活動】

・「やきいも集会」では、下学年が飽きないように出し物の計画を一生懸命に立てたり、放送委員会では原案を作成して話し合いにのぞんだりしました。3学期も引き続き励まし、支援します。

・後期児童会長としても、自分のこと、自分の学年のことだけではなく、学校全体を見渡して行動しています。3学期も引き続き励まし、支援します。

・後期放送委員長として、毎回の委員会の議題原案をしっかりと立てることができました。原案がしっかりとしていたので、毎回の委員会の進行はスムーズに進み、活動の時間がたっぷりと確保されていました。この企画運営力を他の場面でも活かせられるように支援していきます。

【係活動】

・学級全体として停滞していた係活動では、スポーツ係の中心となり、何度かイベントを開催し、みんなを楽しませることができました。

性格面でのよさ

・やらなければならないことを最後まで責任を持ってやり遂げる力がついてきました。

（赤塚邦彦）

3学期　要録の所見は冬休み中に取り掛かる

3学期の所見のポイント

3学期の通知表所見は、

①学習の様子
②当番、係、児童会活動、行事などの様子
③子どもの性格面での「よさ」
④1年間で特に成長したこと
⑤中学校に向けて期待すること

の5つから選択して書く。

卒業に向けた取り組みを多く行っている時期であるので、比較的記述しやすい学期である。

指導要録の書き方のポイント

指導要録の所見は、通知表所見に書いたことからいくつか取り上げ、文末を敬体から常体に変えて書く。

最大のポイントは

冬休み中に書くこと

である。

3学期は卒業なども控え、忙しい日々が続く。比較的余裕のある冬休み中に行うことで、3学期は余裕を持って過ごすことができる。また、どうしても記入できないところがあった場合、3学期にしっかりと記録を取っておくこともできる。

3学期の所見の文例集

各教科

【国語】

・苦手意識のあった「作文」の学習にしっかりと取り組むことができました。何度か直しを入れられてもくじけることなく、その都度、粘り強く書き直しをしました。1つのことを粘り強く行うことは今後も必要な力です。今後もぜひ伸ばしていくことを期待しています。

【社会】

・社会科の「学級憲法を作ろう」という学習では、子供たちだけで重要な条項を作る学習を一部行いました。誰も司会進行を行わない沈黙の中、すっと意見を言い、話をまとめる姿に心強く思いました。中学校でも、先頭に立って行動することを期待しています。

【算数】

・算数の学習では、「算数のまとめ」を授業時間だけではなく、計画的に家庭学習などでも取り組み、しっかりと6年間の復習をすることができました。見通しをしっかりと持ち、自分で推進していくことは今後も必要な力です。中学校でもこの調子で頑張ることを期待しています。

・「算数のまとめ」では、繰り返し問題を解く中で、今まで曖昧だった計算の仕方を正しく理解することができました。そして少しずつ自信をつけ、問題を解いていきました。わからないところは人に聞くということは大切なことです。中学校でもぜひ続け、できるようになることを期待しています。

・「算数のまとめ」という6年間の算数のまとめの学習では、20ページ以上の問題が一気に与えられ、意欲を失いかける場面もありました。しかし、その気持ちに打ち勝ち、20ページ以上の問題を3回も解き、最後には自信をつけることができました。中学校でもチャレンジすることを願っています。

【学習全般】

・学習に対する意欲が一段と高まった学期だったと思います。それは、日常の学習用具の忘れ物が減ったことや、家庭学習で様々な教科の学習に挑戦する姿が見ることができました。意欲を高く持つことで、中学校での学習も楽しく乗り越えられると思います。この調子で頑張ることを期待しています。

行事

【卒業企画】

・「卒業文集」の取り組みでは、6年間の思い出という作文に挑戦しました。最初はなかなかスムーズに書けず苦労していましたが、6年間の出来事だけではなく、自分の気持ちなどを正直に綴ったしっかりとした文章に仕上げることができました。これからも最後まであきらめないで取り組むことを期待しています。

・「卒業式の歌」では、「旅立ちの日に」、「桜ノ雨」共に学級をリードするような歌声を出しました。授業や朝の会、帰りの会での練習以外にも、自宅でも練習している成果です。自分から率先して取り組むことは今後も必要な力です。ぜひこれからも伸ばしていくことを期待しています。

・卒業企画では、「卒業文集」担当に立候補し、中心となって1冊の冊子を完成させました。自分たちで進められる部分はどんどん進めてくれたので、学級の仲間も見通しを持って作業出来ました。中学校でもここで見せた力を生かして、学級を引っ張っていくことを期待しています。

・卒業企画で行った「卒業記念パーティー」や「6年生を送る会」の出し物企画では、企画立案の中心となって取り組みを進めていきました。みんなを楽しませようという数々のアイデアは素晴らしいと思います。中学校では、そのアイデアをもっと全面に出して、推進の中心となることを期待しています。

・「卒業式」に向けての中で取り組んだ「6年生の式歌」、「6年生のよびかけ」では、学級の中でもトップレベルの大きな声ではっきりと発声することができました。行事だけではなく、日常の生活の中でも堂々とした発表ができることを期待しています。

・「卒業記念パーティー」や「6年生を送る会」では、原案を立てた責任者として、6年生全体を動かす機会がたくさんありました。先頭に立って行動する中で、苦労も多かったようですが、一回りも二回りも成長することができました。中学校に行ってもリーダーとしての活躍を大いに期待しています。

・卒業企画で行った「卒業文集」の作成では、企画立案の中心となって活躍しました。校正を行った段階で不備が見つかった時に、周りを責めることなく、自分で黙々と作業する姿も見られました。中学校でもその献身的な気持ちを忘れずに様々なことにチャレンジすることを願っています。

・卒業式での「6年生の式歌」でピアノ伴奏を行いました。積極的に練習を重ね、立派な演奏に仕上げました。努力と継続という2つの力を多方面で生かせられることを祈念しております。

【児童会活動】

・縦割り班活動で行った「鬼退治集会」や「雪だるま集会」では、周りの先生方に言われる前に自然に1、2年生の低学年の子に声をかけ、班全体をまとめる姿が見られました。中学校でもさらにその力を生かせることを期待しています。

・3学期は2学期以上に学級委員長としての仕事を頑張りました。学級として決めなければならないことがあった場合、先頭に立って討議を進めていくことができました。中学校に行っても、さらにチャレンジすることを願っています。

性格面でのよさ

・与えられた課題に対して、一生懸命に取り組み、提出しなければいけない課題は、必ず締切前に出そうと努力する姿が見られました。すぐに終わらせ、やや丁寧さに欠ける部分もあることに自分で気付き、自分から修正する場面もありました。丁寧さを追い求めることを期待しています。

（赤塚邦彦）

子どもも保護者も教師も、自己肯定感を高めるための工夫を

授業中、ずっとおしゃべりをしている子がいます。注意しても聞けません。周りの子どもに反応しないように指導していますが、無視するともっと騒ぐのでそれも難しい状況です。席を少し離したり、ご褒美をあげたりしてきましたが、有効ではありません。

まずはなぜその子がおしゃべりをするのか原因を分析します。この子の特性に関わることなのか、授業がよくないのか、取り巻く環境に問題があるのかなどです。忘れ物が多かったりけがが多かったり、イージーミスなどが頻繁にある子どもだったら、ADHD傾向ではないかと思われます。

脳内の状態が不安で、「助けてくれー」と悲鳴をあげています。それから逃れるために様々な行動で安定を図っているのです。それならば、不安な状態の脳を安定するように行動をすればいいと考えます。その行為は、授業の活動の中で、実現します。おしゃべりをする子は「動きたい」「関わりたい」のですから、意図的にそれを満足させる活動を取り入れます。

＊動かす活動

例えば、黒板に問題を1問書き、「できたら持って来なさい」と言います。既習の簡単な問題なので、すぐにできます。ノートに書き、ノートを先生に持ってきて、丸をもらいます。『作業し、動き、褒められる』全ての行動が自己肯定感につながる行為となります。6年生ですから時代名暗唱を手遊び風に唱えるのも良いでしょう。動き（両手でももを打つ、拍手1回、右手で親指を立てる、左手で同様）の動きの繰り返し。

♪これから始まるリズムに合わせて、縄文・弥生・古墳・飛鳥・奈良・平安・鎌倉・室町・戦国・安土桃山・江戸・明治・大正・昭和・平成・これぞ日本の歴史です！

＊動いているものを見る活動

動いているものを提示することも効果的です。フラッシュカードは、授業開始に一気に子どもの心をわしづかみにします。国語・算数・理科・社会なんでも構いません。5、6枚を用意して1秒に1枚（できれば0・8秒）の速さでめくります。全員が揃っていなくても始められるし短い時間でテンポ良くできます。復習の内容は覚えられるのでテストで成果を感じることができます。私は正進社のフラッシュカードシリーズを使っています。多種多様なラインナップが揃っていて便利です。

百玉そろばんも人気です。低学年の教具と捉えられがちですが、小数や割合にも活用できます。目と耳と口を使い、多感覚を刺激します。最も人気なのが「かくし玉」です。「かくし玉」のパーツは、聴覚を刺激し、脳内を活性化させ集中します。頭の中で玉が動く感覚は、大変心地よいものです。

＊競争させる

ゲームにすることも効果的です。

「黙りっこ競争だよ」というと乗ってきます。あえてライバルを作り、

「〇〇さんと△△さんの競争だよ。おしゃべりしない時間が長い方が勝ち」

一気に15分も集中し続けたことがありました。

＊センサリーグッズ（感覚調整の器具）

いらいらしがちな子や集中時間の短い子どもにはセンサリーグッズを与えます。人によって全く違うので個人にあったものを選ぶ必要があります。

肌に触れるもの：手で握るもの、足で触るもの、足を乗せるもの

姿勢を安定させ、保つもの：椅子のいろいろ（T字型、バランスボール）、各種座布団（通

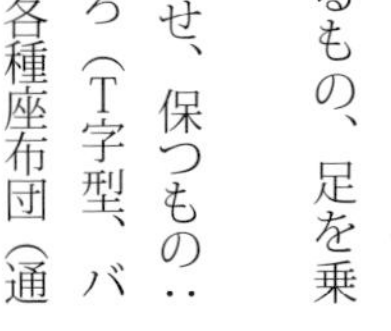

違常の椅子の上に乗せて使用）

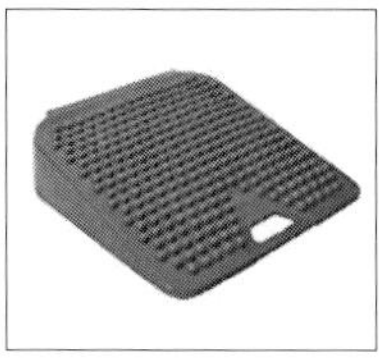

過感覚でいらいらするのだから、他にも刺激を入れて、過感覚を分散させる方法があります。どの方法も、原因を探り、不必要な要素を取り除いたり、軽減したりする環境調整をしていくことが、効果が現れやすいです。

> 遅刻、忘れ物、提出物、宿題忘れ、などが一向に減りません。約束が守れずに友だちから信用されなくなっています。親の協力が得られません。

忘れ物等の原因は、本人の特性の可能性があります。物が片付けられなかったり片付けたところを忘れてしまったりする特性です。遅刻は、本人よりも家庭の問題であることが多いです。それらは、生活習慣と大きく関わっていますので、保護者と連携を取ることが大事です。

ちょっとその前に立ち止まってみましょう。困っているのは子どもですか？　先生ですか？

持ち物が揃わないと授業を進めることに支障があるので、強く言いがちになります。教師の困り感が前面に出てしまうことがありますので、子どもの学習に支障があるという点で親に伝えることがよいです。

まず、親の味方になります。親の多くは、「自主性に任せる」とか「いくら言っても聞かない」と子どもの責任を主張します。しかし、放任ともとれる言動も多いです。こういう行動には、母親の困り感からきています。どう育てていいかわからないことや子どもにかける時間がないなど生活に余裕がないことが多いです。親の辛さに共感します。教師が敵ではなく、子どもを真ん中にして、子どもの幸せを願っている同志であることを認識してもらいます。十分そのことが伝わってから、子どもの困り感を伝えます。立場による見解の違いも、「子どもの幸福」という同じゴールをもっているので、耳を傾けてくれます。

次は、折り合いをつけて、すぐにできそうなことから手をつけます。できたら、大げさに褒めます。小さな進歩を共に喜んで、「できた経験」を自信にします。「できた経験」は、子どもだけではなく親にとっても必要なことです。

同時に子どもにもアプローチします。物を戻す場所を決め、できたら褒めます。持ち物を忘れない手立てをいろいろと試し、その子に合ったものを見つける努力をします。工夫した結果を記録して子どもと共に生き方を見つける努力をします。万策尽きるまでと向山先生は言われます。それが教師の仕事です。

> 自分の子どもをかばい、他の子を攻撃する保護者がいます。すぐにトラブルの相手の家に行き、子どもを攻撃してしまいます。

この保護者も共感することで道が拓けます。

以前、すごい剣幕でどなり込んで来た保護者がいました。お茶を出して、ゆっくり話しました。「自分の子どもって痛いほどかわいいですよね。子どものためなら自分の命が惜しくないと思った時、自分は変わったと思いました。実は、私も親バカなんです」

顔つきがふっと変わったのを覚えています。

また、「私は、教員をしていますので、我が子の運動会も行かれないことがあるのです。役員もやれませんでした。だから、常に子どもに関わる大人にお礼を言っていました。見えるところ見えないところでお世話になっているからです。自分の子どもは周りの方々に育てていただいたと思っています」

「友達関係では、いいことばかりではありません。いけないこともやりましたし、迷惑をかけたこともかけられたこともあります。でも、それが社会の縮図です。その失敗の中でどのようにすればいいのか、相手がどんな気持ちになるのかを学ぶ良い機会です。ありがたいと思っていました」

母親の目からは、涙がずっと溢れていました。

その後、学校へのクレームの電話も、友達の家にどなり込むこともめっきり減りました。

運動会の応援団長の決め方にクレームをつけて来た保護者がいます。「じゃんけん」で選考する決め方は平等ではないと、自宅にまで電話がかかって来ました。

話を聞くと、「自分の子はとても優れている。大きな声も出るし、あいさつもよくできる。他の習い事でも多くの大人たちから褒められている。多数決を取ればわかるはず。力のある子が応援団長を務めた方が、運動会が盛り上がる。じゃんけんのような安易な決め方は教育的ではない」

親は、我が子が可愛いのだ。まずは、そこを認めなければ話は進まない。

「お父さん、おっしゃる通り、○○さんはこのところ頑張っていますね。応援団への立候補もすぐに手を上げて積極的でした。校外の活動でも多く認められて素晴らしいですね」

すぐに言い訳をされると思っていた父親にとってこの言葉は、意外だったようだ。

まずは、教育に目を向けて声を出してくださったことにお礼を言い、敬意を表した。その上で、公立学校の事情を話していく。

「この先、どんどん実力社会になっていきます。そうなければ、なりたくてもなれないこと、我慢しなくてはならないこと、自分の力ではどうしようもないことも沢山あります。○○さんは、今のような実力があればこれからも認められることが多くあるでしょう。でも、小学校は、そうであってはならないと思っています。誰にでもチャンスがあるところが本来の姿だと思っています。今、持っている力で判断すべきではありません。自分の夢を語り、挑戦する時期です。なりたいものに手を挙げチャレンジする時なのです。この先、その機会が少なくなる可能性のある子にとっては、最後のチャンスなのかもしれません。だから、公平にじゃんけんで決めるのです。決して、不公平ではありません。

その点を理解していただけると嬉しいです。

応援団長に立候補した前向きな気持ちは、評価に値します。大いに褒めます。その先は、運に任せる。それを周りの大人たちが見守って、応援していこうではありませんか」

「わかったよ、先生」と父親。

後日、じゃんけんで応援団長は決まりました。この子は、じゃんけんで負けました。

その日、父親に一筆箋を書きました。

「じゃんけんで負けました。少し泣いた後、上を向き、立ち上がりました。辛かったことでしょう。大変立派な態度でした。とてもかっこよかったです。見守ってくださりありがとうございました」

この父親は、運動会で会うと、少し恥ずかしそうにしながら挨拶をしてくれました。

女子の中にいくつかのグループがあって全体として、まとまらないです。まとめる方法はありますか？

これは自然現象です。いくつかのグループができて当たり前です。反対に高学年で、全員が仲良しの方が異様ではないでしょうか。発達段階として必要な時期と考える方がいいでしょう。無理にまとめようとしなくても良いと思います。

ただ、グループ間でトラブルが頻繁に起こるようだと困ります。女子のトラブルは、「誤解」「思い込み」から始まることが多いです。

・「○○さんがにらみつけた」
・「○○さんが私の悪口を言っている」

「にらみつけた」と「見た」の違いを子どもに聞きます。「にらみつけた」は「強い目つきで見据えること」「非友好的な感情で相手を鋭く見ること」です。にらみつけたと感じるのは、受け手の考えです。

また、「悪口を直接聞いたの？」「悪口を言われるようなことはあった？」と質問します。すると、「友達から聞いた」「何もしていない」との答えが返ってきます。つまり、自分で何も確かめていないのです。困ったりわからなかったりしたら、「まず聞くこと」を勧めます。悩まないですむことがたくさんあることを教えます。

もし、本当にその事実があれば、両方の言い分を聞きます。その時に大切なことは、自分がされたことではなく、相手が嫌だなあと感じただろうと思う自分の行動を言わせます。ここがポイントです。そして、最後に自分のよくなかったところだけを謝ろうと言います。謝れたら褒めます。

最後は、「良い勉強をしたね。学校は人と仲良く過ごすことも大事な勉強です。あなた達はクラスの大切な一員です。小学校最後の学年でたまたま一緒になったクラスメイトです。良い思い出を作って卒業しようね」

もし、学校行事や学級行事にも力を合わせられないとしたら大問題です。それは、女子の問題ではなく学級の中に違いを認め合う土壌がないのだと考えられます。間違うことが認められていない雰囲気があったり1人1人の居場所がなかったりではないでしょうか。

それなら学習以外の特技を生かす活動があることもよい方法です。五色百人一首やチャレラン(日本子どもチャレンジランキング)など誰にでもチャンスがある活動を仕組む必要があります。意図して活躍の場を作り、1人1人を輝かせることでみんなが認め合い、仲の良いクラスになると思います。それよりも、1人でいる子、だれも友達がいないことの方が問題だと考えます。高学年の場合、人を排除する時にもグループを作ります。

学期に一度は、1人っ子調査をお勧めします。

1人っ子調査は、ある1週間、休み時間から帰って来た時に聞きます。全員を立たせて、1人ずつ、「誰と遊んでいたの?」と聞き、一緒に遊んでいた子を座らせます。次々に聞いて行きます。1人でいた子にはどこで何をしていたかを聞きます。1、2日くらいは1人でいる子もあるかと思いますが、それが3、4日となるようならもっと詳しく様子を観察する必要があります。ただ、1人でいることが好きな子もいますので、状況を正確に把握するには家庭との連携も必要です。

読み書き計算いずれも学習についていけない低学力の児童がいます。学級全体の中で指導した方がいいですか?取り出した方がいいですか?

他の子についていかれないのは、どのレベルなのかによると考えます。

向山洋一氏は、原則として算数以外は一斉授業、4年生以上の算数は、個別がいいと推奨されています。これは、足し算や引き算が満足にできない程度ならです。ただし、6年生ともなると、他の子からの見方も考慮に入れなければなりません。「お前はバカだ」とレッテルを貼られるようでしたら不登校の引き金にもなりかねないので慎重に進めます。保護者の同意も必要です。算数は履修教科なので、前にやったことが理解され習熟されていないと、新しい内容は積み上がりません。個別学習が有効な教科です。自尊感情を傷つけずに前向きに個別学習を勧められることができたら、とても良いと思います。学級の中で温かい共感的な雰囲気があって、別メニューを受け入れる土壌があれば、教室でも同じ成果があると思います。まして、近くに友達がいて、頑張りを認めてくれる仲間がいたらもっと効果的でしょう。「あかねこ計算スキル」は、問題を選択するコース式で、このような子どもでも１００点がとれるシステムになっています。誰でも得手不得手があることを認めて、時間を問わずに正確にやれることを「できた」とし、褒めるシステムです。自己肯定感が上がる教材を使って指導することも大切です。

自己肯定感を上げるにはどうしたら良いですか

自分に存在感があること、成功体験を保障すること、それを体感することです。教師の基本的な対応としてセロトニン5を意識します。子どもが安心し、自尊感情が高まる対応です。「見つめる・ほほえむ・話しかける・触る・ほめる」。平山諭氏は、子どもが安定する言葉がけを、何種類も用意することを提唱しています。子どもの可能性を信じ、「教えてほめる」を実践し、自己肯定感をもたせたいです。

(鈴木恭子)

〈国語〉

「あかねこ漢字スキル」をフローチャート化

効果的な漢字の覚え方

向山型漢字指導のステップは3つである

①指書き……筆順を見ながら、指で書く。「いち、にい、さん……」と画数を言いながら書く。指書きで最も大切な点は「指で書けるようになるまで、鉛筆は持たない」ということである。

②なぞり書き……指で正しく書けるようになったら、鉛筆でていねいになぞる。

③写し書き……手本の字をよく見て、ていねいに書く。2文字程度で良い。

この3つのステップにより新出漢字の学習を行う。

①から③が終わった後に、「空書き」というステップを入れることもある。指書きを空中にさせるのである。短い時間で、簡単に漢字の確認ができる。

練習ページの取り組ませ方

練習ページは多くの場合、1つの漢字につき何回か練習ができるようになっている。

字を書くのがゆっくりな子にとって、このページを時間内に終わらせるのは難しい。縦に練習させていくと、最後の方の漢字は練習しないまま終わってしまうこともある。

そこで、この練習ページは横にやらせる。このように取り組ませると、時間内に少なくとも1～2回程度は練習することができる。

通常、2段目が終わったら、一度、教師のチェックを入れ、誤字脱字を確認する。

子どもが喜ぶ漢字のテスト

テストのポイントは2つである。

①2回目のテストはできなかった問題だけをやり直させる。

②できたことをはっきり確認する。シールなどがあれば、できた問題にシールを貼らせる。

①のようにすると、少しの努力でできるようになることが分かるため、子どもが自発的に練習してくるようになる。

フローチャートは「あかねこ漢字スキル」を例にとったが、他の漢字スキル教材でも、この漢字習得システムを使って指導することができる。

（服部賢一）

「A：効果的な漢字の覚え方」と
「B：子どもが喜ぶ漢字のテスト」の2つがポイントである。

向山型漢字指導のポイント

「A：効果的な漢字の覚え方」……①指書き、②なぞり書き、③写し書き、の3ステップで習得させる。

「B：子どもが喜ぶ漢字のテスト」……①2回目のテストはできなかった問題だけをやり直させる。②できたことをはっきり確認する。

光村図書が発行している「あかねこ漢字スキル」を使った授業のフローチャートである。「あかねこ漢字スキル」は、向山式漢字習得システムによって作られた教材である。このシステムは「A：新しい漢字を覚えるまでの方法」と「B：子どもが自分から挑戦してくるテスト」の2つの部分からなっている。システムが子どもに身に付いてきたら、教師の指示はほとんどなくなり、ページ数や学習する文字の確認のみとなっていく。

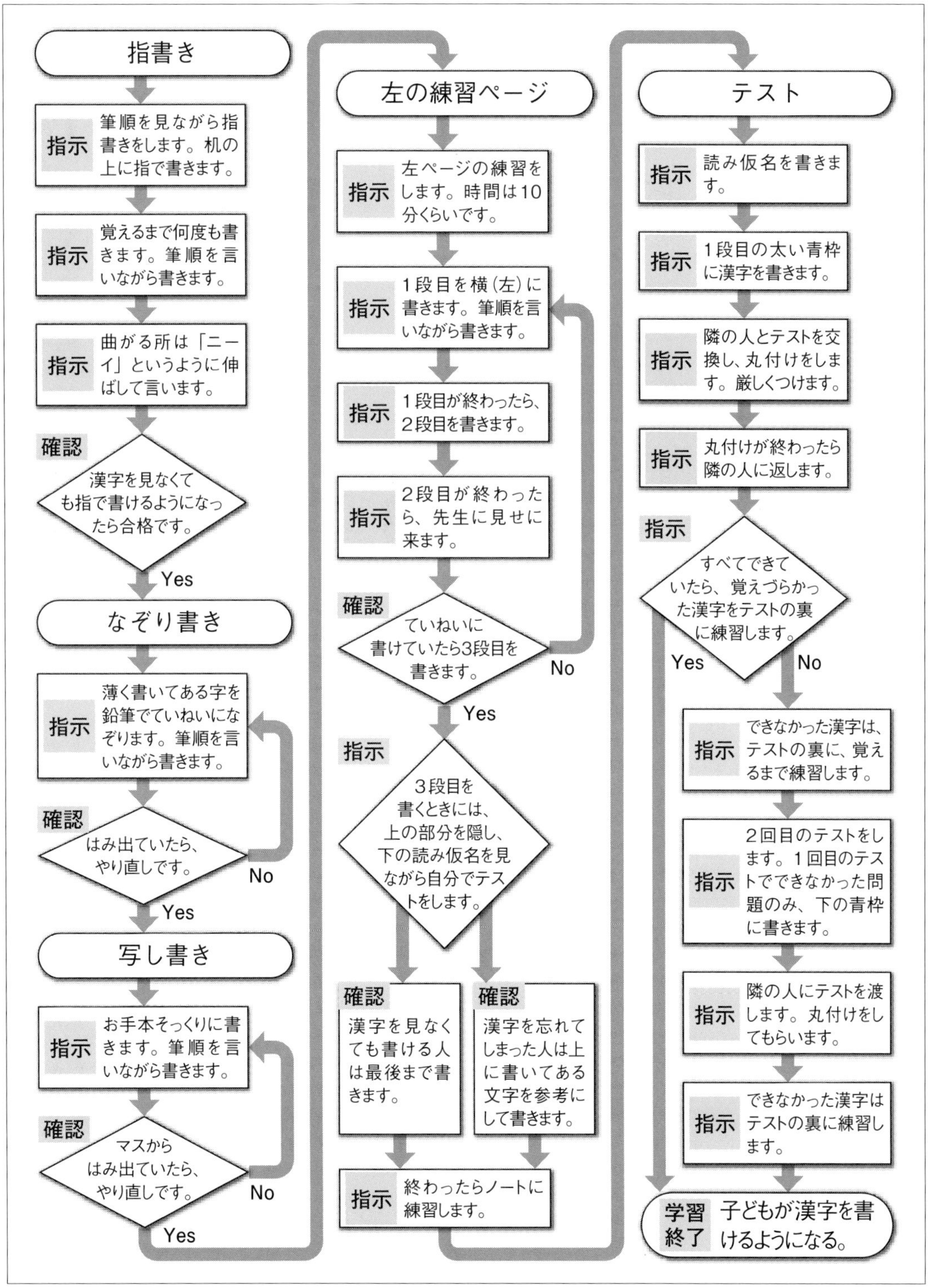

〈算数〉「ゼロの意味」をフローチャート化

0の発明の偉大さを教えるのでなく、学問において１人の意見が大切であることを伝える授業である。

① 1975 年の授業

「0（ゼロ）は、どういう意味をあらわしているか？」

② 1977 年の授業

「0（ゼロ）は何を意味するか」

向山洋一氏の有名実践「ゼロの意味」。
１９７５年と１９７７年に実践記録がある。

> ①「0（ゼロ）は、どういう意味をあらわしているか？」
> （エトセトラ　No.17　１９７５・４・24）
> ②「0（ゼロ）は何を意味するか」
> （スナイパー　No.3　１９７７・４・７）

エトセトラは15行。スナイパーは12行。あわせて27行。これらに、谷和樹氏の授業を付け加え、フローチャート化した。

向山氏の2回の授業の趣旨は同じである。「ゼロの意味」の授業は4月のはじめの算数の時間に実施している。ゼロの意味を教えることが一番大切なのではない。数学上、実に偉大な発明を扱いながら、正解は1つではないこと、自分の考えを発言しようと手をあげることの大切さを教えている。そのため、学習終了にあたる部分を「多数決で決められるならいいのだが、学問というのは多数決で決められないのだ。たった1人の意見が正しいときもある」とした。

ゼロの意味には次の10個がある。

> ①何もない事（無、空の0）
> ②数のもとみたいなもの
> ③位取りをあらわすもの
> ④数の0
> ⑤正負の境目の0
> ⑥最低点、どん底の0
> ⑦出発点の0
> ⑧バランスの0
> ⑨記号の0
> ⑩空位（しるし）の0

①～③は１９７５年の向山学級の子供の意見である。今回のフローチャート化では、この部分まででアルゴリズムの3つの基本である①順次、②選択、③反復を用いている。今回、追加の「ほかにないか？」部分以降、switch～case 文を用いているが、選択に書き換えることも可能である。

「ゼロの意味」は数学上の偉大な発明を教えることができるだけでなく、2進数の授業につなげることもできる。

（前川淳）

向山洋一氏の有名実践「ゼロの意味」のフローチャートである。4月のはじめの算数の時間に実施している。ゼロの意味には次の6つがある。①数の0、②基点の0、③正負の境目の0、④無、空の0、⑤最低点、どん底の0、⑥記号、空位（しるし）の0。1975年の向山学級では、「何もない事」「数のもと」「位取り」の3つがでた。向山洋一氏は、「多数決で決められるならいいのだが、学問というのは多数決では決められないのだ。たった1人の意見が正しいときもある」と話し合いを打ち切っている。0の意味は数学上の偉大な発明を教えることができるだけでなく、2進数の授業につなげることもできる。

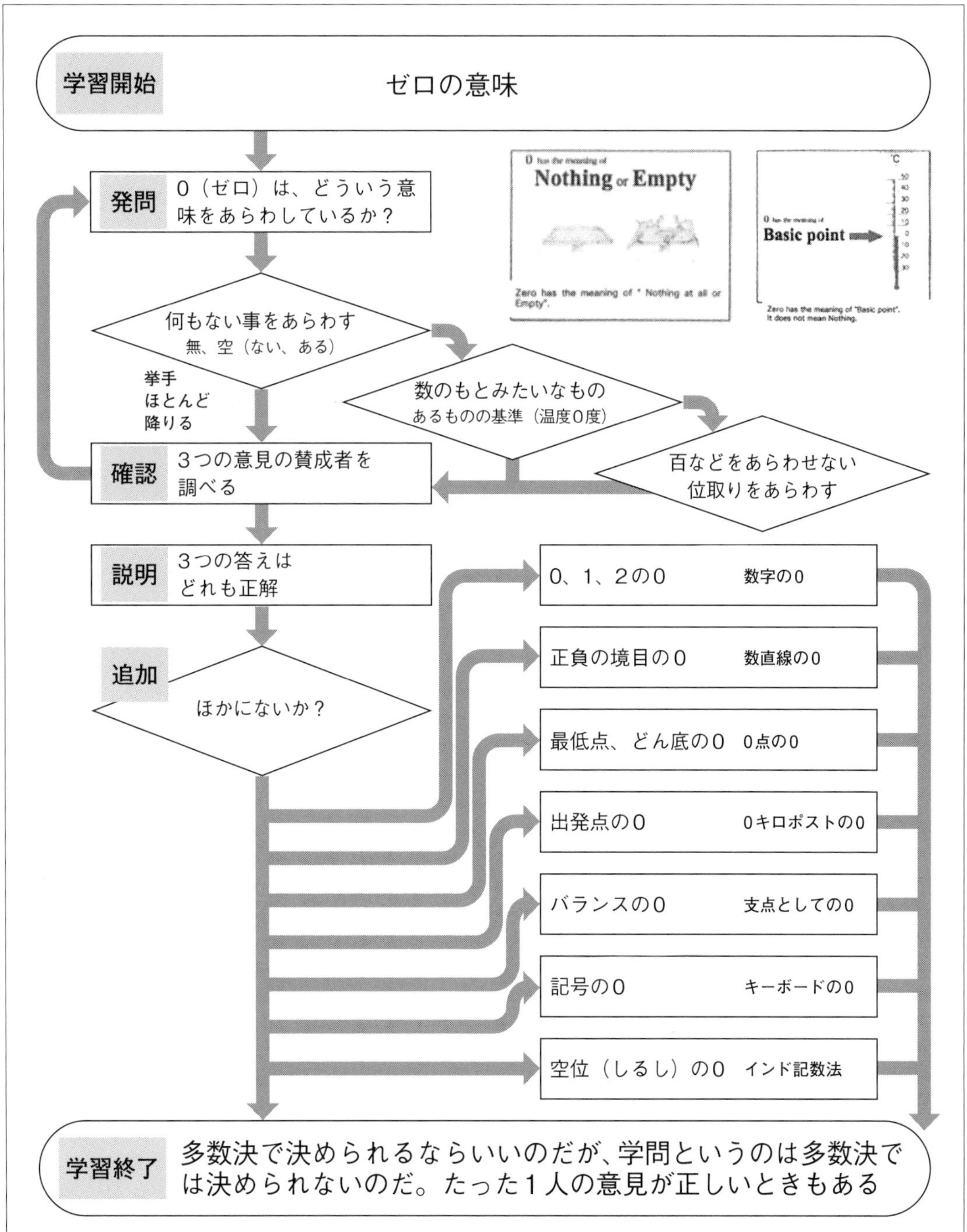

企画統括／監修／執筆者一覧

〈企画統括〉
向山洋一　日本教育技術学会会長／TOSS代表

〈監修〉
谷和樹　玉川大学教職大学院教授

〈各章・統括者一覧〉
井手本美紀　東京都公立小学校
小野隆行　岡山県公立小学校
橋本信介　神奈川県公立小学校
石坂陽　石川県公立小学校
雨宮久　山梨県公立小学校
平山靖　千葉県公立小学校
千葉雄二　東京都公立小学校
太田政男　島根県公立小学校
小嶋悠紀　長野県公立小学校
渡辺喜男　神奈川県公立小学校
河田孝文　山口県公立小学校
村野聡　東京都公立小学校
川原雅樹　兵庫県公立小学校
木村重夫　埼玉県公立小学校
小森栄治　日本理科教育支援センター
関根朋子　東京都公立小学校
上木信弘　福井県公立小学校
川津知佳子　千葉県公立小学校
桑原和彦　茨城県公立小学校
井戸砂織　愛知県公立小学校
甲本卓司　岡山県公立小学校
松崎力　栃木県公立小学校
鈴木恭子　神奈川県公立小学校
谷和樹　玉川大学教職大学院教授

◎執筆者一覧

〈刊行の言葉〉
谷和樹　玉川大学教職大学院教授

〈本書の使い方〉
村野聡　東京都公立小学校
千葉雄二　東京都公立小学校
久野歩　東京都公立小学校

〈グラビア〉
井手本美紀　東京都公立小学校
畦田真介　岡山県公立小学校
関口浩司　神奈川県公立小学校
石坂　陽　石川県公立小学校

〈第1章〉
青木英明　山梨県公立小学校

〈第2章〉
河野健一　千葉県公立小学校

〈第3章〉
佐藤泰之　東京都公立小学校

〈第4章〉
太田政男　島根県公立小学校
中川貴如　島根県公立小学校
木場智也　島根県公立小学校

〈第5章〉
小嶋悠紀　長野県公立小学校

〈第6章〉
水本和希　神奈川県公立小学校
佐藤文香　神奈川県公立小学校

〈第7章〉
林健広　山口県公立小学校

〈第8章〉
德永剛　神奈川県公立小学校
川原雅樹　兵庫県公立小学校
梅沢貴史　埼玉県公立小学校
間英法　新潟県公立中学校
中越正美　大阪府公立小学校
廣川徹　北海道公立小学校
川津知佳子　千葉県公立小学校
桑原和彦　茨城県公立小学校
林健広　山口県公立小学校
青木翔平　愛知県公立小学校
永井貴憲　岡山県公立小学校
吉岡繁　北海道公立小学校
金崎麻美子　千葉県公立小学校
関澤陽子　群馬県公立小学校
伊藤夕希子　北海道公立小学校
藤西孝　大阪府公立小学校
平眞由美　神奈川県公立小学校
畦田真介　岡山県公立小学校
上木朋子　福井県公立小学校
白石和子　東京都公立小学校
青木勝美　北海道公立小学校
大沼靖治　北海道公立小学校
柏木麻理子　千葉県公立小学校
佐々木智穂　北海道公立小学校

〈第9章〉
小林智子　群馬県公立小学校（p.211）
青木英明　山梨県公立小学校（p.212〜213）
木村重夫　埼玉県公立小学校（p.214〜215）
林健広　山口県公立小学校（p.216〜217）
川原雅樹　兵庫県公立小学校（p.218〜219）
千葉雄二　東京都公立小学校（p.220〜221）
畦田真介　岡山県公立小学校（p.222〜223）

〈第10章〉
赤塚邦彦　北海道公立小学校

〈第11章〉
鈴木恭子　神奈川県公立小学校

〈附章〉
服部賢一　神奈川県公立小学校
前川淳　兵庫県公立小学校

[企画統括者紹介]　向山洋一（むこうやま・よういち）

東京都生まれ。1968年東京学芸大学卒業後、東京都大田区立小学校の教師となり、2000年3月に退職。全国の優れた教育技術を集め教師の共有財産にする「教育技術法則化運動」TOSS（トス：Teacher's Organization of Skill Sharingの略）を始め、現在もその代表を務め、日本の教育界に多大な影響を与えている。日本教育技術学会会長。著書に『新版　授業の腕を上げる法則』をはじめとする「教育新書シリーズ」（全18巻）、同別巻『向山の教師修業十年』、全19巻完結セット『向山洋一のLEGACY BOX（DVD付き）』、『子どもが論理的に考える！――"楽しい国語"授業の法則』、『そこが知りたい！　"若い教師の悩み"　向山が答えるQA集1・2』、『まんがで知る授業の法則』（共著）など多数。総監修の書籍に「新法則化」シリーズ（全28巻）がある（以上、すべて学芸みらい社）。

[監修者紹介]　谷和樹（たに・かずき）

玉川大学教職大学院教授。北海道札幌市生まれ。神戸大学教育学部初等教育学科卒業。兵庫県の加東市立東条西小、滝野東小、滝野南小、米田小にて22年間勤務。その間、兵庫教育大学修士課程学校教育研究科にて教科領域教育を専攻し、修了。教育技術法則化運動に参加。TOSSの関西中央事務局を経て、現職。国語、社会科をはじめ各科目全般における生徒指導の手本として、教師の授業力育成に力を注いでいる。『子どもを社会科好きにする授業』『みるみる子どもが変化する「プロ教師が使いこなす指導技術」』（ともに学芸みらい社）など、著書多数。

若手なのにプロ教師！　新学習指導要領をプラスオン
小学6年生　新・授業づくり＆学級経営
365日サポートBOOK

GAKUGEI MIRAISHA

2018年4月15日　初版発行

企画統括　向山洋一《むこうやまよういち》
監修　谷和樹《たにかずき》
編集・執筆　「小学6年生　新・授業づくり＆学級経営」編集委員会
発行者　小島直人

発行所　学芸みらい社
〒162-0833　東京都新宿区箪笥町31　箪笥町SKビル
電話番号：03-5227-1266
http://www.gakugeimirai.jp/
E-mail：info@gakugeimirai.jp

印刷所・製本所　藤原印刷株式会社
装丁　小沼孝至
本文組版　村松明夫／目次組版　小宮山裕
本文イラスト　げんゆうてん
企画　樋口雅子／校正　（株）一校舎

乱丁・落丁本は弊社宛にお送りください。送料弊社負担でお取替えいたします。
©Gakugeimirai-sha 2018 Printed in Japan
ISBN978-4-908637-66-7 C3037

小学校教師のスキルシェアリング
そしてシステムシェアリング
—初心者からベテランまで—

授業の新法則化シリーズ
＜全28冊＞

企画・総監修／向山洋一 日本教育技術学会会長 TOSS代表

編集執筆 **TOSS授業の新法則** 編集・執筆委員会

発行：学芸みらい社

1984年「教育技術の法則化運動」が立ち上がり、日本の教育界に「衝撃」を与えた。そして20年の時が流れ、法則化からTOSSになった。誕生の時に掲げた4つの理念はTOSSになった今でも変わらない。

1. 教育技術はさまざまである。出来るだけ多くの方法を取り上げる。（多様性の原則）
2. 完成された教育技術は存在しない。常に検討・修正の対象とされる。（連続性の原則）
3. 主張は教材・発問・指示・留意点・結果を明示した記録を根拠とする。（実証性の原則）
4. 多くの技術から、自分の学級に適した方法を選択するのは教師自身である。（主体性の原則）

そして十余年。TOSSは「スキルシェア」のSSに加え、「システムシェア」のSSの教育へ方向を定めた。これまでの蓄積された情報をTOSSの精鋭たちによって、発刊されたのが「新法則化シリーズ」である。

日々の授業に役立ち、今の時代に求められる教師の仕事の仕方や情報が満載である。ビジュアルにこだわり、読みやすい。一人でも多くの教師の手元に届き、目の前の子ども達が生き生きと学習する授業づくりを期待している。

（日本教育技術学会会長　TOSS代表　向山洋一）

学芸を未来に伝える
学芸みらい社
GAKUGEI MIRAISHA
株式会社 学芸みらい社（担当：横山）
〒162-0833 東京都新宿区箪笥町31 箪笥町SKビル3F
TEL:03-6265-0109（営業直通） FAX:03-5227-1267
http://www.gakugeimirai.jp/
e-mail:info@gakugeimirai.jp